PROBLÈMES

DE

MORALE SOCIALE

OUVRAGES DU MÊME AUTEUR

A LA MÊME LIBRAIRIE

Études morales sur le temps présent ; 4ᵉ édition. 1 vol. . . .   3 fr. 50
Nouvelles études morales sur le temps présent ; 2ᵉ édit. 1 vol.   3 fr. 50
L'idée de Dieu et ses nouveaux critiques ; 7ᵉ édition. 1 vol.   3 fr. 50
    Ouvrage couronné par l'Académie française.
Le matérialisme et la science ; 4ᵉ édition. 1 vol. . . . .   3 fr. 50
La philosophie de Gœthe ; 2ᵉ édition. 1 vol. . . . .   3 fr. 50
    Ouvrage couronné par l'Académie française.
Les jours d'épreuve (1870-1871). 1 vol. . . . .   3 fr. 50
Le pessimisme au XIXᵉ siècle ; 2ᵉ édition. 1 vol. . . . . . .   3 fr. 50
La fin du dix-huitième siècle : études et portraits ; 2ᵉ édition.
2 vol. . . . .   7 fr. »
M. Littré et le positivisme. 1 vol. . . . .   3 fr. 50

15458. — Imprimerie A. Lahure, 9, rue de Fleurus, Paris.

PROBLÈMES

DE

MORALE SOCIALE

PAR

E. CARO

DE L'ACADÉMIE FRANÇAISE

LA MORALE INDÉPENDANTE
LES THÉORIES CONTEMPORAINES SUR LE DROIT NATUREL
LE DROIT DE PUNIR — LA QUESTION DU PROGRÈS
LA DESTINÉE HUMAINE
D'APRÈS LES NOUVELLES ÉCOLES SCIENTIFIQUES

DEUXIÈME EDITION

PARIS
LIBRAIRIE HACHETTE ET CIE
79, BOULEVARD SAINT-GERMAIN, 79

1887

Droits de propriété et de traduction réservés

AVANT-PROPOS

DE CETTE NOUVELLE ÉDITION

Bien que dix années séparent cette édition nouvelle du jour où le livre parut pour la première fois, j'ai tenu à n'y rien changer d'essentiel, sauf l'ordre et la disposition de quelques parties. Ce livre est une date dans la suite de mes travaux; il en marque une aussi dans l'histoire des controverses contemporaines. Toutes les théories que nous examinons ici sur l'origine du droit naturel se sont développées dans cet intervalle de temps; la logique a fait son œuvre; le sens pratique a fait la sienne. Ces déductions théoriques et sociales sur l'instabilité du droit nouveau, sur le déterminisme, sur la responsabilité ou menacée ou détruite dans les consciences, sur l'idolâtrie du progrès qui se réduit au progrès scientifique et n'a guère changé les conditions morales de l'humanité, c'est la matière de ce livre et j'estime que, sur différents points, je n'ai pas été mauvais prophète.

Ajouterai-je que ces divers problèmes étaient ceux qui venaient se poser d'eux-mêmes dans mon cours de la Sorbonne, de 1867 à 1876, et que d'après ces fragments on peut se faire une idée exacte de ce qu'était le cours lui-même, critique et dogmatique à la fois, et dont le mérite, s'il en avait un, était de se tenir en éveil sur les idées nouvelles qui paraissaient à l'horizon.

1ᵉʳ mai 1887

PRÉFACE

DE LA PREMIÈRE ÉDITION

L'esprit mène le monde, mais le monde n'en sait rien. Le tumulte des intérêts et des passions étouffe le bruit imperceptible des idées. Ces actives et silencieuses ouvrières n'en sont pas moins toujours occupées à leur tâche; elles font ou défont, dans leur travail infatigable, la trame vivante des consciences. Tout d'un coup on s'aperçoit que l'opinion publique, l'éducation, les mœurs, sont en train de se modifier profondément; on cherche les causes de ces grands changements. Où les trouverait-on, si ce n'est dans ces mille influences actives et variées à l'infini qui descendent des hautes sphères où s'élabore la science?

Il se forme ainsi, dans les régions élevées de l'esprit, des courants d'opinions qui bientôt deviennent irrésistibles et entraînent la masse flottante des intelligences dans une direction déterminée. Ceux mêmes qui ne cèdent pas à ces impulsions collectives ont grand profit à en étudier le point de départ, la force et les résultats. Or il n'est pas douteux qu'un de ces courants d'idées n'emporte aujourd'hui les sciences morales, et avec elles un grand nombre d'esprits cultivés, dans la sphère d'attraction des sciences de la nature. On ne peut nier qu'il se révèle de toutes parts une tendance positive à faire de l'âme la dépendance de la physiologie, et à rétablir ainsi la série continue des phénomènes naturels en y rattachant de gré ou de force les manifestations, réfractaires en apparence, de la vie et de la spontanéité libre. Le système des choses se réduit à une série de mouvements transmis et restitués, sous forme de chaleur, de lumière, d'électricité, d'actes réflexes, de sensations et d'instincts qui deviennent la pensée et la volonté. La conscience ne marque plus l'avènement inexpliqué d'un monde nouveau; elle marque uniquement le dernier échelon de la série. Elle n'a plus, comme on le croyait autrefois, ses conditions spéciales ni ses lois distinctes; elle retombe, avec tout ce qui dépend d'elle, sous l'empire des lois universelles qui règlent le reste de la nature. La chimère du libre arbitre s'évanouit; le monde moral se révèle enfin sous son véritable aspect, comme la dernière forme et le plus haut degré du monde physique. La science positive le ressaisit tout entier en y introduisant l'ordre invariable des conditions, la détermination des résultats, le calcul des prévisions infaillibles.

C'est ce qu'on appelle, soit en raison de l'unité de

son objet, le *Naturalisme*, soit en raison de la détermination de tous les phénomènes qu'il embrasse, le *Déterminisme*, soit en raison de la méthode qu'il emploie, la même dans les différents ordres de sciences, le *Positivisme*. Toutes ces écoles vont se perdre dans la doctrine de l'*Évolution*, issue de M. Darwin, développée, systématisée par M. Herbert Spencer, et qui n'est rien moins qu'une tentative d'explication universelle, la plus hardie qui ait été proposée de nos jours sur l'origine et la fin des choses. Sous quelque nom qu'on la désigne, c'est, au fond, la même tendance; elle aspire à devenir la maîtresse de toutes les sciences. De la physique et de la chimie elle a passé dans la biologie; la voici au centre même de la psychologie et de la morale.

Ces idées se répandent bien loin au delà des régions savantes où elles sont nées; leur propagande active, continue, ne se fait pas seulement dans les mille publications scientifiques que chaque jour voit éclore : elle se reconnaît dans les entretiens et les discussions même familières, elle se marque dans les improvisations de la tribune ou de la presse. C'est à cette influence qu'il faut, à n'en pas douter, attribuer le développement extraordinaire des théories contemporaines qui, sous les formes les plus variées, nient l'origine supérieure de la justice et la réduisent à un fait physiologique ou à un instinct.

Sous l'action lente, mais irrésistible, de ces idées, la conscience humaine se décompose et s'énerve. Par un étalage hors de propos d'arguments scientifiques, on l'amène à douter d'elle-même ; elle subit une crise profonde dont les résultats apparaissent successivement au jour et sont loin d'être épuisés. C'est là qu'il faut chercher l'origine de tant de paradoxes qui demain ne seront plus des paradoxes et deviendront, si l'on n'y prend garde, des vérités acquises : le fait élevé à la hauteur d'un principe, la force primant le droit (quel que soit d'ailleurs l'auteur de ce triste axiome, il est bien de ce temps) ; le nombre considéré comme dernière raison des choses et seul organe de la justice ; le droit individuel sacrifié aux exigences de l'espèce ; la responsabilité morale niée scientifiquement au cœur même de l'homme et à l'origine de tous ses actes ; le droit de punir enlevé à la société comme une usurpation et un mensonge ; la sanction religieuse ôtée à la conscience comme une dernière idolâtrie ; le progrès réduit au rythme fatal de l'évolution, interprété dans un sens purement industriel et mécanique ; la destinée humaine expliquée par l'amélioration du bien-être et le perfectionnement de la race, unique but de l'homme en dehors des chimères transcendantes, condamnées à disparaître.

J'ai entrepris d'étudier ce mouvement d'invasion des sciences positives dans les sciences morales, et spécialement dans la morale sociale. J'ai consulté pour cela mes convictions plus que mes forces ; mais du moins on reconnaîtra dans ce livre le souci passionné des grands problèmes.

PROBLÈMES

DE

MORALE SOCIALE

CHAPITRE PREMIER.

LES THÉORIES DE L'EMPIRISME FRANÇAIS SUR L'ORIGINE DU DROIT NATUREL. — L'ÉCOLE MATÉRIALISTE. — L'ÉCOLE POSITIVISTE

Il en est de la philosophie comme de la politique, comme de tout ce qui est dans la dépendance de l'homme, de son esprit et de sa liberté. Les questions s'y renouvellent sans cesse. La transformation, l'évolution, dirions-nous, si l'on n'avait si étrangement abusé de ce mot, c'est la loi de tout ce qui est humain.

Éternelle par ses principes, contingente par ses applications, humaine par ses interprètes, la science morale n'échappe pas à cette loi. Même dans cet ordre d'idées où l'on pourrait croire que l'accord est facilement réalisable, il semble que rien ne soit jamais achevé. C'est là surtout que l'on sent un impérieux besoin du définitif, et là, pas plus qu'ailleurs, on ne peut l'atteindre, au moins par la science pure. Ce contrôle perpétuel, cette critique universelle, devant laquelle sont condamnés à vivre les hommes et les idées, n'épargnent pas même ces domaines réservés de l'âme. On vient remettre en question les principes les mieux établis. Quelque chose de semblable s'est vu au dix-huitième siècle; mais alors, dans ses interprètes les plus autorisés, le libre examen portait plutôt sur les formes des religions positives que sur le fond de la conscience humaine. Il semble aujourd'hui qu'il n'y ait plus de privilège même pour les axiomes de morale respectés de Voltaire, et qu'ils doivent, comme ceux de métaphysique pure, subir l'épreuve publique de la discussion à outrance. La justice, le devoir, le droit, la distinction même du bien et du mal, toutes ces idées sublimes et sacrées sont appelées du fond des sanctuaires de l'âme où elles résidaient depuis les premiers jours de l'humanité pensante, et sommées de produire leurs titres, non devant la raison que l'on soupçonne d'être leur complice et peut-être une dernière idole, mais devant l'expérience et le raisonnement, les seules puissances que l'on reconnaisse encore.

Il importe qu'une doctrine philosophique, si elle veut être efficace, vive avec son temps, et pour cela elle ne doit rester étrangère à aucun de ces mouvements de l'opinion. Il faut qu'elle suive avec la plus scrupuleuse attention les problèmes dans ces transformations inattendues qui correspondent à quelque besoin nouveau, factice ou réel, des esprits; il faut qu'elle puisse marquer avec précision la portée scientifique de ces divers mouvements, faisant la part des justes concessions, abandonnant, s'il y a lieu, les parties faibles et ruinées de l'ancien dogmatisme, ou bien réduisant à leur vraie valeur des prétentions exagérées, des programmes fastueux, des systèmes bruyants, mais sans nouveauté véritable et sans consistance.

Cinquante années se sont écoulées depuis que M. Jouffroy publiait les admirables prolégomènes de son *Cours de Droit naturel*. La partie historique de ce bel ouvrage est à refaire en partie ou du moins à compléter sur bien des points essentiels. Elle ne correspond plus aux préoccupations de la conscience humaine, agitée par tant de théories diverses, inquiète de savoir comment les nouveaux systèmes sur la nature pourront, comme ils le prétendent, au nom de l'unité des forces physiques, produire une doctrine solide des devoirs et des droits; ou bien en quoi M. Stuart Mill a renouvelé, dans sa *Théorie du Bonheur*, la doctrine un peu vieillie de Jérémie Bentham; enfin ce qu'il faut espérer ou craindre des promesses de cette nouvelle école qui, sous le drapeau de la Morale indépendante, prétend rallier tous les hommes de bonne foi. — Sous toutes ces formes, c'est l'empirisme qui pénètre dans la conscience, non sans de graves préjudices pour la société future. Or, il serait puéril de croire, comme on le soutient parfois, qu'il suffit d'abandonner au bon sens public la réfutation de ces dangereuses erreurs. Dans ce temps de critique radicale, le bon sens ne suffirait pas à cette rude besogne, il importe de l'aider dans sa tâche. Un double excès est à craindre : l'infatuation frivole de certaines opinions qui se croient trop facilement à l'abri derrière le fragile rempart de formules banales et d'arguments vieillis, ou bien un découragement sans mesure qui fait qu'à certains moments les meilleurs esprits semblent s'abandonner et se laissent emporter à de soudaines paniques. C'est ici que se montre l'utile effort de la vraie philosophie (car, quoi qu'on en dise, il y en a une vraie). Son œuvre est d'appliquer toutes les ressources de la méditation et de la science à raffermir la raison dans ce qu'elle a d'indestructible, à la défendre dans ses justes limites et dans ses droits, à la préserver de ses propres défaillances, à la prémunir enfin contre l'esprit de scepticisme, issu d'une critique négative ou d'un empirisme absolu.

Aucune de ces luttes, après tout, n'est inutile. Elles renouvellent les questions, elles en avivent l'intérêt en renouvelant les procédés de démonstration. La vérité ne vieillit pas, mais les formes vieillissent, les aspects changent, les points de vue se transforment ou se développent. Il n'est donc pas mauvais que des adversaires ardents viennent de temps en temps ranimer autour de l'Idée éternelle le zèle endormi, la débarrasser des vêtements d'emprunt sous lesquels l'esprit de système ou de routine la dérobe, et faire resplendir au jour, en enlevant ses voiles d'une main hardie qui la glorifie en voulant la profaner, son immortelle jeunesse et sa beauté.

Au point le plus opposé de notre conception se présente l'école qu'il faut bien appeler, faute d'un mot meilleur et plus clair, l'école matérialiste, celle qui se réclame des noms de M. Moleschott et de M. Büchner et qui peut se caractériser par ces traits : un dogmatisme absolu dans ses affirmations comme dans ses négations, l'affirmation de l'unité des phénomènes, de l'équivalence et de la corrélation des forces, soit physiques soit mentales, la négation des causes premières et des causes finales, de l'âme distinct et du libre arbitre. Dans un monde ainsi fait, où règne la nécessité mécanique, que devient l'idée d'une justice régulatrice du fait social et s'imposant à l'homme avec une autorité indiscutable? Où peuvent se rencontrer l'objet ou le sujet d'un droit quelconque? Si l'histoire de l'humanité n'est qu'une branche de la physique, si l'homme, tout l'homme, n'est qu'un phénomène naturel comme les autres, il semble qu'il n'y ait pas plus de devoir ou de droit pour l'atome humain que pour la molécule minérale qui cristallise dans certaines conditions et sous certaines lois. L'ordre moral n'est plus qu'une dérivation et qu'une dépendance de l'ordre physique, il y retourne et se confond avec lui.

Voyons donc comment les adeptes de cette école prétendent constituer une morale sociale. Nous résumons leurs explications. Le droit, comme toutes les autres idées, se résout à l'analyse dans un fait organique. A travers toutes les variations possibles, apportées dans les mœurs par les conditions naturelles ou adventices dans lesquelles se développe la vie, comme le climat, le tempérament, le sol, la nourriture, la race, il y a un grand fait persistant, le besoin. Là est l'origine du droit. Le droit est le besoin clairvoyant, opposé au besoin aveugle. Mais alors qu'est-ce que le devoir? C'est le besoin d'autrui, quand il est supérieur au nôtre et que notre besoin personnel doit céder devant lui. Or, le besoin personnel doit céder devant un autre, quand l'intérêt de l'espèce ou du groupe social l'exige. De là sort et se déroule toute une morale physiologique, qui n'est que le développement des instincts de certaines espèces, celles qui vivent en associations. Dans ces espèces, l'associé, le collaborateur de la communauté, abeille ou fourmi, est tenu à certains actes, à certains services, sans lesquels la communauté périrait. Il est tenu envers ses alliés comme eux envers lui, par la raison que tous les organes d'un corps se doivent un concours actif, sans quoi le corps se dissoudrait. Pour l'homme il en est de même que pour l'abeille ou la fourmi, avec la clairvoyance en plus qu'apporte la réflexion. La société n'est qu'une sorte d'organisme plus compréhensif, dans lequel vivent et se meuvent les organismes individuels. Il y a donc comme un concours efficace et nécessaire, une *solidarité organique* des membres de la société, qui les oblige les uns envers les autres, sous peine de la dissolution sociale qui entraînerait celle des individus. Voilà le principe et voilà aussi la sanction. C'est le fait de vivre ensemble qui crée le droit; c'est la nécessité de vivre qui crée le devoir, l'un né des besoins de l'organisme individuel, l'autre des besoins de l'organisme social qu'il exprime et traduit avec l'autorité naturelle que le groupe ou l'espèce a sur l'individu. La société a transformé en *lois de morale* ces nécessités organiques de l'espèce, ces exigences spécifiques qu'elle nous impose sous le nom de devoirs; elle discipline l'individu sous la loi de réciprocité qui garantit la vie sociale, elle fait avec ses codes ce que les groupes d'abeilles et de fourmis font avec leurs instincts. Les droits et les devoirs ne sont donc que des instincts raisonnés, et la justice qui les résume n'est que la mesure exacte des besoins organiques de chacun dans leur rapport avec les besoins des autres.

Voilà toute l'explication du droit naturel : rien de supérieur ni d'antérieur à l'homme; l'origine en est toute physiologique, c'est le besoin, le fait de vivre. Soit, mais dès lors on peut soutenir qu'il n'y a plus de droit social, qu'il n'y a plus que des droits individuels, chacun étant le seul juge de ses besoins, la seule mesure du fait physiologique qui se passe en lui. Dès lors aussi, chacun devenant l'unique arbitre du droit et le mesurant à ses besoins, c'est la guerre acharnée des appétits et des passions contraires, cette guerre qui constitue l'état sauvage à son degré le plus bas. En vain prétendra-t-on que le besoin individuel doit, dans certains cas, se subordonner à un besoin supérieur, qui devient à notre égard un devoir. — Pourquoi cela? Qu'appelez-vous un besoin supérieur? S'il y a un ordre moral, je reconnais des besoins supérieurs à d'autres. Non, s'il n'y a qu'un ordre de phénomènes physiques, nécessairement égaux entre eux, comme le sont l'électricité et la lumière. Un besoin est un fait égal à tout autre besoin, qui est un fait organique comme lui. C'est le conflit de deux faits et de deux forces, voilà tout. A ce point de vue encore, l'inégalité des droits ne peut signifier qu'une chose, l'inégalité des tempéraments.

Mais la nécessité sociale, dites-vous, la solidarité organique des membres d'un groupe, d'une tribu, d'une espèce, voilà ce qui crée le droit. — Cette nécessité sociale est une pure abstraction en dehors de l'idée d'un ordre moral qui se compose de volontés en présence, également respectables et sacrées. Si vous écartez l'idée de la personnalité humaine, inviolable dans son essence et liée par la communauté de nature, de loi et de fin à d'autres personnalités, la société n'est plus qu'une collection d'organismes vivants, exprimant la même nécessité de vivre par les mêmes besoins. Si je ne rencontre en moi et devant moi que des faits physiologiques, pourquoi mon besoin personnel, qui est la seule mesure de mon droit, s'inclinerait-il devant le besoin d'un autre? Est-ce parce que celui-ci prétend représenter l'espèce? Qu'est-ce que cela me fait et qui me le prouve d'ailleurs? Qui me prouvera que de deux droits en présence, l'un doit primer l'autre? Vous dites que c'est une nécessité que le corps social vive. C'est là une vaine formule, inerte et pâle comme une abstraction à côté de mon droit bien réel, le fait de vivre et les besoins multiples par lesquels ce fait s'exprime. Le droit d'une abstraction peut-il limiter le droit d'un être réel qui est moi-même? Que l'on n'espère pas obtenir, au nom d'un oracle aussi obscur, l'abandon d'une chose aussi claire que mon plaisir immédiat ou mon intérêt. L'abeille et la fourmi sont à cet égard mieux partagées que l'homme. Il se fait en elles, sous la forme de l'instinct, une sorte de révélation indiscutable, d'indication infaillible de ce qu'exige l'intérêt de l'association. Mais, dans le groupe humain, la raison divise ce que l'instinct unit ailleurs; quel homme pourra jamais faire l'exact calcul et le discernement de tous ces besoins complexes, placés en présence ou plutôt en conflit les uns avec les autres, dont la réciprocité ou le choc doivent engendrer la lutte ou l'harmonie? Qui osera déclarer lequel de ces deux besoins doit se subordonner, c'est-à-dire se sacrifier aux autres? qui aura l'autorité nécessaire pour faire respecter ces déclarations? C'est toujours, on le voit, c'est infailliblement la guerre sociale fondée sur l'inégalité des tempéraments et des forces, à moins que ce ne soit la plus atroce des dictatures, se constituant le mandataire infaillible des exigences de l'espèce, créant arbitrairement la justice et l'imposant par la terreur. Voilà l'extrémité où se réduisent ceux qui veulent à tout prix se passer de la révélation d'une loi de justice à la conscience universelle, de ce *dictamen* de la raison qu'on ne réussit ni à remplacer ni à détruire.

Les positivistes seront-ils plus heureux? L'exclusion de toute idée de justice primordiale leur étant imposée par l'esprit de leur philosophie et par leur méthode, comment feront-ils éclore la morale de l'analyse d'un fait de sensation? M. Littré s'y est appliqué à plusieurs reprises. Le titre seul d'une des études qu'il a consacrées à cette recherche est significatif dans sa brièveté : *les Origines organiques de la morale*[1]. C'est donc encore dans l'organisme que M. Littré se condamne à chercher les éléments et les principes de la moralité humaine.

N'est-ce pas une entreprise chimérique? On peut le croire, si l'on se donne le spectacle des vains efforts de M. Littré pour la mener à fin. Il se propose de montrer comment naît et se développe le sens moral à l'occasion des phénomènes physiologiques. Pour cela, il établit

---

[1] *Revue positive*, janvier 1870.

que le procédé qui produit les phénomènes moraux est analogue à celui qui produit les phénomènes intellectuels ; que des deux parts il y a un apport sur lequel le cerveau travaille. Cet apport est l'œuvre des sens externes pour les phénomènes intellectuels ou *idées ;* il est l'œuvre des sensations internes pour les phénomènes moraux ou *sentiments*. Dans les deux cas, le cerveau est organe élaborateur, non créateur ». C'est donc dans le cerveau que s'élabore la morale ; mais ce n'est là que le laboratoire d'affinage et d'épuration. Pour trouver les origines organiques des phénomènes moraux, il faut descendre plus avant dans les profondeurs de la vie ; il faut aller « jusqu'à la trame de la substance vivante, en tant qu'elle s'entretient par la nutrition et se perpétue par la génération.... Cette substance vivante a des besoins ; s'ils ne sont pas satisfaits, elle périt soit comme individu, soit comme espèce ». Il y en a de deux sortes, qui constituent toute la vie morale de l'homme : les besoins qui ont pour point de départ la nutrition et pour objet la conservation de l'individu, puis ceux qui ont pour point de départ la génération et pour objet la conservation de l'espèce.

Ces besoins, à chaque instant engendrés dans la substance vivante, arrivent au cerveau où ils deviennent passions et sentiments : comment cela ? on ne nous le dit pas. Mais on nous fait observer qu'il doit y avoir deux sortes de sentiments élaborés dans le cerveau, puisqu'il y a deux sortes de besoins engendrés dans la substance vivante, les uns se rapportant à l'individu, les autres à l'espèce, les uns partis du fait initial de la nutrition et produisant l'*égoïsme*, les autres partis du fait initial de la génération et produisant l'*altruisme*. — M. Littré nous montre cette évolution des sentiments dans le développement de l'individu humain. Chez l'enfant, les sentiments égoïstes, déterminés par les besoins de la nutrition, se montrent d'abord et règnent exclusivement. Mais à mesure que l'enfant croît et se développe, « son organisation *tant viscérale que cérébrale, disposée conformément à la sexualité*, le prépare peu à peu à la vie altruiste ». M. Littré nous prévient que sous ce terme de sexualité, il faut comprendre toutes ces dispositions qui, pour faire durer l'espèce, déterminent l'ensemble d'impulsions aboutissant à l'amour, à la famille, puis, avec un caractère de généralité croissante, à la patrie et à l'humanité. L'égoïsme, de son côté, se multiplie et se diversifie à l'infini. Il comprend l'amour-propre, l'intérêt personnel, toutes les formes imaginables de l'amour de soi. Au plus bas degré, c'est la satisfaction des besoins indispensables sans lesquels la vie ne continuerait pas. Au-dessus de ce degré élémentaire, l'égoïsme comprend l'emploi judicieux de ces satisfactions, les moyens de conserver la meilleure santé, d'atteindre la plus grande somme de travail, le plus long terme de l'existence.

Voilà les deux ordres de besoins et de sentiments en présence. La lutte s'établit entre eux ; c'est la vie morale qui s'éveille. Mais qui règlera la lutte ? qui terminera le conflit entre les passions égoïstes et les passions *altruistes*? L'une n'est qu'une transformation du besoin de nutrition, l'autre procède de la sexualité. Qui me prouvera que le besoin de nutrition doit se subordonner à l'autre ? Pourquoi les passions dérivées de la sexualité ont-elles une plus haute valeur que les autres ? Quel principe détermine les rangs entre eux ? La seule réponse que M. Littré fasse à cette question est qu'en biologie on considère comme inférieur ce qui est plus simple et primordial, et comme supérieur ce qui est plus compliqué et plus développé ; en d'autres termes, que des fonctions plus hautes et des actions plus éminentes correspondent à un accroissement de complication et de développement. — Voilà tout. Or, comme il y a plus de complication dans les fonctions de la sexualité que dans celles de la nutrition, sans doute parce que les unes exigent deux termes et que les autres n'en exigent qu'un, c'est le signe de la supériorité des unes sur les autres, et le conflit moral se termine là. Des deux éléments de la moralité humaine, l'un ne regarde que l'individu, l'autre est un principe d'expansion hors de l'individu. L'un doit donc l'emporter logiquement sur l'autre ; il l'emporte aussi historiquement, nous dit-on. C'est par les rapports ou le conflit de ces deux principes que se forment les morales variables des différentes époques et des différentes nations, morales relatives; mais aussi toujours progressives « à mesure que la notion de l'humanité, se dégageant, resserre l'égoïsme et dilate l'altruisme ».

Voilà tout, absolument tout le système moral. Nous n'insisterons pas sur les bizarreries des explications proposées, sur la singularité « *de la base biologique* » choisie pour les phénomènes moraux, réduits, en dernière analyse, à l'instinct nutritif et à l'instinct sexuel. Mais y a-t-il là quelque chose qui ressemble à une morale ? M. Littré confond constamment les phénomènes affectifs et les phénomènes moraux, les sentiments qui sont la matière de la moralité et le sens moral qui leur impose une règle, une détermination, un but. Se peut-il imaginer de confusion plus grave et moins philosophique? En tous cas, c'est une signification tout arbitraire et toute nouvelle que l'on impose aux mots. Qu'est-ce qu'une morale où il n'est question que de la nutrition et de la génération et des sentiments dérivés de ces deux besoins, sans qu'on y rencontre une seule fois ni l'idée ni le mot de liberté, ni l'idée et le mot d'obligation, ni le droit, ni la justice ?

Il faut croire que M. Littré lui-même a senti l'insuffisance de sa théorie. Car il a essayé d'y suppléer dans un chapitre de son livre *la Science au point de vue philosophique*, où il traite d'une manière toute différente et à un tout autre point de vue, de l'*Origine de l'idée de justice*, sans qu'on puisse rétablir le lien entre ces deux théories. Ici le chef du positivisme français a tenté de se rendre compte du caractère d'évidence qui s'attache à l'idée du juste, et que n'explique pas l'origine biologique des besoins. Il transforme cette idée en un phénomène de l'ordre purement intellectuel. Il la ramène « à un fait psychique irréductible ». Irréductible, qu'est-ce à dire ? Ou ce mot ne signifie rien, ou ce mot signifie que la justice n'a pas son origine dans les besoins organiques. — Ce fait psychique irréductible, ce fait primordial est pour M. Littré l'idée d'égalité de deux termes.

Ce qu'il faut bien remarquer, c'est qu'il ne s'agit pas ici d'une égalité morale de deux personnes, mais d'une identité logique de deux termes, ou si l'on aime mieux, d'une égalité mathématique. M. Littré ne veut pas qu'on s'y trompe ; il marque, par les termes les plus expressifs, le caractère de cette conception. Le juste, dit-il, est de l'ordre intellectuel, de la nature du vrai. Au fond, la justice a le même principe que la science ; seulement celle-ci est restée dans le domaine objectif, tandis que l'autre est entrée dans le domaine de l'action. Quand nous obéissons à la justice, nous obéissons à des convictions très semblables à celles que nous impose la vue d'une vérité. Des deux côtés, l'assentiment est commandé : ici il s'appelle démonstration, là il s'appelle devoir. — Je suppose que Pythagore voulait dire à peu près la même chose quand il disait que la justice était un nombre ; c'est au moins une curieuse assimilation qui rapproche les deux doctrines, celle de l'antique et illustre mathématicien, le premier philosophe de la Grèce, et celle du représentant le plus autorisé du positivisme français. Pythagore voulait exprimer par là que la notion de justice trouve son symbole le plus exact dans l'égalité de deux termes. Si ce n'est qu'un symbole, j'y consens volontiers ; si c'est plus qu'un symbole, si c'est une identité, je ne puis y souscrire. En faisant de la notion de justice une notion purement intellectuelle, M. Littré supprime précisément l'élément caractéristique qu'il faut bien appeler par son nom, l'élément moral. Sans doute, c'est bien l'intention de M. Littré, il ne fait là que ce qu'il veut faire, en ramenant les conceptions morales à n'être qu'un ensemble de phénomènes secondaires et complexes, une dérivation des phénomènes intellectuels, et en réduisant d'autant la liste des éléments irréductibles de l'esprit ; encore faut-il que cette réduction ne procède pas par suppression arbitraire. Or, que l'on torture autant que l'on voudra la notion d'identité, je défie qu'on lui fasse produire un élément quelconque de moralité.

Qu'y a-t-il d'analogue ou de différent entre la perception de l'égalité de deux triangles et la perception de l'égalité de deux hommes ? Dans un cas, ce n'est qu'un fait d'intelligence, le discernement de deux figures, des rapports de ces deux figures, des propriétés géométriques qui leur sont communes. Dans l'autre cas, c'est tout autre chose : à la reconnaissance des propriétés et des attributs communs entre les deux hommes se joint l'idée de respect pour la personne humaine, et du respect obligatoire, réciproque entre ces deux hommes. Le respect de la personnalité inviolable, l'obligation de l'observer soi-même et de le faire observer aux autres, qui est l'origine de la justice, l'idée enfin d'une garantie de cette personnalité libre, qui est l'origine du droit, voilà ce que n'explique à aucun degré l'hypothèse positiviste, et c'est pourtant l'élément essentiel, caractéristique, de la notion à définir. Y a-t-il rien là qui ressemble à ce froid assentiment à l'évidence, qui s'appelle la certitude par démonstration ? — Si tout a procédé et commencé par la notion d'égalité, à quel instant et par quel prodige se sont introduits dans cette conception mathématique ce sentiment tout nouveau et cette étrange idée, le respect obligatoire de la dignité humaine et la garantie nécessaire des personnalités libres ? C'est ce jour-là seulement que la justice a pris naissance. Elle a commencé le jour où, pour la première fois, dans les forêts ou dans les cavernes primitives, le sentiment du respect s'est élevé dans une conscience humaine non pas pour la force (ce n'est là qu'un sentiment de crainte) mais pour la faiblesse humiliée ou menacée. Le respect pour la faiblesse, c'est-à-dire pour la personne humaine que l'on sent inviolable et qui est hors d'état de se faire respecter elle-même, pour la femme, pour l'enfant, pour le vieillard, voilà la première et la plus claire révélation de la justice sur la terre. C'est ce sentiment et cette idée dont j'ai cherché vainement l'indication précise dans les pages de M. Littré : nous n'y avons trouvé rien qui répondît à cette attente, et nous persistons à croire que les origines de l'idée de justice n'ont pas encore cette fois rencontré leur historien.

Ce problème, le plus grave que l'on puisse se poser en ce monde et qui en comprend tant d'autres, ne cessait pourtant pas, nous le savons, d'obséder l'âme sincère de ce grand savant. Mais tant qu'il restait confiné dans les données de l'école, la solution, toujours poursuivie, le fuyait éternellement, et chaque fois qu'il touchait à cette question, on sentait dans ce qu'il écrivait le regret de la recherche vaine dans le domaine inutilement tourmenté des phénomènes.

CHAPITRE II

LES THÉORIES DE L'EMPIRISME FRANÇAIS SUR L'ORIGINE DU DROIT NATUREL (SUITE). — LA MORALE INDÉPENDANTE. — PROUDHON MORALISTE.

La Morale indépendante [1] a dû son succès momentané à la défiance de la métaphysique, au moins autant qu'à l'antipathie contre les religions positives. Personne n'ignore qu'il s'est formé récemment un groupe de moralistes, dont la prétention est d'établir la théorie des droits et des devoirs, non seulement en dehors des dogmes religieux, ce qui ne serait pas une nouveauté, mais en dehors de Dieu, en dehors même de toute doctrine et de toute conception rationnelle, sur la base expérimentale d'un fait. Elle se présentait devant la critique philosophique avec un prestige de popularité qui tenait à certaines circonstances accidentelles, aisées à deviner. Ce qui est sûr, c'est que, dans cette anarchie des consciences, elle a réussi à grouper autour d'elle un certain nombre d'esprits distingués et un bien plus grand nombre encore de ces sympathies plus instinctives que raisonnées, qui, sans avoir une sérieuse valeur au point de vue de la science, ne sont

[1] La *Morale indépendante*, recueil hebdomadaire. 1865-69. — La *Morale indépendante*, par C. Coignet, etc.

pas cependant inutiles au succès d'une idée, et réussissent à lui donner, par les démonstrations bruyantes dont elles l'entourent, l'attrait d'une cause libérale à défendre.

Quoi de plus engageant en apparence que le programme de cette école? Quoi de plus propre, semble-t-il à réconcilier tous les esprits? « Ce qui divise les hommes, nous dit-on, c'est la fureur de dogmatiser sur des objets inaccessibles ou chimériques ; ce qui doit et ce qui peut les réunir, c'est la morale ; mais à une condition, c'est qu'elle soit affranchie une bonne fois de toute sujétion funeste. Eh quoi! faudrait-il donc attendre que toutes les religions révélées se fussent mises d'accord entre elles, ou que le chaos des sytèmes philosophiques eût cessé, qu'on eût concilié Platon et Aristote, l'empirisme et le rationalisme, le déisme et toutes les variétés des doctrines contraires? En attendant cette heure, si elle doit jamais venir (ce qui est bien douteux d'après l'expérience des siècles passés), occupons-nous d'établir sur des fondements désormais immuables une morale vraiment universelle. L'humanité a besoin de morale et n'a besoin que de cela. Or, que faut-il pour arriver à cette unanimité si désirable? Tout simplement éliminer de la doctrine des mœurs cet élément de contradiction, l'idée métaphysique, au même titre que la croyance religieuse ; prendre les principes, non dans les systèmes, mais dans la conscience ; écarter avec soin tout ce qui en altère ou en corrompt le témoignage naturel. Que le juif, que le chrétien, que le musulman, cessent donc d'avoir chacun sa morale à part et d'étouffer la voix de la nature sous le tumulte discordant de leurs préjugés religieux. Ainsi s'apaisera cette déplorable anarchie juridique à laquelle l'humanité est livrée. C'est l'autonomie de la morale qui en garantit la stabilité future. La morale *dépendante* d'un système ou d'une croyance a pour conséquence nécessaire la variété des opinions, d'où naît le scepticisme moral. Indépendante et séparée avec soin de toute conception étrangère, l'Éthique pourra se constituer scientifiquement, positivement, au même titre que les sciences exactes ou les sciences physiques. Une fois placée dans les mêmes conditions que la géométrie, elle pourra prétendre à la même exactitude. Un positiviste, un athée, un spiritualiste, peuvent avoir, malgré leurs dissidences philosophiques, la notion du droit et du devoir, comme ils ont la même notion du nombre et de l'étendue. C'est cette notion qu'il faut saisir, analyser, et qui deviendra le gage de la paix entre les hommes de bonne volonté. Abandonnons à jamais la région des contradictions. Neutralisons un territoire accessible à tous, et sur ce territoire privilégié élevons un temple au droit, à la dignité humaine, à l'harmonie universelle. Ce sera le sanctuaire inviolable de la conscience, le refuge de l'humanité fatiguée des luttes stériles, avide de lumière et de paix. »

Nous ne croyons pas faire tort aux représentants les plus autorisés de la Morale indépendante en traduisant ainsi leurs convictions et leurs espérances. Nous nous garderons bien de méconnaître ce qu'il y a de spécieux dans de pareils souhaits. Quelle est la valeur de ce programme, étant données les conditions et la nature de la science morale? Est-il réalisable? A-t-il été réalisé, même partiellement, et s'est-il produit autre chose dans l'école que de magnifiques promesses, l'apologie sans cesse triomphante de la méthode nouvelle et deux ou trois formules qui assurément ne peuvent avoir la prétention de constituer un corps de doctrine? Ce qui nous amènera à poser la question dans toute sa généralité, et à nous demander s'il est possible d'établir une théorie des droits et des devoirs en dehors de toute conception métaphysique sur la nature, l'origine et la destinée de l'homme, comme s'il s'agissait d'une science exacte ou positive, de la physique ou de la géométrie.

Le même problème a été discuté avec éclat, à un autre point de vue, dans les chaires catholiques et protestantes. A peine avons-nous besoin de marquer le caractère tout différent de notre entreprise. C'est du point de vue purement scientifique que nous examinerons cette question. Nous avons voulu nous priver de toutes les inspirations puisées aux sources vives du sentiment et de la foi. Notre dialectique, restreinte au terrain choisi par les représentants de cette nouvelle école, ne fera appel, entre eux et nous, qu'à une seule arme, l'expérience intime, à un seul arbitre, la raison. Entre eux et nous, c'est la réalité qui jugera.

En quoi consiste au juste la nouveauté de la thèse soutenue par la Morale indépendante? C'est un point sur lequel il importe de s'expliquer avec précision. Il s'est produit à cet égard de singuliers malentendus. Un grand nombre de ces spectateurs attentifs, mais médiocrement compétents, des luttes intellectuelles, qui apportent dans ces questions plus de zèle que d'intelligence, s'imaginent qu'il ne s'agit ici que d'une démonstration de la société laïque et civile contre les Églises établies. J'incline même à croire qu'une grande partie de la popularité qui s'est attachée à cette école vient de ce que l'on suppose qu'elle est une revendication de la morale philosophique contre la morale révélée. Cette indépendance si hautement proclamée flatte les instincts antithéologiques, attire les intelligences détachées, groupe les antipathies même politiques contre une Église ou un culte. C'est un point de ralliement, non seulement pour des convictions scientifiques, mais encore pour des hostilités de nature fort diverse. Il a suffi que l'on pût croire qu'il y avait là quelque chose comme une tentative d'affranchissement à l'égard du Christianisme, même dans ces domaines de la morale où son règne semblait se prolonger encore, pour que l'on vît se coaliser autour de ce drapeau les plus vives ardeurs. C'est ainsi que trop souvent les choses se passent en France. Une doctrine, une théorie quelconque réussit ou échoue par des raisons étrangères à la raison et dans lesquelles les sympathies politiques ou religieuses ont plus de part que la science. Je crains bien qu'il n'y ait dans notre esprit national un grand fond d'indifférence philosophique, qui ne s'émeut que sous le souffle des passions venues du dehors et se porte alors presque au hasard d'un côté ou de l'autre, au gré de nos émotions passagères.

Assurément, c'est un des principes de la nouvelle école que la morale ne doit pas être dans la dépendance de la religion. C'est peut-être le principe le plus apparent et le plus populaire de l'école, ce n'en est certainement pas le plus original ni le plus important au point de vue de la science.

Si l'on se contentait d'établir l'indépendance de la morale à l'égard des religions, il n'y aurait là qu'un phénomène philosophique très ancien dans le monde et qui n'aurait pas mérité d'être signalé comme l'avènement d'une école nouvelle, comme une phase importante dans l'évolution de la conscience moderne. Il faudrait remonter bien haut dans l'histoire des âges antiques pour trouver la date de cette revendication. Sans doute, dans les vieilles théocraties de l'Orient, dans les civilisations brahmanique, égyptienne, bouddhiste, la morale émane du temple ; c'est du fond des sanctuaires que se promulgue la loi régulatrice des mœurs; le prêtre absorbe en lui toutes les forces intellectuelles, toutes les lumières, tous les genres d'autorité hiératique et législatrice. De même dans la grande théocratie hébraïque il ne faut pas chercher de morale en dehors de la théologie révélée :

C'est de Jéhovah que procèdent la souveraineté, le sacerdoce et la loi. La règle des mœurs se confond ici étroitement avec le dogme. Il n'y a pas de place pour une distinction possible entre le précepte divin consigné dans les saints livres et le gouvernement de la vie humaine.

Mais sortons de l'Orient, arrivons en Grèce. Aussitôt nous voyons éclore la philosophie dans tout l'éclat et la gloire de sa jeune liberté, avec les périls qu'elle comporte et les responsabilités qu'elle impose. La morale devient une science laïque, non plus un dogme mystérieux et surnaturel.

Si la mesure de cet affranchissement est douteuse encore pour les premiers moralistes de la Grèce, à la fois poètes, philosophes et théologiens, tels qu'Orphée, Homère, Hésiode, assurément il n'y a plus matière à doute ni à controverse, quand nous arrivons à Socrate. Avec lui la morale est entièrement affranchie. Lisez plutôt l'*Eutyphron*, et voyez avec quelle sagacité l'idée du juste est distinguée de l'idée du saint, cette dernière idée représentant ce qui plaît aux dieux, c'est-à-dire leur volonté arbitraire; voyez avec quelle netteté le principe moral est rétabli dans son essence propre, égale, sinon supérieure à celle des dieux; avec quelle hardiesse de critique le grand railleur juge à la lumière de la conscience les impures légendes et les biographies scandaleuses de l'Olympe. La morale est sortie du temple, elle n'y rentrera plus pendant tout le cours brillant de la civilisation grecque. Et cependant les prêtres d'Athènes n'abdiquaient pas devant cette émancipation des consciences. Ils s'efforçaient par tous les moyens possibles de retenir au fond des sanctuaires l'autorité qui leur échappait, de rattacher par la chaîne sacrée des oracles et des mystères la foule ignorante ou superstitieuse, sans épargner les moyens de terreur qui n'avaient pas encore été arrachés à leurs mains et dont ils usaient de temps en temps sur les représentants les plus illustres de cette minorité éclairée, ironique ou rebelle. Anaxagore, Euripide, Socrate, bien d'autres, éprouvèrent ce que pouvaient encore les rancunes de l'Olympe méconnu. C'est certainement pour avoir affranchi la conscience, c'est pour avoir établi la science rationnelle des mœurs que Socrate, poursuivi par des haines inexpiables, dut boire la ciguë. Si donc la Morale indépendante ne représentait que l'indépendance de la morale à l'égard des dogmes religieux, elle pourrait se réclamer d'une illustre origine; Socrate en serait le premier héros et la première victime.

Du siècle de Socrate à l'âge des Pères de l'Église, la morale philosophique resta la maîtresse presque absolue des consciences et la véritable directrice des âmes, au moins pour l'élite du monde civilisé, qui seule a laissé sa trace distincte dans l'histoire. Ce sont les Épicuriens ou les Stoïciens qui dominent dans cette sphère élevée de la vie antique, encore visible à nos yeux. Ce sont eux qui par leurs théories et leurs préceptes règlent toute l'existence humaine. C'est d'eux que procède la seule autorité vraiment législatrice, dans la décadence profonde des religions officielles et du sacerdoce qui les représente. J'excepte, bien entendu, de ce jugement sommaire, les premiers âges de la civilisation romaine jusqu'aux Scipions, ces jours de la vertu et de la foi antiques, où la vertu et la foi, également rudes et grossières, s'inspiraient aux mêmes autels, dans le temple et près des dieux domestiques, gardiens du foyer. Sauf durant cette période religieuse de l'histoire romaine, où la république agricole et guerrière resta complètement fermée aux influences du dehors, c'est la philosophie qui gouvernait les consciences, partout où elle trouvait l'accès préparé et une suffisante culture intellectuelle.

Quand le Christianisme vint et, après quelques siècles de luttes et d'épreuves, quand il eut fait la conquête du monde, même alors les droits de la morale purement humaine ne furent pas méconnus. Bien que l'Église, avec une autorité toute nouvelle, eût ressaisi les âmes, c'est à ces lumières primitives de la conscience que souvent elle faisait appel. Lorsque l'apologétique chrétienne s'adressait aux défenseurs attardés du polythéisme, n'était-ce pas la morale naturelle qu'elle invoquait comme arbitre : « Consultez la pudeur, disait-elle aux païens, consultez la probité, la justice, l'humanité, toutes les vertus en un mot. Sont-elles avec vos dieux ou avec le nôtre? Que la morale éternelle prononce en disant si elle est avec nous ou contre nous ! »

Même au moyen âge, dans les siècles où la théologie semble absorber entièrement l'élément philosophique et ne laisser aucune place au développement de la science en dehors de l'Église, même alors, dans ses représentants les plus autorisés, il n'est pas rare de rencontrer les déclarations les plus formelles en l'honneur de cette morale innée au cœur et à la raison de l'homme. C'est dans des termes magnifiques, qui rappellent les beaux accents de Cicéron, que saint Thomas d'Aquin célèbre cette loi naturelle qui est, elle aussi, une vérité immuable, à laquelle participe tout homme venant en ce monde. Cependant on ne peut sérieusement contester que jusqu'au temps de la Réforme et même au delà, il n'y eût pas à proprement parler d'enseignement de la morale en dehors de l'Église. Il semblait que les théologiens avaient seuls qualité pour traiter de ces délicates matières, et déjà les sciences physiques échappaient par cent issues diverses à la discipline théologique que les sciences morales restaient encore soumises. On concevait une loi naturelle antérieure à la révélation, mais on se refusait à concevoir une doctrine des mœurs déduite tout entière de cette loi. Bacon, le premier parmi les grands précurseurs du dix-huitième siècle, traite dogmatiquement de la morale. Descartes et ses disciples ont leur morale fondée sur la raison, une morale purement scientifique, que cette grande école sait concilier, sans affectation et sans effort, avec un profond respect pour les enseignements de la foi. Cette date marque l'ère de la séparation des sciences humaines et de la théologie, l'ère de la morale sécularisée, timidement d'abord.

Depuis le dix-huitième siècle, elle a repris définitivement sa place parmi les sciences philosophiques, en tant qu'elle est la théorie des vertus naturelles et des relations sociales. Aujourd'hui personne, même dans l'Église, sauf une secte de théologiens excessifs, ne se refuse à reconnaître la légitimité de cette science humaine de nos droits et de nos devoirs. Les défenseurs les plus autorisés du Christianisme ont pu soutenir que cette morale était incomplète, vague, souvent obscure, qu'elle manquait d'une autorité et d'une sanction suffisantes. Il n'est venu qu'à l'esprit de quelques sectaires de nier violemment cette première et naturelle révélation du devoir à la conscience humaine.

Si l'indépendance de l'école nouvelle ne devait s'entendre que de son affranchissement des temples ou des églises, on peut voir, d'après cette esquisse, que la nouveauté serait son moindre mérite. Cette indépendance a été proclamée et pratiquée dès l'antiquité en face des religions nationales, en Grèce et à Rome; elle a été proclamée en droit par les plus grands docteurs de l'Église, en fait pratiquée par quelques philosophes du seizième siècle, par tous depuis le dernier siècle. Que serait-ce dès lors que cette indépendance dont on fait tant de bruit, sinon la simple reconnaissance de la morale naturelle, la constatation qu'il y a une morale directement révélée à la conscience? Si ce n'était que cela que l'on venait apprendre au monde, ce n'était guère la peine d'y mettre tant de solennité. Inventer pour une chose aussi connue un nom nouveau, ne suffirait pas sans doute pour nous faire croire qu'elle est nouvelle. Je n'en demeure pas moins très intimement persuadé que c'est en donnant à cette partie de leur thèse l'air d'une entreprise contre la théologie positive, d'un soulèvement de la conscience moderne contre l'Église, que les moralistes de la nouvelle école ont intéressé à leur cause tant de sympathies parfaitement incompétentes sur le fond même de la question et profondément étrangères à la science. C'est à cette confusion et à ce malentendu que la Morale indépendante doit une grande partie de son succès, la plus bruyante assurément et la moins enviable.

Là pourtant n'est pas la nouveauté de ses thèses et la part d'invention très réelle de ses fondateurs. L'entreprise originale de cette école consiste à séparer la science morale des autres sciences philosophiques, à la constituer dans son autonomie propre, en faisant abstraction de toute donnée métaphysique, de tout élément emprunté à la raison pure, à prétendre en faire une science positive, spéciale comme l'est en son genre la géométrie ou la mécanique, à vouloir l'établir uniquement sur un fait d'expérience et sur la déduction analytique de ce fait. Voilà qui est singulier et nouveau; c'est la partie vraiment intéressante du programme que l'on nous propose. Déclarer qu'il faut en finir avec le dogmatisme philosophique aussi bien qu'avec le dogmatisme religieux, que l'idée de Dieu ne trouve pas plus sa place au sommet qu'à la base de la doctrine morale, que toute notion sur la nature de l'homme et ses fins en doit être soigneusement écartée, que toute conception d'ordre métaphysique ou d'origine rationnelle en doit être rigoureusement proscrite, c'est soulever un bien grave débat; c'est en même temps avancer une thèse sans précédents dans l'histoire de la philosophie.

Tous les efforts des défenseurs de la Morale indépendante, sur ce point, ne parviendront pas à lui trouver dans les annales de l'esprit humain des analogies légitimes et une parenté d'idées dont elles puisse se réclamer. Au fond il importe peu, je le sais, qu'une idée soit vieille ou récente dans le monde. Est-elle vraie, est-elle fausse? Voilà ce qui seulement doit nous intéresser. Mais comme les moralistes de cette école, qui ne manquent ni de subtilité dialectique ni d'érudition, ont souvent appelé la discussion sur ce terrain. suivons-les où ils nous conduisent.

On a cherché quelquefois à faire remonter jusqu'à Aristote l'origine de cette thèse sur l'indépendance absolue de la morale. Bien à tort assurément. La morale d'Aristote repose sur sa psychologie. Mais sa psychologie elle-même est liée aux autres parties de sa philosophie. Le *Traité de l'Ame*, tout en gardant l'empreinte du regard le plus large et le plus pénétrant qu'ait jeté jamais le génie observateur sur la vie dans le monde, est inintelligible à qui n'a pas pénétré les principes généraux de la *Physique* et de la *Métaphysique*. D'ailleurs, qui ne le sait? L'idée de fin est partout dans la morale d'Aristote; la fin y est déclarée identique au bien, et le bien lui-même n'y réside-t-il pas, selon lui, dans l'acte par excellence, dans la pensée, ce qui assure et achève notre ressemblance avec Dieu et nous ramène par des chemins différents au principe transcendant de la morale platonicienne, l'ὁμοίωσις τῷ θεῷ?

Mais il est particulièrement deux antécédents historiques que les partisans de la morale indépendante aiment à invoquer : les stoïciens et Kant. Rien de plus illusoire qu'une pareille généalogie. Bien que la gloire principale des stoïciens soit d'être les plus grands moralistes de l'antiquité et qu'ils aient été vraiment les directeurs de la conscience humaine avant le christianisme, ils avaient leur métaphysique et en dépendaient étroitement pour leur doctrine morale. Vivre conformément à la raison, ce n'était pas, selon l'interprétation la plus autorisée, déduire la règle des mœurs de la raison individuelle, mais conformer sa vie à la Raison universelle qui gouverne et anime le monde. Vivre conformément à la nature comme disaient d'autres stoïciens, ce n'était pas tirer de soi-même et de sa nature propre la loi de ses actes, c'était vivre conformément à l'ordre, à l'ordre réalisé dans la nature, principe de la justice dans l'âme, de la beauté dans le corps, de l'harmonie dans l'univers. Si le sage du stoïcisme devait arriver à l'impassibilité par la tension et par l'effort, c'était parce qu'il pouvait imiter et reproduire en lui le travail accompli dans l'univers, où une force toujours tendue réunit, groupe, dispose et ordonne les éléments multiples de la matière.

On a pu faire plus facilement illusion à l'opinion du dehors et même se faire illusion à soi-même en invoquant l'exemple et le nom de Kant. Certes il n'y a pas de moraliste chez qui l'inspiration soit plus haute et plus sévère, plus dégagée de toute influence étrangère que celle de Kant, plus rigoureusement scientifique et par conséquent plus indépendante dans le vrai sens du mot. Mais voyez les différences capitales. La conception de la loi morale, selon Kant, est toute rationnelle ; ce serait en détruire l'autorité que de la dériver de l'expérience. Pour l'école nouvelle, le principe est tout empirique, ce n'est qu'un fait généralisé. — Par suite de sa manière de concevoir la loi, Kant fait procéder logiquement le droit du devoir, c'est l'*impératif catégorique* qui crée le devoir, et le devoir, une fois créé, crée à son tour le droit. Pour l'école indépendante qui craindrait d'asservir l'homme à une tyrannie nouvelle, celle de la raison, c'est d'abord le droit qu'elle pose en le déduisant par la plus contestable des analyses du fait purement expérimental de la liberté; c'est ensuite indirectement et par la nécessité de respecter le droit en autrui qu'elle arrive à la notion du devoir. Enfin, pour le grand philosophe allemand, l'idée religieuse est le couronnement indispensable de la morale. La notion de Dieu n'intervient pas dans l'établissement de la doctrine des mœurs, mais elle l'achève, elle la consacre, et si elle n'est pas à la base, elle se retrouve du moins au sommet. La réalité du juge et du législateur suprême lui semble indispensable pour constituer une sanction extérieure, indispensable elle-même à la morale. Nous voilà tout d'un coup rejetés en pleine métaphysique et dans quelle métaphysique? celle de Dieu, de l'immortalité et des sanctions, c'est-à-dire aux antipodes de la Morale indépendante, pour qui l'incertitude à l'égard de Dieu et de la vie future est la condition du désintéressement de la vertu. Il n'y a donc de commun entre Kant et ces moralistes que d'admirables formules qu'ils ont eu raison de lui emprunter et qu'ils s'honorent en popularisant, sur le respect de la liberté, de la personne humaine en soi et en autrui, sur l'obligation de se transformer et de transformer toute chose autour de soi, sur la grandeur du but que l'homme doit se proposer à lui-même, qui est de devenir citoyen libre de l'univers moral. — Sur tout le reste, spécialement la question des méthodes, il y a divergence complète; sur certains points l'opposition est radicale. Kant ne reconnaîtrait dans l'école nouvelle ni sa doctrine ni sa méthode; scientifiquement il est séparé d'elle par des abîmes.

Il ressort de ce que nous venons de dire que des deux thèses qui constituent cette morale nouvelle, l'une est très populaire, mais ne présente aucun intérêt scientifique ni aucune nouveauté, c'est celle par laquelle elle se proclame indépendante à l'égard de la théologie; l'autre, beaucoup plus obscure et condamnée par sa nature même à être peu comprise de la foule, nous offre au contraire un sérieux intérêt, celle par laquelle elle se déclare affranchie de toute doctrine philosophique et de toute conception rationnelle. Si cette dernière thèse était démontrée, elle constituerait une nouveauté considérable dans la science.

Le véritable fondateur de la morale indépendante, ainsi entendue, ce n'est pas Kant, c'est Proudhon avec son livre fameux de la *Justice dans la Révolution et dans l'Église*. C'est là que l'on retrouve les propositions fondamentales de la nouvelle école, avec ce relief que donnent à chacune de ses idées la logique de ce dialecticien à outrance et le tempérament hyperbolique de l'écrivain. On sait quelle est l'inspiration générale du livre. L'œuvre de la Révolution est de reprendre en ses fortes mains l'entreprise que les mains *énervées et corrompues* de l'Église ont laissé déchoir. L'Église avait promis de fonder la justice, elle n'en a donné qu'une sacrilège parodie. C'est à la Révolution qu'il appartient d'en dégager la véritable formule. Pour cela il faut repousser la tyrannie des philosophes, déguisée sous le nom de la raison, aussi bien que le despotisme des théocraties. La métaphysique est l'auxiliaire secrète et la complice honteuse de tous ces mensonges. Il faut rétablir la réalité du sens moral, en dehors de toute conception de Dieu, naturelle ou révélée. Naturelle ou révélée, les deux se valent. Il faut que la justice se suffise à elle-même. Refusons-lui « tout protectorat transcendantal, idée ou Dieu. » A ce prix seulement elle sera libre, elle sera digne, elle sera vraie. Point d'autre autorité pour la couvrir que celle de l'homme. Elle n'a besoin de s'appuyer sur aucun autre principe qu'elle-même. Écartons Dieu des origines de la loi, c'est bien, mais ce n'est pas assez. Écartons avec le même soin toute idée *à priori* qui serait encore quelque chose de surnaturel et comme une dernière marque de servitude mystique dans la conscience.

Toute la nouveauté de la thèse de Proudhon consiste dans cette opposition fondamentale de l'*immanence*, qui place le principe du droit dans l'homme, et de la *transcendance* qui place le principe en Dieu ou dans la raison universelle. On sait avec quelle brutalité il fait la guerre à l'idée religieuse : « Les sociétés, dit-il, sous cette influence, sont destinées à pourrir vivantes comme l'enfant scrofuleux ». Mais il n'épargne pas d'avantage le rationalisme philosophique. Dieu, pour lui, c'est l'arbitraire. L'absolu des philosophes, c'est le même arbitraire, aggravé d'une hypocrisie. — On prétend que l'homme ne peut être lié par l'homme ; on dit que rien d'humain n'oblige. C'est une erreur, et c'est cette erreur qui fait les esclaves ; le principe de la justice est dans l'homme, uniquement en lui. C'est la faculté que nous avons de sentir notre propre dignité en autrui, « c'est la liberté se saluant de personne à personne ». La seule loi qui n'humilie pas l'homme et ne le dégrade pas, c'est le commandement de soi vis-à-vis de soi. Sentir en soi cette liberté souveraine devant laquelle il n'est aucune puissance qui tienne, que ce soit fatalisme de la nature ou de l'esprit, la respecter d'abord en soi-même, la reconnaître dans son semblable, voilà toute la morale. — Et comme le procédé littéraire de Proudhon consiste à mêler des effusions lyriques à ses déductions les plus abstraites et que, par un jeu bizarre d'ironie, il aime à décorer de termes mystiques son athéisme révolutionnaire : « La justice ! s'écrie-t-il, elle est le sacrement social de la liberté [1] ». Après cette grande révélation, il triomphe sans modestie : « Voilà déjà que sur la poussière des croyances passées, l'humanité jure par elle-même. Elle s'écrie, la main gauche sur le cœur, la droite étendue vers l'infini : C'est moi qui suis la reine de l'univers. Tout ce qui est hors de moi est inférieur à moi, et je ne relève d'aucune majesté. »

Nous tenons enfin les origines de la Morale indépendante. Elles ne sont pas ailleurs. On peut dire que c'est vers l'an 1857 que cette école a pris naissance et que le libre de Proudhon en a été l'orageux berceau. Cette répudiation formelle de tout *protectorat transcendantal* pour la justice, que ce soit une idée ou que ce soit un dieu, cet effort pour constituer la morale sur une base expérimentale, pour la déduire tout entière du fait de la liberté, voilà ce qu'il y a de vraiment original et intéressant dans cette entreprise nouvelle. Tout est là, résumé en quelques brèves et impérieuses formules. On les a développées, commentées, variées à l'infini, répétées à satiété ; on les a défendues à outrance, ce qui semble être surtout la vocation et l'emploi des rédacteurs du recueil auquel cette morale a donné son nom et qui a montré plus de ténacité dans la polémique que d'invention ; on n'y a rien ajouté d'essentiel. La pensée de Proudhon marque les bornes de l'horizon philosophique dans lesquelles se maintiennent avec un scrupule quelque peu exagéré ses successeurs. On voudrait les voir s'enhardir en dehors des deux ou trois propositions fondamentales

---

[1] *De la Justice dans la Révolution et dans l'Église*, 2ᵉ vol., p. 419, 427, 438, 525 ; 3ᵉ vol., p. 41, 43, etc.

qu'ils soutiennent obstinément. Ils rendraient peut-être plus de services à leur idée en montrant de quelle fécondité elle est capable. La plus habile des polémiques ne vaut pas, pour l'effet produit ni pour la justification d'une méthode, un résultat effectif, une série de conséquences et d'applications nettement déduites du principe, un corps de doctrine constitué. Proudhon a été le révélateur; M. Massol et ses amis, se sont voués à l'apologétique; nous attendons la doctrine.

Il y avait une affinité naturelle entre cette théorie morale et un temps éprouvé comme le nôtre par la critique et la contradiction. Elle devait se produire par une sorte de nécessité logique, au milieu de cette anarchie des intelligences mises en défiance par de terribles mésaventures contre tous les systèmes et sollicitées de plus en plus par le progrès des sciences positives. L'exemple du prodigieux développement de ces sciences depuis qu'elles ont été affranchies dans leurs méthodes et dans leur esprit, devait être contagieux. Les réformateurs ne s'arrêtèrent pas à considérer la nature spéciale et les conditions de la science morale. La tentation était grande de faire de la morale, elle aussi, une science positive, ne relevant que d'elle-même, et rejetant toute sujétion, sous quelque nom sublime ou sacré qu'elle se déguisât. Il était naturel que cette illusion se produisît. On voit clairement, si l'on veut y réfléchir, que l'entreprise de ces réformateurs dans l'ordre moral est analogue et pour ainsi dire parallèle à la tentative du positivisme dans la philosophie. C'est la même ambition de constituer la science spéciale dont ils s'occupent en dehors de toute donnée métaphysique, comme les positivistes ont entrepris de faire une philosophie en dehors de toute spéculation sur l'âme ou sur Dieu. Le positivisme prend les faits généraux de chaque science, les coordonne, et cet ensemble des résultats systématisés de l'expérience sensible, il l'appelle la philosophie. De même les disciples de Proudhon prennent un fait principe, la liberté, l'analysent, prétendent en faire une théorie à la fois expérimentale et déductive de nos droits et de nos devoirs, et voilà leur morale fondée. Le procédé est identique.

Un autre trait de ressemblance entre la philosophie positive de la Morale indépendante, c'est la prétention à la neutralité et l'impossibilité pour l'une et pour l'autre de s'y maintenir. Le positivisme avait commencé par se déclarer absolument neutre entre les divers systèmes et même les diverses tendances de la métaphysique. Dans la pensée d'Auguste Comte, fidèlement reproduite par les premiers successeurs, la philosophie positive ne devait pas être plus hostile au spiritualisme qu'au matérialisme; entre les deux elle devait garder l'équilibre. Au delà des faits positifs étudiés et classés par des sciences qui devaient elles-mêmes s'ordonner dans une savante hiérarchie, s'ouvrait la région de l'infini et du mystère. On ne la niait pas, on en permettait même l'accès à l'imagination, à la poésie et à la foi. On l'interdisait à la science. A l'égard de ce mystérieux au delà, le positivisme doctrinal se résumait dans l'absence complète, scrupuleuse, de négation et d'affirmation, dans un état d'équilibre parfait. Voilà la limite marquée d'une main circonspecte et ferme. Mais, dans le fait, cette limite n'a pu être longtemps observée; elle a été envahie, violée sur mille points. L'expérience systématisée est devenue bientôt, sinon une métaphysique, du moins la négation formelle de la métaphysique. Pouvait-il en être autrement? C'est une loi de l'esprit humain qu'en toute chose, il ne peut se tenir longtemps dans ce milieu purement idéal. Particulièrement dans cet ordre de questions philosophiques la neutralité absolue est une pure chimère, elle est toujours plus près de la négation, et quand l'équilibre est rompu, c'est toujours du même côté. La même loi s'accomplit dans le parti de la Morale indépendante. Entre le spiritualisme et les doctrines opposées, il a prétendu d'abord à l'équilibre ; mais là aussi on n'est arrivé qu'à un équilibre instable; et, pour quiconque a suivi les manifestes de la nouvelle école, il est trop clair que ce n'est pas du côté du spiritualisme qu'elle penche. Rien, au fond, de plus logique et de plus naturel. On a commencé par déclarer parfaitement inutiles, au point de vue du problème moral, toutes les spéculations métaphysiques, et comme l'on proclamait en même temps que la science morale était l'unique nécessaire, cela équivalait clairement à dénoncer comme oiseux ce genre de curiosité à une génération positive et affairée comme la nôtre. Or, l'esprit humain se désintéresse vite de ce qu'on lui signale comme inutile. Il n'aime pas perdre en rêveries creuses sa peine et son temps. Par une transition insensible, il arrive à nier ce qu'il a d'abord dédaigné, et voilà comment la neutralité de la Morale indépendante s'est transformée, ainsi que celle du positivisme, en une véritable aversion contre la philosophie spiritualiste. L'indifférence proclamée touche de près, dans cet ordre de questions, à l'hostilité déclarée.

CHAPITRE III

LA MORALE INDÉPENDANTE (SUITE). — EXAMEN DE SES THÈSES FONDAMENTALES.

Comment la Morale indépendante a-t-elle tenu l'engagement qu'elle avait pris de se passer de toute doctrine philosophique ? Est-il vrai que les données de la métaphysique demeurent complètement en dehors du problème moral, que la nature et les conditions de ce problème ne supposent pas logiquement la solution d'autres problèmes philosophiques avec lesquels celui-ci est étroitement lié, et que l'on puisse admettre scientifiquement cette indépendance absolue de la doctrine des mœurs, qui ne serait plus, à entendre les réformateurs, qu'une science positive comme les autres, sans lien et sans rapport avec les croyances et le système, une sorte de géométrie, procédant par pure déduction à partir d'un fait expérimental, quelque chose, en un mot, comme la géométrie de la justice ?

Telle est, en effet, l'ambition de ces nouveaux moralistes : faire de la morale une science positive et pour cela en éliminer tout élément qui ne soit pas exactement vérifiable.

Tout ce qui constitue, nous dit-on, les sciences philo-

sophiques, est objet non de science, mais de foi. Dans les plus admirables raisonnements, dans les plus belles conceptions métaphysiques, subsiste un élément d'hypothèse. L'intuition métaphysique n'est qu'un sentiment particulier; l'admettre, c'est donc encore faire acte de foi; au fond, elle ne diffère pas de la foi religieuse, c'est toujours une certaine perception non vérifiée et non vérifiable des choses invisibles. La philosophie aussi bien que la religion ne relève que des libres aspirations de l'individu; elle ne peut donc à aucun titre ni à aucun degré entrer comme élément ou comme principe dans la constitution de la science morale. Elle peut avoir en certaines circonstances une influence pratique, il lui manque l'autorité, la seule autorité universelle, celle du vrai démontré. Brillant tissu d'hypothèses et de rêves, c'est au nom de notre ignorance et de nos incertitudes qu'elle s'impose à nous. Laissons donc la philosophie dans son rôle et à sa place. Elle console, elle apaise, elle charme ou elle effraye; elle est incapable d'enseigner.
— Si la morale doit être une science, c'est à la condition que pas plus que la géométrie, elle ne repose sur autre chose qu'elle-même. Le géomètre construit sa science en dehors de tout système sur la nature intime du moi, sur l'essence de la raison ou de l'existence de Dieu. Comme le physicien, comme le physiologiste, il laisse à la porte de son cabinet de travail le spiritualisme et le matérialisme; il prend dans l'esprit humain la notion d'étendue, telle qu'il la trouve, il l'étudie, il la traite par le raisonnement; il en tire une science parfaitement distincte de toutes les autres, ayant ses axiomes à elle, ses définitions à elle. Que lui importe que l'étendue soit conçue *a priori*, comme l'étendue intelligible de Malebranche, ou qu'elle soit due à une abstraction pure et simple, opérée sur l'idée du corps? Il n'est ni idéaliste, ni sensualiste,

il est géomètre; il prend cette notion telle qu'elle se présente à première vue à toutes les intelligences, il en analyse les caractères, qu'il définit, il en déduit les propriétés. Qu'on se représente comme on voudra la nature des choses, qu'on explique par tel ou tel système l'origine du monde, il n'a de cela nul souci. Il n'a en face de lui qu'une notion abstraite et isolée; dès qu'il a tiré de cette notion ce qu'elle contenait, sa tâche est finie; sa démonstration est achevée, si elle est telle qu'on n'y puisse rien changer. Il en doit être, à ce qu'on prétend, du moraliste comme du géomètre. Il n'a pas à s'occuper de l'origine de la loi. Il la saisit comme un fait, il prend le fait moral tel qu'il se trouve dans la conscience; tout son office est d'en déduire, par voie d'analyse, les conséquences et les explications. Le spiritualisme ou le matérialisme ne sont pas plus intéressés dans la série des théorèmes moraux ainsi déduits qu'ils ne le sont dans le théorème sur le carré de l'hypoténuse.

Cette assimilation de la morale aux sciences exactes, à la géométrie, par exemple, est-elle soutenable un seul instant? Il est possible, nécessaire même, d'isoler l'objet de la géométrie de toute conception métaphysique; cela n'est pas possible pour la morale. On peut être excellent géomètre tout en étant médiocre philosophe et même sans être philosophe à aucun degré. Avec la spécialité de ses données, la spécialité de sa méthode, de ses démonstrations, et des aptitudes d'esprit qu'elle exige, la géométrie ne relève absolument que d'elle-même. Elle n'emploie et ne doit employer que la considération abstraite de l'espace où elle place la diversité infinie des figures et conçoit les propriétés de chacune d'elles. En est-il ainsi pour la morale? Et peut-on tenir cette gageure impossible que la nature et les conditions de cette science soient identiques à celles de la géométrie?

La morale ne saurait s'isoler des sciences philosophiques, parce que l'objet qu'elle étudie, ce n'est pas une notion abstraite comme celle de la géométrie, c'est l'homme. Cela se pourrait peut-être à la rigueur, par un effort difficile à concevoir et tout artificiel, si l'on prend pour point de départ la loi du devoir, sans se préoccuper de ses origines, ni des résistances ou des points d'appui qu'elle peut trouver dans le cœur humain, ni des sentiments qu'elle y excite, ni du respect qu'elle inspire ou des espérances qu'elle fait naître irrésistiblement, ni des rapports actuels et possibles de l'homme avec l'universalité des choses qui l'entourent, c'est-à-dire si l'on traite la loi morale et l'homme comme deux abstractions. — Mais la chose est impossible si l'on considère la science morale autrement que dans la suite purement logique de ses théorèmes, dans sa réalité complète et dans toute son étendue, c'est-à-dire dans la nature des données qu'elle comporte, dans la diversité infinie de ses applications, dans l'extension légitime de ses conséquences poussées jusqu'à leur terme. La morale n'a pas affaire à des conceptions idéales, mais à l'homme réel, vivant, à tout l'homme, non pas à un seul de ses éléments arbitrairement isolés des autres.

Cette science est-elle donc possible pour qui n'a pas étudié la raison et ne s'est pas prononcé, implicitement au moins, sur la question de son essence et de ses lois? A moins de se borner à une nomenclature de préceptes stériles, n'est-ce pas une nécessité scientifique de s'informer si l'homme est réellement lié par une loi, si cette obligation n'est pas un préjugé d'éducation, et dans le cas où cette obligation est réelle, d'où elle vient, sur quoi repose la nécessité et l'universalité de ses prescriptions? La morale est-elle possible sans la volonté, principe et racine de la personnalité? Et cette volonté elle-même, est-ce qu'elle agit seule, dans son abstraction pure? Est-ce qu'elle ne rencontre pas tantôt des ennemis qu'elle doit combattre, tantôt des auxiliaires qui la soutiennent? On ne serait pas en mesure de donner à l'homme des préceptes de morale vraiment efficaces, si l'on ne connaissait pas ces auxiliaires et ces ennemis, ce milieu si varié et si confus dans lequel la volonté doit agir, en d'autres termes, si l'on s'interdisait l'étude de la sensibilité, des penchants et des passions qui la constituent. Sentiments, idées, volonté, tout cet ensemble si divers, si complexe, voilà l'homme, objet de la science morale. Combien votre science est stérile et pauvre, si elle se prive d'un seul de ces éléments!

On répond que tout cela ne comporte que des analyses, tout au plus quelques notions de psychologie. Or, la Morale indépendante n'exclut pas, nous dit-on, l'élément psychologique de la science, elle n'en exclut que l'élément métaphysique. — En vérité! mais est-ce que tous ces éléments de la science de l'homme peuvent être considérés en dehors de sa nature intime? N'y a-t-il pas une psychologie spiritualiste et une psychologie matérialiste, radicalement distinctes? La théorie de la raison, qui est une théorie psychologique, est-elle la même dans Locke ou dans Leibnitz? Celle des passions est-elle identique dans l'école positiviste ou chez les spiritualistes? Aucune des sciences philosophiques ne peut exister par elle-même dans une indifférence absolue à l'égard de la métaphysique qui les domine et les inspire. Or, la science morale les emploie toutes, elle a besoin d'agir sur tous ces éléments de la nature humaine, elle n'a le droit d'en négliger aucun. En touchant à ces ressorts si nombreux et si délicats de l'âme, elle rencontre inévitablement les plus grands problèmes sur la nature de l'homme, sur le rôle qu'il remplit dans l'univers, sur la place qu'il y occupe, sur les fins qu'il y accomplit et celles auxquelles il est réservé. L'homme prend bien des aspects divers et même contraires, selon le point de vue d'où on l'examine. La théorie d'une seule faculté de l'âme implique ainsi une foule de données métaphysiques; à plus forte raison la morale, puisqu'elle veut tout l'homme.

Il semble donc bien avéré que la science morale diffère absolument des sciences positives, de la géométrie, par exemple, par la nature de l'objet qu'elle étudie. Elle ne part pas d'une abstraction pure, elle ne procède pas par une déduction abstraite, elle n'opère pas dans un milieu purement idéal. L'objet de son étude, c'est l'homme réel, non l'homme abstrait, c'est l'homme au sein de la société, l'homme vivant dans un milieu vivant. C'est à ce prix qu'elle est vraiment une science utile, pratique, féconde, et je ne pourrais mieux la définir qu'en disant qu'elle est la science de la vie humaine, prise dans sa réalité et transportée avec tous ses éléments dans son idéal, où ces éléments complexes trouvent leur règle, leurs fins et leur harmonie.

Mais ce n'est pas seulement par la nature de son objet que la morale diffère des sciences positives, c'est aussi par le genre de certitude qu'elle comporte. Bornons, comme tout à l'heure, notre comparaison à celles des sciences positives que considèrent avec un soin particulier les moralistes indépendants, les sciences exactes, comme la géométrie.

Dans cet ordre de sciences, les vérités démontrées se reconnaissent à trois caractères : 1° l'évidence indiscutable; 2° l'immuable fixité; 3° l'unité absolue d'interprétation. Conquête sur l'inconnu, elles sont une conquête définitive. De l'inconnu, il y en aura toujours, bien que la limite recule sans cesse. Mais la limite restera toujours précise entre le connu et l'inconnu; ils ne pourront jamais se confondre.

Si un géomètre démontre devant vous la vérité qu'il possède et que vous ne possédez pas encore, il l'expose, et tout est dit. D'après la manière dont vous avez compris la vérité exposée, vous êtes jugé. Ceci est à la lettre, la vérité vous juge. Ou bien vous embrassez immédiatement la démonstration et les conséquences qui s'y rattachent, par une sorte d'intuition rapide et complète; vous êtes alors un géomètre d'aptitude et d'instinct. — Ou bien vous mettez quelque temps et quelque effort à comprendre; mais après avoir provisoirement suspendu votre adhésion, parce qu'il vous fallait traverser laborieusement tous les intermédiaires qui composent la démonstration, vous êtes enfin éclairé, vous voyez. C'est là une preuve que vous êtes un esprit doué d'aptitudes simplement ordinaires. — Ou enfin vous ne comprenez rien; c'est qu'alors, scientifiquement, vous n'existez pas, et le géomètre n'aura pas à se préoccuper de vous convaincre. Votre ignorance ou vos doutes n'auront pas à ses yeux la moindre valeur. La vérité mathématique n'a rien de commun avec votre intelligence; voilà tout.

En est-il de même pour toutes les vérités de la science morale? Cette science est-elle toujours en état de ramener à l'unité les interprétations variées de tel ou tel principe? Est-ce qu'il dépend de ses interprètes les plus autorisés de réduire infailliblement les dissidences par le même genre d'évidence qui réduit à l'absurde les dissidences inutilement essayées en géométrie? Évidemment non. La morale a sans doute sa certitude, puisqu'elle dépend de vérités absolues; elle a son genre d'évidence, puisqu'elle raisonne et qu'elle démontre. Qui ne sent cependant que ni cette évidence, ni cette démonstration ne sont identiques à celles de la géométrie? Tandis que les sciences exactes imposent les vérités de leur ordre par une démonstration qui n'est qu'une identité retrouvée; tandis que les sciences physiques imposent la formule des lois de la nature par l'évidence positive d'une vérification indéfinie, la morale, en tant que science, ne peut établir ses principes que par un raisonnement plus ou moins personnel, par une discussion, ce qui est bien différent, la discussion impliquant le choix au moins possible du contraire, une résistance éventuelle, quelque chose comme un dernier élément de liberté survivant dans cet ordre de la logique, la logique spéciale des sciences philosophiques.

Assurément, je crois à la morale et à ses lois, aussi profondément que je crois à un théorème de géométrie ou à une loi physique. Nous nous tenons pour assurés des vérités morales autant que nous le sommes des vérités mathématiques; nous le sommes, sinon *plus*, du moins *mieux* encore, s'il est possible; nous les sentons plus près de nous, plus intimement en nous. — Et pourtant puis-je imposer une croyance à quelqu'un qui prétend s'y soustraire, de la même manière que le géomètre imposera son théorème à l'esprit léger ou borné qui s'y refuse? Non sans doute. Le géomètre n'a pas à discuter, il démontre. Il faut bien qu'en morale la démonstration n'ait pas le même degré d'exactitude et de rigueur, puisqu'elle n'exclut pas la discussion. Ici la réduction à l'absurde n'est plus de mise, sauf des cas très rares. Tâchez donc d'appliquer ce procédé de démonstration à nos adversaires communs, les empiristes, les utilitaires, les disciples de J. Bentham ou de Stuart Mill, et vous verrez s'ils en seront touchés!

Examinons ce fait considérable des variations et des progrès de la morale à travers les âges, et tirez-en les conséquences. Sans doute la géométrie, elle aussi, fait des progrès, mais qui consistent exclusivement dans le nombre toujours croissant des théorèmes démontrés, non dans l'accroissement de lumière apporté aux démonstrations déjà faites. Pythagore et Archimède ne savaient pas autant de géométrie que les membres de l'Académie des sciences, mais ce qu'ils savaient, ils le savaient aussi bien et de la même manière.

Tels ne sont pas les progrès de la morale. Ils ne consistent pas seulement dans le nombre croissant des vérités acquises par la science, ils se marquent aussi par le degré de lumière auquel s'élève chacune de ses vérités et par le nombre des intelligences capables d'y atteindre. Qui pourrait dire que le théorème fondamental de la morale, celui qui contient la justice, ait été compris dans toute sa portée par le premier moraliste, comme le premier théorème de la géométrie a été compris par Euclide? Certes, s'il est un corollaire immédiat de ce théorème de la justice, c'est le respect de la personnalité sous toutes les formes qu'elle revêt. Combien a-t-il fallu de siècles, néanmoins, pour mettre la personne humaine sous la sauvegarde de l'inviolable justice? Depuis quand la question de l'esclavage peut-elle être considérée comme définitivement résolue? Ne dites pas que le problème n'avait pas été posé. Aristote l'avait posé il y a vingt et un siècles, mais c'était pour le résoudre dans un sens contraire au droit. Après dix-neuf siècles de civilisation chrétienne, la question semblait encore douteuse il n'y a pas longtemps, pour quelques consciences au delà des Pyrénées, en Espagne; au delà de l'Atlantique, dans la grande république américaine.

C'est l'honneur de la civilisation et la marque de chacun de ses progrès d'apporter ou une solution ou une clarté nouvelle dans quelques-uns des problèmes moraux. On peut suivre ainsi, à travers l'histoire, les conquêtes incessantes de la raison pratique, condamnant toute usurpation sur la personnalité humaine, changeant la haine antique de l'étranger en un sentiment nouveau, celui de l'humanité, humanisant la guerre là où elle ne peut pas la détruire, condamnant le meurtre politique sans rémission. Et cependant, même sur ce point qui semble invariablement acquis à la conscience moderne, ne se produit-il pas encore des hésitations? Ne voit-on pas un nom tel que celui de Charlotte Corday attendrir les principes mêmes et tenir le jugement en suspens entre la réprobation due au meurtre et l'admiration due au dévouement?

Non seulement la raison pratique résout dans un nouveau sens ou avec une clarté supérieure des problèmes où les générations précédentes avaient échoué ; mais elle pose des problèmes nouveaux, ce qui est un progrès déjà ou tout au moins l'annonce d'un progrès futur. Qu'est-ce que l'individu et quelle est la part précise, la limite de ses droits? Comment assurer et garantir tous ses droits sans porter atteinte aux liens qui le rattachent aux êtres divers avec lesquels il est appelé à vivre? Que doit-il être dans la famille? Et ici se dressent les questions si controversées encore de l'instruction obligatoire et de la faculté de tester. — Que doit-il être dans l'État? Où commencent les devoirs, où s'arrêtent vis-à-vis l'individu les droits de l'État? Que doit être enfin l'individu dans la démocratie? Voilà tout un ordre de problèmes nouveaux qui, sous couleur de politique, remontent aux sources mêmes de la morale, puisqu'ils contiennent une foule d'applications du droit.

Certes, s'il est un principe démocratique sur lequel il semble qu'on soit d'accord, c'est celui des majorités. Mais voici qu'on vient nous dire : pour que la nation soit réellement représentée, faut-il se borner à une opinion unique? Ceux qui sont en dehors de cette opinion prédominante n'ont-ils pas cependant le même droit? Ne doivent-ils pas, eux aussi, être représentés dans la proportion des voix qu'ils ont données et dont il serait inique de ne tenir nul compte? N'y a-t-il pas lieu de recourir à ce que l'Angleterre a déjà essayé, la représentation des minorités? Sur tous ces points, sur bien d'autres qu'il serait trop long d'énumérer, combien les intelligences sont divisées! On ne voit pas de pareilles divisions, de tels désaccords en géométrie; ou s'ils se produisent, ils ne durent pas longtemps.

Cette diversité d'interprétations morales se manifeste à chaque instant dans la vie intime, au sein de la conscience individuelle. Si la science morale se composait, comme on le prétend, d'une série de déductions géométriques, un fait semblable pourrait-il s'expliquer? « La morale, dites-vous, part d'un fait de conscience indéfiniment vérifiable, dont l'expression la plus simple est : *tu dois*. » Soit, mais quand il se présente deux devoirs en apparence contraires, que faut-il faire? Il ne se présente que bien rarement, et par une sorte d'illusion d'optique intellectuelle, des propositions géométriques qui soient contraires, même en apparence.

Cette différence en la géométrie et la morale tient à la simplicité idéale des conditions dans lesquelles travaille le géomètre, opposée à la complexité infinie de rapports que crée la vie.

Chacun de nous a connu quelqu'une de ces circonstances étranges et fatales, rares, il est vrai, où la lumière de la conscience pâlit et vacille sous le coup des orages invisibles, dans ces perplexités secrètes entre deux devoirs qui paraissent également sacrés. Chacun de nous sait que le raisonnement abstrait est inapplicable à ces situations déchirantes et incapable de mettre un terme à ces conflits désolants des deux parties de la conscience, divisée et luttant contre elle-même. Les vraies angoisses de la vie ne sont peut-être pas dans les luttes du devoir contre la passion ; elles sont dans les luttes du devoir contre le devoir, quand nous entendons deux voix contradictoires, dont l'une nous dit : « tu dois ; » et l'autre : « tu ne dois pas. »

Deux exemples, pris dans la littérature contemporaine, montreront ce que le cœur humain peut souffrir dans ces incertitudes. Un drame[1] met en scène un jeune homme riche, prêt à donner son nom à une jeune fille qu'il aime. Il apprend tout à coup que l'homme qu'il croyait son père a été trompé, et que lui n'est pas son fils selon la nature, bien qu'il le soit devant l'opinion publique abusée et devant la loi complice. Que fera-t-il ? Acceptera-t-il un bonheur qui lui semble dès lors une usurpation ? Prendra-t-il sa part d'une fortune à laquelle, selon sa conscience, il n'a pas droit ? Ou bien, en l'abandonnant aux héritiers légitimes, va-t-il révéler la faute de sa mère et renoncer au mariage où il a mis son bonheur ? L'auteur du drame a choisi ce dernier parti. C'était son droit. Mais peut-être son héros pouvait-il prendre un autre parti sans manquer à la conscience. On est souvent tenté de lui dire, pendant qu'il s'excite à son héroïsme : « Prends garde, jeune stoïcien, en accomplissant certains devoirs, d'en trahir d'autres, non moins inviolables et sacrés. Tu renonces à la fortune : tu le peux, tu le dois. Tu renonces au bonheur dont cette fortune était l'instrument : tu le peux, tu le dois encore, quoique tu brises avec ton bonheur celui d'une autre. Mais cette faute commise il y a longtemps, es-tu bien sûr que tu aies le droit de la révéler, de la châtier, de faire

[1] *Jean Aubry.*

rougir ta mère d'un mortel affront? Es-tu bien sûr que ton père, moins cruel que toi, ne l'ait pas connue et pardonnée? Et si, pendant vingt ou trente années, elle a été expiée par le repentir et les larmes, dois-tu n'en tenir aucun compte? Prends garde, en te guindant sur un devoir si âpre et si haut, d'écraser sous tes pieds un sentiment bien noble aussi et bien délicat, la piété filiale! » On aura beau dire : quelque chose souffre dans la conscience à voir un fils devenir ainsi l'inexorable justicier de sa mère.

L'hésitation est possible, on en conviendra. Dans un roman dramatisé, *Cadio*, Mme Sand nous donnait des exemples pathétiques de ces situations fatales, où des parents, des amis, des frères, combattent pour des causes et sous des drapeaux contraires, l'un contre une patrie qu'il aime du fond du cœur, pour une idée qui lui semble plus sainte que la patrie même, tandis que l'autre, obéissant aux ordres de la nature, la suit jusqu'où elle lui dit d'aller, tout en gémissant des crimes et des excès qui se commettent en son nom. Eh bien! entre ces deux partis : se révolter contre sa patrie ou la servir jusque dans ses plus funestes égarements, qui se flatterait, s'il fallait absolument faire un choix, de choisir à coup sûr, sans hésitation d'abord, sans regrets après?

Quelle belle parole que cette parole, si souvent citée, de Royer-Collard : « Dans les temps de révolution, il est plus difficile de connaître son devoir que de le faire! » C'est en effet dans de semblables alternatives que l'on voit éclater l'impuissance des déductions abstraites et des raisonnements inflexibles. Les représentants de la Morale indépendante semblent ne pas admettre des situations pareilles quand ils viennent nous dire que la justice est une science exacte et qu'ils en sont les géomètres. Prenez garde! leur dirons-nous encore, cette assimilation de la justice à une science exacte peut vous mener bien loin. Au terme de vos théories si rigides et si hautaines, je vois poindre une intolérance d'un nouveau genre. Car, remarquez-le bien : quand je ne comprends pas une vérité géométrique, nul n'en souffre que moi ; je me juge ainsi moi-même et je confesse implicitement l'infirmité de mon intelligence. Mais si je puis priver la géométrie de mon adhésion aux vérités qu'elle enseigne, sans faire de tort qu'à moi-même, je n'ai point le droit de priver la morale de mon adhésion intellectuelle et de mon concours pratique, et l'on peut exiger de moi cette adhésion et ce concours que j'ai illégitimement refusés. S'il y a quelque part des moralistes qui s'attribuent la possession d'une vérité absolue et inflexible jusque dans les dernières applications de leurs principes, comment ne seraient-ils pas tentés de nous imposer, un jour ou l'autre, non seulement l'accomplissement de ces devoirs si certains — mais qui sait ? — une adhésion intellectuelle à ces interprétations du problème moral, fixées une fois pour toutes par leur science de précision ? O géomètres de la justice, prenez garde de devenir un jour les grands inquisiteurs de la raison, les prêtres intolérants de la liberté !

Il faut bien admettre qu'il y ait des cas — et nombreux — où en regard de ce critérium *positif* de la moralité géométrique, auquel on prétend se référer, s'oppose un critérium tout intérieur, tout personnel, tout subjectif qui échappe à cette détermination inflexible : c'est la droiture de l'intention, c'est la pureté de l'âme, la loyauté de la conscience. Certes, je n'affaiblis pas le devoir en disant cela, mais je vois la vie humaine telle qu'elle est, dans sa réalité complexe et troublée ; je vois la conscience humaine telle qu'elle est, dans ses perplexités et ses angoisses sincères, et je dis à ceux qui veulent réduire la morale à l'uniformité abstraite d'une science exacte :

« La vie vous condamne ; elle déjoue à chaque instant vos théorèmes. Dans ces crises terribles où la conscience se déchire, de quel droit prétendez-vous nous imposer votre interprétation comme la seule juste, la seule vraie? Il y a lieu au moins à discuter, puisque la conscience hésite. Cela nous suffit pour affirmer que la science morale n'est ni une science exacte ni une science positive. Elle est science, sans doute, mais d'un autre ordre, et sa certitude n'est ni celle d'un théorème d'Euclide, ni celle du principe d'Archimède. »

Que faut-il donc penser de cette prétention de la Morale indépendante à se constituer en science parfaitement autonome, distincte, isolée même de toutes les autres sciences philosophiques, sinon que cette prétention est la plus insoutenable des chimères? Cette autonomie n'existe que pour les sciences exactes, et toute assimilation de la morale à l'une de ces sciences échoue contre une impossibilité, qui n'est au fond que la nature des choses réfractaire aux fantaisies d'un système.

C'est qu'au fond toutes les questions métaphysiques de nature et de fin sont si intimement mêlées à notre substance morale, qu'aucun effort de chimie intellectuelle ne peut parvenir à les éliminer d'une science qui a l'homme pour objet. Voilà pourquoi toute théorie morale rencontre cette alternative : ou bien par son développement naturel elle amène l'esprit humain à les poser et à les résoudre, ou bien elle les suppose antérieurement résolues. Combien il serait aisé de le démontrer par l'exemple de tous les moralistes dont les convictions personnelles en métaphysique, alors même qu'ils voudraient s'en désintéresser, déterminent les pentes secrètes de leurs théories morales et en dirigent le cours, même à leur insu, sous l'apparence de la plus froide logique!

L'école nouvelle est donc la dupe d'une singulière illusion en s'imaginant qu'elle se fonde et s'organise en dehors de la métaphysique, et que seule, enfin, elle a pu se soustraire par la force de sa méthode à l'influence de ces notions supérieures, auxquelles la morale est liée par la nature des choses. Chacun de ses théorèmes implique comme résolue quelque haute question de philosophie. Elle est pénétrée, enveloppée de toutes parts, sollicitée en un sens déterminé par la métaphysique; elle obéit, sans le savoir, à un principe invisible d'attraction. Elle a beau se proclamer indépendante; de fait, elle ne l'est pas. J'imagine une planète prenant conscience d'elle-même, et s'écriant orgueilleusement : « Et moi aussi, je gravite librement dans les espaces, je m'oriente librement dans le ciel; les orbites que je décris, je me les trace à moi-même. Le chemin que je suis, c'est celui de ma volonté. » Elle ne manquerait pas de se déclarer indépendante, parce qu'elle ne sentirait pas le poids matériel qui pèse sur elle, et ne verrait pas l'attache du lien subtil auquel elle est suspendue. Il existe cependant, ce lien; c'est l'invisible chaîne de cette attraction puissante qui soutient les corps astronomiques, dirige leur course et règle même le caprice de leurs apparentes déviations. Il en est ainsi de la morale nouvelle. Elle peut sans doute se considérer en elle-même, par un effort d'abstraction, en s'isolant du système auquel elle appartient. Mais qu'elle le sache ou non; elle dépend d'un principe secret d'attraction qui la régit et la dirige. Elle a beau ignorer ou méconnaître sa dépendance, elle la subit. Chacune de ses démarches, chacune de ses évolutions est liée, dans son apparente autonomie, par la force toujours agissante de l'esprit métaphysique, centre irrésistible et souverain d'attraction.

Je suis loin de prétendre que la doctrine des mœurs doive enchaîner sa fortune à celle d'une théorie philosophique quelconque, comme serait celle d'Aristote sur la matière et la forme, ou celle de Leibnitz sur les monades. Je constate seulement qu'il y a de la métaphysique au fond de tout problème moral, et que chacun de ces problèmes implique une donnée supérieure dont le moraliste ne peut s'isoler qu'artificiellement, par un effort momentané d'abstraction. Au-dessus de toutes les sciences philosophiques, psychologie, logique, morale, plane un ensemble de questions primordiales qui ne peuvent se trancher indifféremment dans un sens ou dans un autre, ni se franchir impunément sans être résolues. Ce serait une tâche aisée de démontrer par la plus simple analyse l'exactitude de cette observation générale. Sur tous les points abordés jusqu'ici par la nouvelle école, ce qu'elle a établi d'incontestable, de vrai scientifiquement et humainement, suppose des problèmes métaphysiques résolus; tout ce qu'elle contient d'équivoque et de faux, ses erreurs et ses lacunes supposent des problèmes évités ou éludés.

Il ne faut pas que ce grand mot de métaphysique nous fasse illusion. Je l'emploie, parce que scientifiquement je n'en ai pas d'autre à mon usage. J'en aimerais mieux un autre pour désigner cet ensemble de notions et de croyances primitives, qui sont comme passées à l'état d'instinct, qui se transmettent avec l'âme et le sang à travers les générations, qui se sont mêlées si profondément à la pensée et à la vie de chacun de nous que ce n'est plus que par un violent effort de critique ou de négation que nous pouvons les détacher du fond le plus intime de notre substance intellectuelle. Cet ensemble de croyances, que j'appellerai, si l'on veut, une métaphysique spontanée, est vraiment, quoi qu'on dise et quoi qu'on fasse, la grande tradition de l'humanité pensante, parce qu'elle est dans une sorte d'harmonie préétablie avec notre nature raisonnable. Elle contient un certain nombre de réponses élémentaires aux questions inévitables que se pose tout homme venant en ce monde, aussitôt que le souci de sa vie matérielle laisse à sa pensée un instant de loisir, et qu'il peut relever sa tête courbée dans l'atelier ou sur le sillon. Elle s'est formée successivement des tendances les plus nobles de notre nature, de ce qu'il y a de plus pur et de plus exquis dans les croyances religieuses, de ce qu'il y a de plus simple et de plus élevé dans les spéculations philosophiques. Ainsi s'est composé ce milieu immatériel, cette atmosphère idéale, qui enveloppe et pénètre nos intelligences, et dans laquelle chacune de nos âmes vit, respire et se meut. C'est comme l'air ambiant où nous puisons notre vie intellectuelle et morale, et dont la force est si résistante et si subtile que tous les efforts de la critique ne parviennent pas à le dissoudre. Là s'alimente et s'entretient le spiritualisme naturel de l'humanité, cet ensemble d'affirmations que porte spontanément l'humanité sur un petit nombre de problèmes essentiels à son existence morale. L'humanité, dès qu'elle réfléchit, distingue l'ordre physique de l'ordre moral; elle admet que les lois qui gouvernent le monde de l'étendue et président aux mouvements mécaniques de la matière ne sont pas de la même nature que celles qui gouvernent le monde des esprits et des libertés. Elle marque à l'origine de nos déterminations et de nos actes, elle nomme d'un nom spécial cette force libre qu'elle se garde bien de confondre avec la force aveugle qui groupe les molécules de la matière ou les disperse. Elle affirme qu'il y a des lois primordiales complètement distinctes des généralisations de l'expérience, que le droit est supérieur au fait, le juge, et, s'il est accablé par la force, se venge en la méprisant. Enfin elle croit à une cause intelligente et morale de l'univers. Voilà ce que l'on peut appeler la métaphysique éternelle de l'humanité, qu'une force invincible conserve dans le monde, malgré les efforts tentés en tout sens pour l'obscurcir ou la détruire, malgré l'ironie délicate de la critique, malgré les fortunes diverses ou la chute des systèmes philosophiques qui aspirent à la représenter et qui échouent successivement dans cette tâche.

C'est aux révélations instinctives de ce spiritualisme éternel, antérieur et supérieur à tous les systèmes, bien que sans cesse entretenu, partiellement renouvelé, épuré par eux, que toutes les doctrines morales dignes de ce nom empruntent leurs notions essentielles, sinon la forme de leur langage. — La Morale indépendante a fait comme les autres. Sans s'en douter, et même en dépit de sa prétention la plus formelle de ne rien devoir qu'à l'expérience et à l'analyse, c'est à cette source vraiment féconde et profondément humaine qu'elle est venue puiser ses conceptions élémentaires sur la personne et le respect nécessaire de la personne, qui composent ce qu'il y a de plus incontestable et de plus clair dans sa doctrine.

On nous déclare que la morale nouvelle n'a pas recours, comme les morales spiritualistes, aux déductions abstraites d'une métaphysique douteuse. Science positive, elle repose non sur une idée ni sur un sentiment, mais sur un fait réel, concret, indéfiniment vérifiable, celui de la liberté. Et de cela seul que nous nous percevons expérimentalement comme une volonté libre, nous concevons que toute volonté est inviolable et que la liberté doit être respectée dans tous les hommes comme en nous. Tel est le programme très simple de la doctrine. Il y a là deux éléments distincts : *le fait de la liberté* d'abord, puis *la conception de son inviolabilité*. Or chacun de ces deux éléments implique une donnée métaphysique.

L'un suppose une certaine manière de concevoir l'homme comme un être distinct au sein de la nature; l'autre renferme une loi rationnelle que l'expérience n'expliquera jamais.

L'analyse psychologique par laquelle on dégage la notion de la personnalité est irréprochable. La conscience de soi, nous dit-on, est la condition nécessaire de notre qualité d'homme : elle est ce par quoi nous pensons la pensée, ce par quoi nous sentons que nous sentons, ce par quoi nous voulons nos volontés. Toutes ces manifestations se relient entre elles; elles se composent en une résultante qui est la conscience. C'est grâce à ce retour de l'homme sur lui-même que l'homme est une personne. Cette notion implique celle d'un être capable de s'élever au-dessus des forces élémentaires qui le constituent, d'un être maître de soi, ne relevant que de soi, d'un être libre en un mot. — Cette analyse est excellente. Mais ne voit-on pas immédiatement ce qu'elle suppose, et à quelle condition existe cette personnalité si nettement constatée? Elle existe, cette personnalité, dès que l'homme, faisant un retour sur lui-même et se saisissant par le libre effort de cette énergie qui le constitue, échappe à la fatalité des mouvements de son organisme et des sensations qui en résultent, — mouvements matériels dont il subit le contre-coup, mais dont il se distingue, et à l'empire desquels il se ravit lui-même. L'homme est libre, précisément en vertu de ce privilège qu'il a de se placer en dehors de ses sensations et au-dessus de ce monde physique dont les derniers retentissements viennent émouvoir les profondeurs de son organisme. — Mais à quelle condition? Il faut pour cela concevoir qu'il y a une distinction radicale dans la série des forces et dans l'ordre des phénomènes : l'ordre des forces et des phénomènes physiques où règne le mécanisme, et l'ordre moral où se déploient les causes libres.

L'école indépendante reconnaît en termes formels cette distinction. Elle proclame en toute occasion que l'ordre physique se fonde sur une loi fixe et fatale, l'ordre moral sur une force libre. Dans l'ordre physique, la cause n'est qu'une condition relative et seconde, au delà de laquelle on ne peut remonter. Dans l'ordre moral, la cause est une raison première et en ce sens irréductible, absolue, dont la source échappe à l'analyse. Et contrairement à ce qui se passe dans le monde des phénomènes physiques, cette cause ou raison première de nos actes n'étant ni saisissable ni déterminable, on ne saurait la reproduire à volonté, ni avec elle ses effets. — A merveille, mais ne voyez-vous pas qu'en établissant cette distinction des deux ordres de phénomènes et des deux mondes de causes, vous faites de la métaphysique ? Notre philosophie prend précisément son point de départ dans cette première affirmation du règne humain de la liberté et des fins, opposé au règne des causes mécaniques ou aveugles. — Vous dites que la liberté est un fait, et qu'un fait porte avec lui sa lumière et sa démonstration. Sans doute, si l'œil de l'esprit est préparé pour recevoir cette lumière ; mais si notre esprit est aveuglé par la préoccupation d'un système, son regard passera à côté du fait, sans le voir, ou, s'il s'y arrête, ce sera pour l'expliquer de telle manière que cette explication l'anéantit.

Par la simple affirmation de ce fait, vous vous mettez en opposition avec les variétés innombrables de l'école naturaliste, qui n'attribue point à l'humanité une liberté d'une autre sorte que celle des autres séries animales, consentant tout au plus à reconnaître des différences, non de qualité, mais de quantité, de mesure et de développement. Vous vous mettez surtout en contradiction manifeste avec la seule doctrine naturaliste qui ait le courage scientifique d'aller jusqu'aux dernières conséquences de son principe, le matérialisme. S'il est en effet une doctrine constante dans le matérialisme, c'est assurément celle-ci, à savoir qu'il n'existe pas de distinction essentielle entre l'ordre physique et l'ordre moral, que l'unité de la nature est absolue, qu'elle est toujours et partout identique avec elle-même sous l'apparente diversité des phénomènes qu'elle produit. A la base de tout, il n'y a qu'un fait, le mouvement inhérent à l'atome. Dans certaines combinaisons, le mouvement produit la vie ; dans des combinaisons extraordinaires et rares, la pensée. Quant à la volonté, elle n'échappe pas à la loi de la nature ; elle ne commence pas un monde nouveau dans le monde ; elle est une suite et une dépendance d'autres mouvements matériels, qu'il appartient à la physique d'analyser, et qu'elle a déjà saisis dans leurs plus importantes manifestations.

Enfin direz-vous aux matérialistes qu'ils se trompent, et grossièrement, puisqu'ils se trompent contre un fait ? De quelle autorité voulez-vous que soit votre affirmation isolée contre un système qui prétend n'être qu'un vaste ensemble de faits liés entre eux par la plus rigoureuse observation ? — Il faudra bien convenir qu'un fait psychologique ne s'analyse pas comme un fait matériel. Le physicien observe le phénomène, il le constate avec la précision que peuvent donner la mesure et le nombre. Le psychologue observe aussi, mais comme ici tout est plus variable et plus compliqué ! Une fausse idée sur la nature ou sur l'homme a d'incalculables conséquences pour le résultat de l'observation. Là où vous voyez une cause libre, le matérialiste ne voit que le dernier retentissement d'une vibration. Il s'agit du même fait pourtant ;

mais la doctrine philosophique dont chacun dépend à son insu diffère chez les deux observateurs, et le même fait se prête à deux interprétations opposées.

J'ai donc le droit de dire aux défenseurs de la Morale indépendante, contempteurs de la métaphysique : Par cela même que vous prenez votre point de départ dans la liberté, vous verrez se dissoudre aussitôt cette unanimité si désirable des hommes que vous prétendez réunir sous la même loi, réconcilier dans le même devoir et le même droit. Vous n'aurez pour vous ni les positivistes qui suppriment l'inutile question de la liberté, ni les matérialistes qui suppriment la liberté elle-même. De gré ou de force, vous prenez parti. Si l'homme est libre, vous déclarez par là qu'il n'est pas vrai que l'histoire du monde se résume dans la physique. Vous brisez la trame de la nécessité ; vous y insérez un ordre de choses entièrement nouveau. Dès lors, vous aussi, vous vous déclarez contre cette loi de déterminisme universel, sous l'empire de laquelle les causes disparaissent, et l'humanité n'est que la dernière dépendance de la nature. Mais alors pourquoi mépriser la métaphysique, puisque vous en faites vous-mêmes, en affirmant ce monde invisible des causes que répudie l'empirisme conséquent ? C'est qu'en effet la métaphysique est inévitable, elle nous saisit partout, même quand nous y pensons le moins. Elle ne réside pas seulement dans les spéculations abstraites de la raison, elle se retrouve à chaque instant dans la science et dans la vie, elle est mêlée aux faits les plus élémentaires de l'existence psychologique. Elle est impliquée dans cette première affirmation de la Morale indépendante, qu'il existe un univers des âmes, un monde des libres volontés.

Ainsi, dès le premier pas, cette doctrine est prise en contradiction avec son principe, en flagrant délit de métaphysique. La liberté est un fait réel, sans doute, mais c'est un fait d'un genre particulier et d'une portée extraordinaire, puisqu'il nous introduit immédiatement dans l'invisible région des causes. — La seconde proposition de la Morale indépendante est relative à l'origine de la loi.

Ici encore nous allons voir ce qu'il faut admettre de cette prétention de s'enfermer rigoureusement dans la méthode empirique et de n'emprunter ses principes qu'à l'ordre des vérités de fait. En toute occasion, les partisans de cette morale manifestent une aversion, dont ils espèrent sans doute qu'il leur sera tenu compte dans certains partis philosophiques, contre toute conception transcendante, *a priori*, d'origine intuitive ou rationnelle. Une fois cette porte ouverte sur le monde de l'infini et de l'absolu, ils craindraient, disent-ils, qu'elle ne se refermât plus et dès lors qu'il ne restât une issue possible par où les songes et les chimères reviendraient un jour. Ils déclarent cette porte légalement et dûment close.

On nous dit : L'idée du devoir a sa base expérimentale dans le fait même de la liberté. Deux faits psychologiques se produisent simultanément, le fait de la liberté et le fait de la conscience morale, qui déclare cette liberté sacrée. En même temps que nous percevons clairement la volonté libre, nous la concevons comme inviolable. L'origine de la loi morale n'est pas ailleurs, dans quelque révélation mystique d'une faculté supérieure, dans quelque mystérieuse intuition de la raison. Là aussi est l'origine de la notion du droit et du devoir. Ma conscience proclame ma liberté sacrée, voilà le droit, elle proclame la liberté des autres sacrée au même titre que la mienne, voilà le devoir. Elle m'impose le respect de la liberté en moi d'abord et ensuite en autrui, voilà toute la justice.

Ainsi se constitue et s'achève l'ordre des conceptions morales. Il se fonde sur l'expérience; son principe est un fait, rien qu'un fait; la méthode qui le construit scientifiquement est l'analyse.

Ici s'élève en nous une protestation irrésistible. Nous sentons instinctivement, avant tout raisonnement, que la loi morale doit être et est en réalité autre chose qu'un fait, même généralisé par l'induction. Un fait n'est toujours qu'un fait, quelle qu'en puisse être l'extension. Il reste contingent et garde ce caractère dans la plus grande généralité que nous puissions concevoir. Le caractère des principes au contraire est la nécessité, et comme dit très bien un logicien anglais, *l'inconcevabilité du contraire*. Il y aura toujours entre une loi qui n'est que le résultat d'une induction et une autre loi qui est l'expression d'une nécessité rationnelle un abîme qu'aucune subtilité dialectique ne pourra combler. La loi d'induction a pour formule : « Les choses se passent invariablement ainsi; telle circonstance étant donnée, tel phénomène se produit invariablement. » — La loi de raison a pour formule : « Il est nécessaire que les choses se passent ainsi. » Appliquons cette distinction à la loi morale et voyons à quelle catégorie elle appartient. Est-elle un fait généralisé? Est-elle un principe? La question est grave. Il semble que la morale n'ait de base inébranlable que si cette base est prise dans la région non des faits, mais des principes. Si vous la placez dans la région des faits, si général que soit ce fait, vous ne pourrez jamais lui conférer ce caractère d'universalité absolue dont il aurait besoin pour s'imposer à tous les esprits. Vous lui laissez ce signe indélébile de son origine expérimentale, la contingence. Vous ne pouvez en tirer rien que la succession invariable, non la raison des choses. Qui ne voit de quelle gravité il serait, en morale, de substituer cette formule empirique : *cela se passe toujours ainsi*, à cette formule rationnelle : *cela doit toujours se passer ainsi?* Cette substitution ne serait rien moins que l'introduction d'un demi-scepticisme en morale; ce serait la règle des mœurs abandonnée aux variations possibles de l'expérience, destituée de son caractère sacré, livrée à toutes les fantaisies des expérimentateurs de l'avenir, à toutes les contradictions possibles des analyses ultérieures qui pourront la corriger un jour, la rectifier ou la détruire, comme des physiciens plus exacts ont fait pour la loi de Mariotte, comme ils sont amenés tous les jours à le faire pour d'autres lois par l'effet naturel du progrès scientifique. Est-ce donc là le sort réservé à la loi par excellence, à la loi morale?

Comme le grand moraliste des temps modernes, celui dont les théoriciens de cette nouvelle école invoquent souvent l'exemple et le nom, Kant, serait inquiet, effrayé même d'une entreprise semblable! Donner au devoir une base expérimentale, c'eût été pour lui presque un sacrilège. Quelle sollicitude n'a-t-il pas déployée pour mettre la loi des lois hors de la portée de l'expérience! Avec quelle précision supérieure de pensée et de langage, avec quelle autorité de conviction il a marqué que c'était en dehors de l'expérience qu'il fallait chercher le fondement de la morale, et que la raison seule pourrait communiquer à cette loi un caractère vraiment universel qui en garantit l'indépendance absolue à l'égard de toutes les conditions particulières auxquelles elle pouvait être soumise! Voilà la véritable indépendance de la morale, son indépendance à l'égard non de la raison, mais de l'expérience. Le titre seul du grand ouvrage de Kant, *la Métaphysique des mœurs*, révèle son scrupule, je dirai presque sa piété scientifique, le soin qu'il a pris de placer hors des atteintes de l'homme la source supérieure d'où découle la loi.

Si l'on se sépare, sur ce point si grave des origines, de la théorie approfondie et précisée par Kant, il n'y a pour la morale que l'empirisme fondé sur des faits plus ou moins bien analysés, plus ou moins généralisés. — Mais voyons à l'œuvre la Morale indépendante. Comment arrive-t-elle du fait expérimental à la loi, de cette proposition générale : *cela se passe toujours ainsi*, à cette proposition nécessaire : *cela doit toujours se passer ainsi*? Comment s'opère cette prodigieuse transformation et par quel artifice d'alchimie logique obtenez-vous, dans le creuset où n'entrent que les matériaux bruts du fait, l'or pur de la loi morale?

Analysons quelques-unes des formules familières par lesquelles on nous fait assister à la naissance imprévue, j'allais dire à la génération spontanée de cette loi : « La liberté est un fait. En voici un autre : au moment où je me sens libre, je sens que je dois l'être et que tous doivent l'être comme moi. » Sans doute, il y a là deux faits, mais qui ne sont pas du même ordre et que vous mêlez dans la rapidité superficielle de votre analyse : le fait que vous êtes libre et le sentiment que vous devez l'être. Sentir sa liberté et sentir qu'elle a droit au respect, ce sont deux choses entièrement distinctes, vous passez trop facilement de l'une à l'autre. Espérez-vous que personne ne vous arrêtera dans ce passage que vous opérez si rapidement d'un fait purement expérimental au sentiment ou à l'intuition du droit?

« On part, dites-vous encore, de deux faits psychologiques : le fait de la liberté et le fait de la conscience morale qui déclare cette liberté inviolable et sacrée. » Il y a encore là deux éléments absolument distincts : la liberté qui prend conscience d'elle-même dans un phénomène, et la déclaration d'inviolabilité qui est un principe. J'ai le droit de signaler en passant cette habileté sans doute involontaire de rédaction : « Le fait de la conscience morale qui déclare cette liberté inviolable. » Vous préjugez la question ; vous supprimez la difficulté même dont il s'agit de rendre compte en introduisant la conscience morale sur le même rang et dans le même rôle que la conscience psychologique. Si vous reconnaissez une conscience législatrice, en quoi donc votre doctrine diffère-t-elle de la doctrine idéaliste ou transcendante ? Cette conscience législatrice est ce que nous appelons précisément la raison. — « L'homme en présence de l'homme, ajoute-t-on, exige le respect pour sa personne. *Par cela même*, il sent forcément que ce même respect est exigible par les autres, dû aux autres. » Sans doute. Rien de plus clair dans une théorie qui admet une loi innée de justice, mais rien de plus obscur et de plus équivoque dans une théorie purement expérimentale. C'est ce *par cela même* qui est en question. Si je me place en dehors des principes, dans l'expérience pure, pourquoi, *par cela seul* que j'exige le respect pour ma personne, dois-je sentir que j'y suis tenu à l'égard des autres ? Le principe moral me conduit du premier sentiment au second ; le fait tout seul ne m'y conduira pas. Vous êtes ramené à chaque instant à ce dilemme auquel nul artifice d'analyse ne pourra soustraire votre empirisme : ou bien vous réduisez la loi morale à n'être qu'un fait. Or, quelle est l'autorité d'un fait ? — Ou bien vous y introduisez, sans vous en apercevoir et en contradiction flagrante avec votre méthode, un élément rationnel qui transfigure le fait et lui imprime l'autorité qu'il n'avait pas d'abord.

Autre chose est la liberté se protégeant elle-même par un sentiment naturel qui n'est qu'une forme de l'instinct de la conservation, autre chose est la liberté se déclarant inviolable. Entre ces deux faits, me défendre parce que c'est un besoin de ma nature, et sentir que je dois être respecté, il y a un abîme, précisément celui qui sépare l'homme de l'animalité inférieure. L'instinct de la conservation, voilà un fait lié aux plus profonds mystères de l'organisme et qui se révèle sous une forme plus ou moins parfaite, partout où se révèle la vie. Mais déclarer la liberté inviolable, comprendre la nécessité du respect pour la liberté, non pas parce qu'elle est la vôtre, votre liberté individuelle, éphémère, périssable, mais parce qu'elle est la liberté, le principe et la racine sacrée de la personnalité humaine, voilà quelque chose d'entièrement nouveau, que rien ne faisait pressentir dans les règnes inférieurs. Le sentiment du respect exigible pour sa propre liberté, le sentiment du respect exigible pour la liberté d'autrui, voilà les plus claires révélations de la loi, que le fait expérimental ne contient pas et qui viennent de plus haut.

Vous dites quelque part, contraints par la logique de votre système, que dans les obscurs commencements de l'humanité, l'homme ne sentit d'abord que le respect dû à sa propre liberté et qu'il ne s'aperçut de la réciprocité légitime du respect dû à la liberté des autres qu'après avoir rencontré une résistance. Ce fut cette résistance qui dut être, selon vous, la révélation de la mutualité nécessaire et par conséquent de la justice sociale. Le droit n'apparut qu'au moment précis où une force rencontra une force semblable à elle. « Tant que l'homme ne rencontre aucune opposition, le sentiment de la dignité, de l'inviolabilité humaine est *unilatéral;* mais le jour où l'homme trouve qui lui résiste et à qui répondre, le jour où il y a quelqu'un qui exige le même respect qu'il demande pour lui-même et où il le trouve prêt à soutenir sa demande, au besoin par la force, il s'établit entre eux un statut arbitral, qui n'est autre chose qu'un contrat de réciprocité, et dont la clause sous-entendue est celle-ci : respecte-moi, si tu veux que je te respecte, respectons-nous mutuellement ; ils se sentent dès lors liés par ce contrat, c'est-à-dire obligés. De là le droit et le devoir[1]. »

Telle est l'hypothèse qu'en désespoir de cause on ose nous proposer sur l'origine et l'idée de justice. Par crainte des principes on se réfugie dans les faits, mais dans quels faits, et combien nous voilà loin des sources pures du droit ! Cette hypothèse a d'ailleurs une tout autre portée que ne l'imaginent sans doute ses imprudents inventeurs. C'est tout simplement la consécration de la force comme principe et règle de la justice. Que serait-il donc arrivé, dans votre triste roman sur les origines préhistoriques du droit, si une force n'avait jamais rencontré une force antagoniste, égale à la sienne, pour lui résister et lui faire sentir la nécessité des égards mutuels par le péril de sa résistance ?

Et comme l'histoire de l'humanité recommence en quelque sorte avec chaque individu, s'il est vrai que le monde ait dû se passer de justice jusqu'à ce que deux forces rivales se soient tenues en échec ou heurtées l'une contre l'autre, chacun de nous ne doit attendre que de la lutte et de la résistance la conception du respect dû à autrui. D'où cette conclusion qui s'impose : tant que nous sommes les plus forts, le droit est avec nous. Si le respect nécessaire de la liberté d'autrui ne se révèle qu'à l'apparition d'une force égale à la nôtre, il est donc tout naturel que le plus fort domine et se préoccupe uniquement d'affermir et de développer sa puissance ? Il y a deux races éternelles dans le monde : les Caïns et les Abels. Or, selon vous, quand la victime résignée comme

---

[1] La *Morale indépendante*, année 1866-67, p. 45.

Abel accepte la mort sans résistance, le meurtrier ne doit pas avoir la conscience de son crime; il ne doit pas avoir la claire révélation de la justice qu'il viole? Quelle contradiction manifeste avec les faits! Qui ne voit, qui ne sait, au contraire, que la faiblesse de la victime ne fait qu'accuser davantage la violence et la brutalité de la force, et que la résignation d'Abel manifeste au meurtrier lui-même son crime dans toute son horreur? Caïn — le Caïn de tous les temps — fuit éperdu devant son forfait. L'abus qu'il a fait de sa puissance lui a plus clairement et plus fortement révélé la justice violée, que ne l'eût fait la résistance égale ou victorieuse d'un ennemi.

Non, il n'est pas vrai que l'idée de la justice n'ait apparu dans le monde que sous la révélation et la sanction de la force. Il n'est pas vrai que ce soit l'épreuve ou le pressentiment d'une résistance éventuelle qui crée en nous le respect de la personnalité d'autrui. Il y a quelque chose d'antérieur à cette stipulation imaginaire de deux forces égales se rencontrant au fond des bois et se faisant sentir l'une à l'autre la nécessité d'un respect mutuel; c'est l'idée même de la justice, révélatrice de ce sentiment de respect obligatoire. Pour moi, je croirais volontiers tout le contraire de ce que vous imaginez, et mon hypothèse serait à l'opposé de la vôtre. Si j'essaye de concevoir comment a dû apparaître pour la première fois dans le monde le sentiment de la justice, il me semble que ce n'est pas par le respect de la force qu'il a dû se révéler, mais par le respect de la faiblesse. C'est par la faiblesse respectée que le sentiment du droit s'est manifesté avec l'éclat à l'homme, dans son inviolable énergie et sa pureté[1].

[1] Voir au chapitre précédent la même lacune dans la morale de M. Littré.

De cette erreur capitale sur l'origine de l'idée de justice découlent d'autres graves erreurs. Le droit, nous dit-on, est antérieur au devoir, puisque le devoir n'est que le sentiment de la mutualité manifesté par l'apparition et le conflit de deux droits, c'est-à-dire de deux personnalités antagonistes. Le devoir n'est que notre droit transporté en dehors de nous et que nous saluons en autrui après en avoir été informés par la résistance éprouvée. Nous étendons à d'autres par une induction naturelle le sentiment de notre volonté inviolable, d'abord perçue en nous-mêmes et qui transformée par l'induction devient le sentiment du droit des autres, c'est-à-dire de notre devoir envers eux. — Nous venons de montrer suffisamment que cette analyse reposait sur une psychologie artificielle et fausse : ce n'est pas la résistance qui m'a révélé le sentiment du respect des autres forces libres; sinon, la justice ne serait apparue dans le monde que révélée par la crainte, sous la sanction de la force. Ce n'est pas non plus à l'école de notre propre droit que nous apprenons celui des autres. C'est l'idée de la justice et de l'ordre qui me révèle du même coup, à la lumière de la même évidence, et le sentiment de ma liberté inviolable et le sentiment du respect dû à la liberté d'autrui. Ce n'est point la liberté qui lie la liberté : formule vague et inintelligible, quand on en écarte l'idée de la justice qui oblige ces deux libertés l'une envers l'autre. Ce que je respecte dans la volonté d'autrui, ce n'est point cette volonté même, sauf le cas de la force brutale où l'obligation devient la contrainte, c'est précisément la justice, la justice antérieure au fait de la rencontre de ces deux volontés. Cette prétendue histoire que l'on nous fait des conceptions morales est absolument fausse; c'est la loi morale qui m'oblige dans ma personnalité comme dans celle d'autrui. Le droit et le devoir ne procèdent donc pas logiquement et historiquement l'un de l'autre. Ils sont nés simultanément; ils ont une même origine et une même date dans l'histoire de la conscience humaine. Mon droit, c'est la loi de justice m'apparaissant à l'occasion de ma liberté; mon devoir, c'est la même loi m'apparaissant à l'occasion de la liberté des autres.

En tout cela, ce qui manque à la Morale indépendante, c'est l'idée d'obligation. On ne pourra jamais la faire sortir d'un fait, à moins qu'on ne l'y ait mise au préalable. Un fait réduit à lui-même n'expliquera pas ce qui est le caractère propre de la loi morale, l'autorité. Elle a essentiellement le caractère d'un commandement, ou elle n'existe pas. Ce caractère est si clair que Kant y a vu toute la loi, et qu'il l'a marquée de ce nom si expressif : *l'impératif catégorique.* Elle est essentiellement une loi, c'est-à-dire un ordre et non pas un conseil; elle nous dit : *tu dois,* et l'homme obéit. Mais ce n'est pas cette acceptation de la loi par l'homme qui fait son caractère obligatoire. Elle règne sur nous, même quand nous la rejetons de notre vie et de notre cœur; elle nous poursuit des clartés vengeresses de son évidence même dans les aveuglements de notre perversité; elle nous accable de son autorité jusque dans nos désobéissances et nos révoltes.

En vain M. Proudhon proteste. Tout son orgueil de penseur affranchi s'indigne à l'idée d'une pareille tyrannie. Il ne veut pas plus de l'autorité mystique d'une loi rationnelle que de l'autorité d'un maître visible. La Révolution, selon lui, n'aura pas dit son dernier mot, tant que subsistera cette forme intérieure de servitude qu'elle doit abolir au même titre que toutes les autres Si son œuvre est d'affranchir l'homme, elle doit l'affranchir de ce dernier joug. La loi morale serait une loi de contrainte, s'écrient en chœur M. Proudhon et ses disciples, si elle venait d'autre part que de notre volonté ; elle n'est et ne peut être que le commandement de l'homme à lui-même. L'homme possède et crée de son fond le droit et la justice. Sa liberté n'est pas seulement liberté, elle est aussi puissance juridique, elle a le pouvoir de lier et de délier. L'homme, à moins d'être un esclave, n'obéit qu'à lui-même. On n'est pas loin d'invoquer les principes de 89 contre l'idée de l'obligation rationnelle; c'est le dernier débris de l'ancien régime, il doit disparaître avec les autres.

Il y a dans tout cela de singulières déclamations. A quelle conscience humaine, si elle n'est pas aveuglée par le système, persuadera-t-on jamais que dans le caractère impératif de la loi il y ait rien qui ressemble à une tyrannie, et dans notre obéissance rien qui ressemble à une contrainte humiliante? Quelle singulière manière de comprendre l'obligation! Si cette loi a un caractère de nécessité, nous savons que ce n'est pas le caractère de cette nécessité physique qui rattache un fait à son antécédent, ni de cette nécessité logique qui enchaîne l'intelligence à l'axiome, mais d'une nécessité particulière, *sui generis*, pour lequel la langue a trouvé ce mot admirable *l'obligation*, l'obligation qui s'impose à l'activité libre, mais en la respectant, qui la soumet à l'évidence du principe, mais sans anéantir la possibilité du choix contraire, libre nécessité, si je puis dire, ou plutôt nécessité telle qu'elle peut subsister dans un être libre, maître de soi-même sous cette loi, maître de la violer, sinon de ne pas y croire.

Que nous parle-t-on ici de servitude? Il n'y en a d'aucune sorte, puisque l'homme reste en possession entière de son acte, même sous le coup de l'évidence? Que nous parle-t-on d'humiliation? La seule humiliation pour l'homme, c'est de se soustraire à cette loi, d'obéir à d'autres motifs, de subir des tyrannies étrangères à sa vraie nature, à sa dignité, à sa vraie liberté. C'est alors seulement qu'il s'humilie, parce qu'il se diminue. Non seulement la loi morale respecte l'homme; mais acceptée et obéie, elle l'agrandit et le relève, en l'arrachant à l'empire de l'égoïsme et des sens. Loin d'être un abaissement pour nous, l'obéissance à la justice nous confère une dignité, parce qu'elle est un affranchissement.

Il reste éternellement vrai, bien qu'en puissent dire M. Proudhon et ses disciples, que « rien d'humain n'oblige ». L'obligation ne commence que là où intervient quelque chose, idée ou loi, qui soit supérieur à l'homme. Je trouve en moi une loi que je n'ai pas faite, que je n'ai pu tirer des faits, une loi qui loin d'être déterminée par les faits, les juge avec une autorité sans appel; une loi, par conséquent, supérieure à l'expérience, dont l'expérience a pu être l'occasion, mais dont elle n'a pu être l'origine. Ce n'est ni un fait, si général qu'il soit, ni une induction, si étendue qu'elle puisse être, qui protège, sanctionne, consacre ma liberté et lui imprime le sceau d'une inviolable dignité. Ici les inductions métaphysiques s'élèvent de toutes parts avec une force irrésistible. Comment expliquer la présence de cette loi en moi? Comment admettre qu'elle s'accorde parfaitement avec tous les éléments de ma nature, avec ma raison constituée pour la comprendre et ma volonté faite pour la pratiquer? Tout cet ensemble de dispositions et d'accords, n'est-ce pas un fait bien significatif lui-même, ou plutôt une cause finale de l'ordre le plus élevé? Il y a là une harmonie qui ne s'explique pas assurément toute seule. L'ordre physique ne comporte rien de semblable ni d'analogue. Vous dites que vous vous tenez en dehors de ces questions. Cette réserve est-elle possible? Vous pouvez isoler la géométrie des considérations de ce genre, parce qu'elle est une science d'abstractions pures, mais non la morale, parce qu'elle est la science de la réalité par excellence, de la plus haute réalité, de la vie humaine vue dans sa règle et son idéal. — Non, vous ne pouvez pas fuir ces problèmes qui vous poursuivent, vous ne pouvez pas les franchir sans les avoir résolus, à moins de circonscrire votre science morale dans le plus étroit horizon. Il n'est pas indifférent, il ne peut pas l'être à un moraliste de savoir si cette loi n'est que le fait éphémère, résultat de deux volontés se rencontrant et qui disparaîtra du monde avec l'humanité, cet autre fait accidentel et sans avenir, ou si cette loi n'est pas la révélation naturelle et comme le pressentiment d'un ordre supérieur. Quel est ce lien, cette chaîne de lumière qui nous rattache, créatures d'un jour, à l'ordre éternel, à l'ordre moral, au monde supérieur des volontés et des fins? Cet ordre peut-il sortir de l'ordre physique? est-il une suite, une transformation du mouvement matériel? Il faut vous décider, votre neutralité prétendue est impossible en droit, comme elle est chimérique en fait. Vous fuyez en vain la métaphysique, elle vous poursuit partout. Pour échapper à ses prises, il faudrait sur toutes les questions, même psychologiques, ne pas prendre parti, se maintenir dans un état d'équilibre entre chaque affirmation et son contraire, état d'idéale indifférence que le pyrrhonisme seul pourrait pratiquer et qui n'est ni dans les intentions ni dans les habitudes de la Morale indépendante.

CHAPITRE IV.

LA MORALE INDÉPENDANTE (SUITE). — SES LACUNES ET SON INSUFFISANCE.

Nous croyons avoir mis en pleine lumière ce fait considérable que l'école qui se croit le plus complètement indépendante ne peut se soustraire elle-même aux rapports nécessaires qui lient la morale à la métaphysique. Elle ne peut établir avec quelque solidité son principe qu'en l'empruntant à la raison et l'ajoutant aux faits positifs qu'elle analyse.

Mais ce principe même et la formule qui l'exprime, elle est obligée de les transformer et de les amender sans cesse pour combler les lacunes de sa doctrine. Après avoir établi comment les dogmes vraiment solides et indiscutables de la Morale indépendante supposent des problèmes métaphysiques résolus à son insu, il nous reste à montrer comment ses lacunes supposent des problèmes métaphysiques éludés.

Le plus grave *desideratum* de cette morale, c'est l'impossibilité où elle est d'expliquer le respect de la loi morale, en l'assimilant à une des lois que découvrent les sciences positives, soit la relation perçue entre des quantités ou des figures, soit le rapport entre deux faits physiques. Où trouver là rien qui ressemble à ce sentiment si admirablement commenté par Kant ? Sa profonde analyse y retrouvait deux éléments : le premier est un attrait qui nous fait aimer la loi, une inclination secrète qui nous porte à lui obéir; le second est une déférence presque craintive, qui fait que l'idée de la violer nous trouble, comme s'il s'agissait d'une atteinte à quelque chose de supérieur et de sacré en un mot, c'est le respect.

Vous ne pouvez pas, dirons-nous aux partisans de cette école, expliquer ce sentiment profond et délicat du respect de la loi, si la loi morale n'est que la déduction d'un fait. Encore une fois et comme nous l'avons montré, ou bien vous introduisez à votre insu dans le fait un élément rationnel qui le surpasse, et qui apporte avec lui cette autorité que les faits ne comportent pas, ou bien vous réduisez la loi morale à un fait pur et simple. Acceptez-vous cette dernière hypothèse ? La loi morale n'existe plus.

On ne saurait trop insister sur cette différence fondamentale entre les deux ordres de lois, qui n'ont vraiment de semblable que le nom et que les moralistes indépendants confondent sans cesse. Pour les lois physiques, il est exact de dire qu'elles sont contenues dans les faits. Elles expriment la liaison invariable de deux faits, l'antécédent et le conséquent ; mais quand il s'agit d'actes humains, non de phénomènes mécaniques, de moralité et non de physique, s'en va-t-il de même ? Se borne-t-on à dire : étant donnée telle circonstance, les hommes se sont toujours conduits de telle façon ? Non, nous disons au contraire : telle est la conduite qu'ils doivent tenir. Au lieu d'obéir aux faits comme le physicien, le moraliste leur commande ; il les règle par avance ; il n'attend pas qu'ils se soient produits plusieurs fois pour constater ce qu'ils doivent être. Tel ordre de succession aurait beau être général, universel, le moraliste a le droit de le détruire et de le nier au nom de l'universalité plus haute qu'il conçoit; que l'expérience n'implique pas et ne contient pas.

De plus, on subit la loi physique, on ne la respecte pas; on s'en sert, on en fait mille applications diverses, on ne l'honore pas; sa seule autorité, c'est sa nécessité. D'où nous vient donc le singulier sentiment de respect que nous ressentons pour la loi morale, si elle n'est, comme les lois physiques, que l'expression des faits ? Qui nous l'a suggéré ? À coup sûr, ce n'est pas le spectacle des faits humains qui peut nous inspirer rien de semblable. L'histoire est toute remplie des jeux sanglants de la force. A chaque page, le droit y est violé; la vie individuelle et la vie collective s'y présentent à nos yeux comme une série de luttes, où le droit et la liberté cherchent à se faire respecter, sans pouvoir toujours y parvenir. Ce n'est donc pas l'histoire qui a pu être la grande école de moralité où s'apprend le respect de la loi. Non, ce ne sont pas les faits qui nous l'enseignent. Ce respect de la loi sera toujours une des preuves les plus fortes de son origine. C'est plus haut que la réalité humaine, troublée, souillée par tant d'erreurs et de crimes, qu'il faut chercher et la source supérieure de cette loi et la raison de ce respect mystérieux qu'elle obtient de nous et que nous refusons à la nécessité mécanique des faits.

Voilà une des plus injustifiables lacunes de la Morale indépendante. Il y en a bien d'autres. Les principaux représentants de cette école ont eu le sentiment si juste des *desiderata* de la théorie, qu'ils s'appliquent avec plus de zèle que de logique à remplir ces vides par des transformations et des élargissements indéfinis de leur étroite formule. Aussi ne devrons-nous pas nous étonner qu'à la fin on puisse se trouver presque d'accord avec eux : ils introduisent peu à peu dans leur doctrine une telle série d'amendements, que cette doctrine si pauvre d'abord, si dépouillée, n'est plus reconnaissable dans les métamorphoses qu'elle subit et sous les déguisements qu'on lui prête.

La formule primordiale n'était guère compliquée, et cependant déjà elle contenait un élément que le fait tout seul ne contenait pas, la liberté se sentant en nous et se proclamant distincte de la nature. Mais aussitôt les moralistes de la nouvelle école ajoutent à ce fait, nous l'avons vu, quelque chose qui n'est plus lui : l'inviolabilité absolue de la liberté en soi et en autrui. Il y a là, quoi qu'on fasse et qu'on dise, un élément rationnel ; c'est une première transformation que vous imposez aux faits. Le fait nous donne la liberté, non la liberté inviolable, ce qui est tout autre chose. Vous la proclamez absolument sacrée, vous avez raison ; mais dès lors vous sortez de l'ordre des faits. A l'histoire qui vous dit qu'on ne la respecte pas toujours, vous répondez : on doit toujours la respecter. Vous avez raison encore, mais aux dépens de la logique. Voilà une première excursion hors de votre domaine propre, dans la région des idées et des principes.

Mais, je le veux, acceptons cette contradiction initiale qui pèsera pourtant sur tout le reste de la doctrine, et prenons le principe tel qu'il se présente à nous, amendé et transformé. Que nous donne-t-il ? Une partie essentielle de la morale, la morale du droit, elle seule, non la morale tout entière, qui est autrement large et compréhensive.

Qu'est-ce au juste que cette morale du droit, la seule où puisse atteindre, après une première contradiction, l'école indépendante ? Une liberté se trouve placée en face d'une autre liberté. Elle sent un obstacle, elle sent une force semblable à elle, qui exigera aussi qu'on la respecte. Elle cherche alors à se mettre d'accord avec elle. Ces deux libertés se disent l'une à l'autre : « Respecte-moi, je te respecterai. » Nous arrivons ainsi à ce que, dans l'état de société, on appelle le *droit*, qui n'est autre chose que l'accord de la liberté de chacun avec la liberté de tous. Ce respect, qui a pour condition la réciprocité, est exigible, il implique la possibilité d'une contrainte juridique. Qu'est-ce, en effet, que cette contrainte? Suivant la belle définition de Kant, c'est un obstacle élevé contre une liberté qui fait obstacle elle-même à la liberté des autres. — Une liberté envahissante nuit-elle au développement de ma liberté, la société l'arrête elle-même. Telle est la contrainte juridique impliquée par le droit ; elle s'étend aussi loin que la morale du droit, elle la définit et la mesure.

C'est là sans doute une partie considérable de la morale, c'en est le fondement nécessaire. Rien ne saurait dispenser du droit, ni la vertu elle-même, ni le génie, ni l'héroïsme. Je dis plus : la réalisation complète du droit constituerait un immense progrès dans le monde. Mais le devoir est plus large que le droit. En disant que le droit est le principe du devoir, vous faites le devoir à son image et à sa mesure, vous le rapetissez, vous le mutilez. Nous *devons* plus qu'on n'est en *droit* d'exiger de nous.

Logiquement et dans la rigueur des principes, le respect de la liberté ne peut produire que la justice stricte. définie et assurée par la réciprocité. Voilà tout ce que vous pouvez tirer de votre *fait-principe*. Le caractère de cette justice, fondée uniquement sur la mutualité du respect, sera donc : 1° d'être exigible ; 2° d'être purement défensive. Les moralistes de cette école semblent bien reconnaître eux-mêmes le caractère prohibitif de leur doctrine, puisqu'ils la résument en cette formule : « Préserver de toute atteinte ses facultés, son bien, sa famille, son honneur. — Ne porter aucune atteinte aux facultés, au bien, à la famille, à l'honneur des autres. »

Or, si une pareille formule explique l'établissement du droit, si elle rend compte de cette première série de devoirs exigibles, prohibitifs, susceptibles de contrainte juridique, elle ne peut expliquer les devoirs d'une autre nature, ceux que Kant appelle les devoirs de vertu[1]. — Les premiers avaient pour objet l'accord de la liberté extérieure de chacun avec la liberté de tous : ils pouvaient donc sortir de l'analyse du fait de la liberté, combiné avec l'idée de son inviolabilité. Les seconds ont pour objet des fins en vue desquelles nous reconnaissons l'obligation de sacrifier nos passions, nos plaisirs, notre bonheur même. Ces fins, c'est d'abord la perfection de soi-même, c'est ensuite la perfection et le bonheur des autres. Cultiver son intelligence et l'enrichir, épurer sa sensibilité, fortifier et affranchir sa volonté, mais aussi travailler à la félicité sociale, au progrès de chacun et de tous, diminuer autour de soi la misère intellectuelle et la misère morale, voilà le double but qui s'offre à l'homme. Pour employer le langage de Kant, la doctrine des devoirs de droit est *analytique*, c'est-à-dire que pour les retrouver il suffit d'analyser la notion de la liberté dans toute son extension. La doctrine des devoirs de vertu est *synthétique*, c'est-à-dire qu'il faut y ajouter quelque chose que le respect de la liberté ne contient pas. L'une est susceptible par là même de détermination précise et de contrainte ; l'autre ne peut être déterminée avec la même précision et n'implique aucune contrainte.

---

[1] *Doctrine du droit.* — *Doctrine de la vertu*, de Kant. Traduction de M. Barni.

Si les moralistes nouveaux avaient plus de logique ou qu'ils eussent le courage de se renfermer dans leur principe, il leur serait impossible d'atteindre jusque-là. Ils n'atteignent, même en forçant les faits, qu'aux devoirs de droit qui ont pour formule l'accord des libertés. Ils n'ont pourtant pas voulu renoncer à toute une partie de la morale et ils ont fait effort pour la ressaisir. Comment cela? Par une extension abusive de la primitive formule. Ils nous disent : « Le droit d'abord, mais le devoir ensuite. Commençons par assurer le respect de notre propre liberté. Respectons ensuite la liberté d'autrui. Et comme conséquence naturelle, cherchons à transformer toutes choses autour de nous, pour placer la personne humaine dans le meilleur milieu possible. »

Ainsi l'on disait d'abord : « Respecter la liberté en soi et en autrui, voilà toute la loi. » — C'est bien là l'élément juridique, ce n'est pas l'élément moral dans sa plénitude. — On ajoute maintenant quelque chose, l'obligation de transformer soi-même et toute chose autour de soi. Rien de meilleur en soi que cette maxime, mais qui ne voit qu'elle renferme une idée entièrement nouvelle et qu'elle constitue un amendement destiné à compléter la première formule? La plus subtile dialectique ne peut passer d'une de ces propositions à l'autre par voie d'identité. Respecter la liberté d'autrui, en échange du respect qu'on obtient pour sa liberté propre, voilà un devoir positif, strict, exigible, soumis à la contrainte; on peut le fixer, le mesurer avec la dernière précision. Mais travailler à la transformation de toutes choses, améliorer les conditions sociales au milieu desquelles se meut et se développe la personne humaine, voilà une série de devoirs tout nouveaux. Ils sont obligatoires sans doute, en ce sens que la raison conçoit qu'elle doit, sous peine de déchéance, se proposer ce but dans la vie;

mais cette obligation n'est plus strictement déterminée, elle n'est plus exigible, elle n'est plus soumise à la contrainte; dans aucun cas, elle ne peut se définir et se mesurer. A supposer que la justice de réciprocité soit contenue dans le principe de la Morale indépendante, la vertu échappe au cadre trop étroit de cette formule. Dans les devoirs de ce genre, ce n'est plus en effet le respect de la liberté qui les constitue, c'est l'expansion de la liberté, c'est elle qui, sortant d'elle-même, non seulement ne tolère, ne favorise aucune servitude, mais va chercher spontanément toute servitude pour la combattre, toute ignorance, toute misère pour la détruire. Si c'est là encore de la justice, j'y consens; mais c'est une justice d'ordre différent qui ne découle pas de la première; elle vient s'ajouter à elle et la compléter, elle n'en sort pas par une dérivation naturelle ni par une déduction logique.

Voilà déjà deux transformations que la Morale indépendante fait subir à son principe. Elle devait tout déduire d'un fait positif; mais à ce fait positif, elle ajoute immédiatement un élément nouveau, une conception tirée de la raison pure. Elle posait comme principe unique de nos devoirs le respect réciproque de la liberté; mais presque aussitôt elle ajoute à cette justice négative qui s'abstient quelque chose qui n'en peut sortir logiquement, la vertu et son action. — Dès que l'école a senti que ces transformations devenaient indispensables, elle s'est exécutée de bonne grâce, obéissant ainsi à une inclination secrète, où la droiture des sentiments a sa part qu'il faut reconnaître. Aussi n'est-il pas étonnant qu'avec ces belles formules ajoutées coup sur coup et s'éloignant insensiblement du point de départ, on arrive à soutenir qu'un fait peut contenir toute la morale. On y ajoute tout ce qui manque, à mesure que le besoin s'en manifeste : la loi du droit d'abord, la loi de la vertu ensuite, et de la sorte la morale s'achève.

Je me trompe, elle n'est pas complète. A ce degré supérieur de la vie humaine, un ordre nouveau de phénomènes s'ouvre devant nous, dans lequel l'insuffisance de la doctrine de Proudhon et de son école éclate avec plus d'évidence encore. Étant donné le principe qu'elle a posé, ce ne sont pas seulement les devoirs de vertu qui lui échappent, c'est quelque chose de plus élevé, de plus rare que la vertu même, c'est la partie, non pas la plus nécessaire, mais la plus magnifique de la morale. Cet élément nouveau qui apparaît par intervalles dans la vie humaine, de quel nom faut-il l'appeler? Est-ce l'amour dans ses aspirations les plus ardentes et les plus pures, tel que l'imaginent les poètes? Est-ce la charité, selon le langage de l'Église? Est-ce l'héroïsme comme l'appelle l'histoire? Est-ce le dévouement comme l'appelle l'humanité? Sous la diversité de ces noms la chose est la même, et tous les siècles la saluent comme le suprême et sublime effort de la vie morale. Élan de l'amour désintéressé, exaltation de la bonté, héroïsme du sentiment, c'est toujours le don de soi-même, le don fait à l'ordre moral ou à l'humanité, soit dans l'un de ses membres souffrants ou faibles, soit dans l'un des groupes naturels qui la composent, la famille et la patrie. Faire pour son prochain plus que pour soi-même, jusqu'à tout lui donner, son bonheur, sa vie même, tout, sauf sa dignité propre qui est inaliénable, se sacrifier en un mot, voilà le trait décisif d'une nature supérieure où les fins désintéressées prédominent, voilà le trait de l'idéal dans l'homme.

Que faites-vous de ce suprême élément qui achève et couronne la vie morale? Comment l'expliquez-vous? Est-ce l'accord réciproque des libertés qui peut en rendre compte? Cette question si grave n'a pas échappé aux moralistes de cette école et voici comment ils ont essayé d'y répondre : « Nous ne nions pas le dévouement, disent-ils ; mais écartons d'abord tout ce qui n'est qu'un dévouement instinctif, un pur fait physiologique, une sensibilité animale pour ainsi dire, puisque les animaux en donnent l'exemple, la poule qui défend au prix de sa vie sa couvée contre l'oiseau de proie, le chien de Terre-Neuve ou celui des Alpes, qui, par un instinct étonnant, semblent voués à une œuvre perpétuelle de sauvetage, au risque de leur vie. Écartons ces phénomènes que l'on peut appeler inférieurs, non pour leurs résultats, mais pour les mobiles qui les suscitent et les déterminent. Le seul dévouement digne de ce nom et qui mérite que l'on en tienne compte, c'est celui que la raison éclaire, mais alors il n'est encore, sous des formes plus rares, que la justice portée à sa plus haute puissance, et dès lors il devient obligatoire. Un devoir de cet ordre, dès qu'il est nettement conçu, ne permet pas plus qu'un devoir d'un autre ordre qu'on transige avec lui. »

Vous parlez de physiologie, dirons-nous à notre tour, à propos de ces actes, de ces élans de dévouement qui éclatent dans la vie d'un père ou d'une mère. Vous avez tort de les confondre avec les actes analogues qui se révèlent dans la vie animale. Il n'y a de comparaison possible que pour les manifestations extérieures de l'acte, non pour l'inspiration qui le suggère ou la décision qui l'accomplit. En passant de l'ordre animal à l'ordre humain, l'instinct s'est éclairé, il est devenu conscience ; il est raison en même temps qu'émotion, il a conçu le but de l'acte, il en a même, dans une rapide intuition, mesuré le péril. Ce but, il l'a voulu ; ce péril, il l'a voulu. Ce n'est plus l'instinct, c'est la liberté rapide, instantanée dans ses décisions, mais c'est déjà la liberté.

On nous répond : quand le sacrifice n'est plus *instinct*, il redevient *justice* ; c'est alors la justice sous sa forme la plus rare et à sa plus haute puissance. — Vous jouez sur les mots ; si c'est la justice, ce n'est plus le dévouement. Avec une pareille explication, le dévouement disparait de la terre, puisqu'il perd le trait caractéristique auquel l'humanité l'a toujours reconnu, l'absence d'obligation. Il perd sa beauté en perdant sa liberté. S'il est le devoir, il n'est plus le sacrifice. Le devoir se doit, son nom même le déclare ; le don de soi ne se doit pas, c'est l'offre spontanée de la volonté, offre sublime parcequ'elle est libre. — On cite l'évêque Belzunce portant ses soins et ses consolations aux pestiférés de Marseille. Belzunce, selon vous, n'a fait que son devoir. Soit ; il y a, en effet, des situations si hautes qu'elles comportent, par une sorte de compensation nécessaire, des obligations d'un ordre plus élevé. Le dévouement est un devoir pour un évêque, comme il l'est à la guerre pour le soldat. L'évêque doit, dans certains cas, mourir à son poste comme le soldat au sien. Mais sortons de ces circonstances où la prérogative d'une autorité supérieure, la grandeur exceptionnelle de la cause à défendre, imposent le sacrifice comme une dette, tout en remarquant qu'il y a là quelque chose de plus qu'une dette, puisque l'humanité entoure ces grands exemples d'une reconnaissance éclatante et d'honneurs exceptionnels comme l'acte lui-même qui les a mérités. Prenons d'autres exemples dans des régions moins hautes, dans des incidents où éclate en traits plus visibles la liberté du sacrifice. Un médecin apprend que la peste a éclaté à cent lieues de Paris ; sans balancer, il part à l'appel du choléra, il va offrir sa vie peut-être en échange de celles qu'il sauvera. Qu'y a-t-il en cela d'obligatoire ? Jamais la conscience humaine ne verra là autre chose que ce qui y est en réalité, l'offre, le don absolument volontaire de soi. Ce médecin a fait plus que son devoir, et voilà pourquoi son acte s'appellera dans toutes les langues un acte d'héroïsme.

Ce paradoxe de la Morale indépendante devait en produire d'autres, par exemple, un anathème singulier contre la bonté, que l'on proscrit parce que la bonté ne peut se déduire du respect de la liberté. « Défions-nous, dit-on, de cette prétendue qualité qui, en tout cas, n'est qu'une disposition du cœur, non une vertu. Ce qu'on appelle bonté n'est trop souvent que de la servilité et de la faiblesse, et, qui pis est, la faiblesse prête à sacrifier la justice à je ne sais quelles molles et vagues sympathies qui ne sont qu'un attendrissement instinctif ou maladif. » — Ah! sans doute, si c'est là l'image vraie de la bonté, défions-nous d'elle. Rien ne dispense de la justice, nous l'avons dit, pas même la bonté. Mais n'y a-t-il pas une bonté digne de tous nos respects, celle qui s'éclaire aux lueurs de la raison, celle qui est la conquête d'une raison virile sur les violences de la nature physique, sur les emportements de l'orgueil et de l'égoïsme, ou bien encore celle dont Bossuet dit magnifiquement : « Lorsque Dieu forma le cœur et les entrailles de l'homme, il y mit premièrement la bonté comme le propre caractère de la nature divine et pour être comme la marque bienfaisante de cette main dont nous sortons ; cette bonté qui devait faire comme le fond de notre cœur, et devait être en même temps le premier attrait que nous aurions en nous-mêmes pour gagner les autes hommes ; les cœurs sont à ce prix. » Qui oserait dire que cette bonté-là est incompatible avec l'énergie des caractères soit avec le respect de la justice? La véritable bonté, c'est au contraire la disposition naturelle ou acquise d'un être fort à incliner sa force devant la faiblesse.

Nous avons maintenant le droit de conclure : la Morale indépendante pense établir son principe dans un fait, elle ne le peut qu'en ajoutant une conception que l'expérience n'explique pas, un élément purement rationnel, l'idée de l'obligation, au fait positif, expérimental, de la liberté. Mais ce principe même, si faussement appelé un fait, elle le transforme, elle l'amende, elle l'élargit sans cesse pour l'adapter à l'étendue de la morale et combler les lacunes de sa doctrine. A lui seul il ne pourrait nous donner que le premier degré de la vie morale : la justice réciproque. Il ne saurait expliquer ni la vertu, qui est le second degré, ni le don de soi-même ou le dévouement qui est le plus haut de tous. Nous ne trouvons pas dans cette école ce que l'on doit trouver dans toute morale : un tableau fidèle de la vie de l'humanité. Ni d'un fait purement expérimental elle ne peut tirer le premier devoir, l'obligation stricte de respecter autrui, ni, à plus forte raison, l'obligation plus large de travailler à son propre perfectionnement ou à l'amélioration du milieu humain, ni le dévouement enfin, dont la loi est précisément de n'en pas avoir et qu'aucun artifice ne pourra jamais faire rentrer dans une des catégories de l'obligation. Ce n'est pas dans le réseau des déductions géométriques ou des analyses du fait primordial que peut tenir cet élan d'héroïsme, cet essor de l'amour libre qui défie tous les syllogismes, déconcerte tous les calculs, qui, véritable souverain d'un ordre supérieur, se joue de la logique humaine en la dépassant et triomphe de la réalité en la transfigurant.

Ainsi se révèle pleinement et de toutes parts l'insuffisance de la Morale indépendante. Dans son horreur de la métaphysique, elle veut, de gré ou de force, extraire toute la morale des faits, des faits seulement. Mais les faits ne contiennent et ne révèlent que les associations régulières et les successions constantes; ils ne contiennent pas et ne révèlent pas la loi morale avec son caractère auguste et sacré. L'autorité de cette loi lui vient d'ailleurs; le sentiment de l'obligation et du respect qui s'y joint est la manifestation de son origine. Qu'on donne à cette origine le nom que l'on voudra, conscience, intuition, raison pure, révélation permanente et naturelle, il importe peu ; ces noms divers marquent la source supérieure d'où dérive la loi qui s'impose aux activités libres, en règle l'accord, en assure le respect réciproque par la justice, en garantit les plus magnifiques développements par la vertu. On nous dira que c'est là de la métaphysique. Soit, si la métaphysique consiste à donner une réalité objective et à marquer une origine plus haute que l'expérience à certaines conceptions que les faits ne contiennent pas, dont ils peuvent tout au plus susciter l'apparition sans l'expliquer jamais. Il le faut bien pourtant si l'on établit que les faits, même généralisés, ne constituent ni la nécessité mathématique et logique, ni cette nécessité d'un ordre singulier et nouveau dans le monde des phénomènes, la nécessité qui s'adresse à des volontés libres et qui s'appelle l'obligation.

J'ai évité avec le plus grand soin, dans le cours de cette controverse, tout ce qui pouvait sembler être un appel au sentiment. Je me suis renfermé simplement dans les propositions de l'école dont je voulais combattre l'empirisme, et je crois avoir démontré l'impuissance de cette méthode à produire du sein de l'expérience une loi comme la loi morale. Je ne puis cependant pousser le scrupule jusqu'à écarter complètement l'idée de la sanction. Il est de toute évidence qu'une morale qui supprime systématiquement la question de la fin de l'homme est insuffisante, mutilée, incomplète au point de vue de la science comme au point de vue de la pratique. Je ne toucherai cependant ce point qu'en passant et pour répondre aux principales objections que la Morale indépendante élève contre l'incertitude, l'inutilité ou même le péril des sanctions tirées de l'ordre métaphysique.

La sanction, les fins supérieures de l'humanité, sa destinée, tout cela se lie dans la raison, dans celle de l'homme le plus vulgaire aussi bien que dans celle de Kant. L'ordre commencé ici-bas par la justice et la vertu est incomplet s'il ne se rattache ni à un système de fins où il s'achève après les contradictions et les scandales de ce monde, ni à un Dieu par lequel ce système de fins, cet ordre définitif se réalise. C'est ainsi que la conception du souverain bien amène Kant à l'idée de l'immortalité, l'âme devant être immortelle pour continuer son progrès vers la perfection dont la raison lui fait un devoir. L'harmonie de la vertu et du bonheur, selon le grand moraliste, interprète de la raison universelle, constitue un ordre de choses nécessaire dont la réalisation est impossible sans l'existence de Dieu et en Dieu des attributs qui rendent possible ce souverain bien. Rien n'égale la foi philosophique et religieuse de Kant dans cet ordre de fins qui se continue et s'achève dans l'infini.

« Lieux communs! » nous dit-on. — Ce sont des lieux communs, ceux-là, consacrés par Platon et par Kant. D'ailleurs qu'on y prenne garde. Si ce genre de grief est légitime en esthétique, il n'a aucune valeur en morale. Ici tous les hommes ont le droit d'être initiés; ils le sont en effet et participent à la même vie morale, ils sont aptes à comprendre le même idéal. L'art a ses élus, ses prédestinés, la morale n'en a pas, elle appelle l'humanité tout entière. Le devoir ne connaît pas de classes privilégiées; ici les lieux communs pourraient bien n'être que l'expression de la conscience universelle.

On nous dit encore : « Toutes ces idées sont absolument indémontrables ; leur caractère est une incertitude absolue. C'est de la pure métaphysique. » — Indémontrables, elles le sont, s'il n'y a de démonstration que dans l'expérience positive et vérifiable. Mais ce serait une grave entreprise, mille fois tentée en vain, que de réduire toute certitude à cette mesure et de supprimer d'un seul coup toutes les formes de l'intuition ou de l'induction rationnelle. — « Pure métaphysique ! » Sans doute ; mais de quelque côté que se tourne l'homme qui pense, il n'échappera pas à la métaphysique. On ne peut penser sans chercher à deviner l'énigme redoutable ; nul à son heure ne peut se soustraire à cette recherche. Pour résoudre le problème moral, il n'est donc pas indifférent de savoir à quoi s'en tenir sur le problème métaphysique. L'idée de fin est un élément indispensable de la science morale. La vie humaine comporte autre chose que le spectacle monotone d'une liberté en présence de libertés rivales ; elle a bien d'autres horizons, infiniment plus étendus et plus variés ; elle implique bien d'autres éléments, d'autres données dont le mélange et les rapports constituent une réalité singulièrement mobile et diverse ; elle change d'aspect et presque de nature selon le point de vue où l'on se place et la perspective que l'on découvre. Qui pourrait soutenir que le problème moral se résoudra absolument de la même façon, que le sentiment du devoir ne se modifiera pas dans l'homme, soit que la vie lui apparaisse comme un accident éphémère au sein de l'illusion infinie ou comme une épreuve, une initiation graduelle à sa destinée et le noviciat de l'immortalité ?

On insiste et l'on ajoute que non seulement ces idées de sanction, de fin, de destinée sont absolument incertaines, mais qu'il est utile, salutaire qu'il en soit ainsi. Cette incertitude est la condition nécessaire du désintéressement moral. Si la vie future était démontrée, si Dieu était évident, où serait, nous dit-on, le mérite de bien faire? La justice et la vertu ne seraient plus méritoires, elles deviendraient mercenaires. — C'est là une thèse stoïcienne; on la reconnait. Les maîtres du Portique recommandaient de ne pas diriger les hommes par la crainte ou l'espoir serviles, par la terreur des dieux et de leur vengeance ou l'attrait de leurs bienfaits, mais par le pur idéal de la conformité à la nature, c'est-à-dire à la raison désintéressée. Aussi parlaient-ils très peu de la vie future, en termes énigmatiques et voilés, et pour avoir fait entrevoir les sanctions de l'au delà Platon leur semblait avoir discouru en politique plutôt qu'en moraliste. De même nos modernes stoïciens rejettent avec indignation de leur doctrine morale toute idée de crainte ou d'espoir. La moralité est à ce prix; elle n'existe, selon eux, que quand tout élément égoïste a disparu, et il ne disparaît qu'à une condition, c'est qu'une incertitude absolue plane sur la fin des êtres et que l'homme, fût-il voué au néant, fasse le bien parce qu'il est le bien, de la même volonté libre, du même cœur résolu que si un Dieu était là, son témoin et son juge.

Il y a dans cette thèse un fond de vérité qui en fait la noblesse apparente et le prestige; mais cette vérité, poussée jusqu'à l'exagération, devient bientôt une doctrine antisociale, un véritable et dangereux paradoxe. Certes, c'est une grande et fière doctrine que celle qui soutient que ni la crainte ni l'espérance ne fondent la vertu; que nul n'est vertueux ni même juste, qu'autant qu'il aime le bien pour lui-même, en dehors de toute idée de récompense et de châtiment. Cette doctrine, elle est le fond même de la morale idéaliste qui a toujours distingué avec le plus grand soin le motif de la détermination morale des mobiles diversement mélangés et complexes qui s'y peuvent joindre. Personne, même parmi les stoïciens, n'a dépassé la rigueur avec laquelle Kant exclut de la détermination, considérée dans sa pureté, tout sentiment autre que le sentiment moral lui-même, le respect de la loi. « Il est très beau, dit-il, de faire du bien aux hommes par humanité et par sympathie, ou d'être juste par amour de l'ordre; mais ce n'est pas là encore la vraie maxime morale qui doit diriger notre conduite... Celui qui dans ses actions ne ferait qu'obéir à la crainte où à l'espoir, ou bien encore aux mouvements instinctifs de sa nature, sans avoir en vue l'idée du devoir ou celle du bien, celui-là aurait beau agir d'une manière entièrement conforme au devoir, *le principe de sa conduite n'étant pas le principe moral, elle n'aurait intérieurement aucun caractère moral.* » Cette doctrine de Kant, si attentive à dégager le devoir pur de tout ce qui n'est pas lui, réalise à coup sûr l'idée de la plus haute et de la plus sévère moralité. Dans la pratique de la vie, elle ne pourrait même pas s'appliquer à la rigueur sans tomber sous le juste reproche d'une certaine exagération. On connaît la jolie épigramme de Schiller : « J'ai du plaisir à obliger mes amis, cela m'inquiète. »

La morale catholique elle-même, qu'on accuse de vouloir conduire l'homme au bien par la crainte de l'enfer, cette morale « d'esprits serviles et mercenaires », comme le disent, en un langage attique, les partisans de la Morale indépendante, ne fait-elle pas les distinctions les plus précises et les plus délicates entre les divers mobiles qui gouvernent la vie? Qu'est-ce autre chose, cette différence, si nettement marquée entre la contrition et l'attrition, l'une désignant le repentir qui procède de l'amour de Dieu, l'autre le repentir né de la crainte? Qu'est-ce à dire, sinon que tout mobile de crainte ou d'espérance, tout sentiment intéressé, est un mobile inférieur en regard de l'amour pur de Dieu, qui n'est pas autre chose, dans la doctrine chrétienne, que l'amour du bien absolu?

Jusqu'ici nous sommes d'accord, et l'on ne saurait trop clairement établir la doctrine, trop rigoureusement maintenir le principe. La vertu, la justice parfaite, exigent que l'homme fasse le bien pour le bien, parce qu'il sait que la pratique du bien élève son être, tandis que le mal le diminue. Le progrès vers la perfection, voilà la plus pure et la plus haute des sanctions. — Est-ce à dire que les autres sanctions soient inutiles ou même dangereuses? Assurément non. Ce sont là des secours qu'il n'appartient qu'à l'orgueil de mépriser et dont il est périlleux de prétendre se passer. D'abord l'idée même de la sanction ultérieure offre à l'homme l'objet des plus hautes méditations. Elle entretient en lui la conscience d'une noble nature et lui fait sans cesse entendre l'appel mystérieux de sa vraie destinée; elle le maintient en rapport, si je puis dire, avec l'idéal de sa nature et de ses fins, au-dessus de la réalité qui en est si souvent la négation. On a dit avec beaucoup de raison que le pressentiment de la vie future, le sentiment religieux de l'ordre, disposent notre âme à se montrer docile aux injonctions de la loi morale.

C'est déjà beaucoup pour l'homme; mais pour la société l'avantage est plus considérable encore et ne souffre pas de doute. Il n'importe pas pour elle autant que pour l'homme lui-même que le motif moral soit pur de tout mobile égoïste. Ce qui lui importe, ce n'est pas seulement la perfection absolue de quelques privilégiés, c'est surtout le plus grand nombre possible de membres du groupe vivant dans l'ordre et sous la loi. Ce qui lui importe, c'est que la bête humaine qui vit dans chaque homme soit domptée, que ses mauvais instincts, ses âpres convoitises, ses aveugles idées, ses appétits violents, toute cette partie tumultueuse qui, déchaînée, renverse l'ordre social et le détruit, que tout cela soit refréné, si ce n'est par l'amour du bien absolu, du moins par la crainte de la loi, ou par la contrainte de l'opinion et des mœurs, ou par la salutaire terreur d'une autre vie où tout se retrouve, se compense et se paye. S'il était démontré que ces mobiles empêchent chaque jour un certain nombre de crimes, épargnent à certaines existences de grandes fautes et à la société de grands malheurs ou de grands scandales, vous pourrez, autant qu'il vous plaira, critiquer en délicats et en raffinés la moralité des agents qui subissent cette crainte, vous ne pourrez pas contester le progrès qui en résulte, ni par conséquent l'efficacité sociale de ces mobiles. — Ah! sans doute, si ces sanctions étaient de pures illusions et des chimères, s'il était prouvé que ce sont là des contes de nourrices et des épouvantes d'enfants, quelle que soit l'efficacité de pareilles idées, il y faudrait renoncer. Dût l'utilité sociale de la sanction être mille fois plus évidente encore qu'elle nous paraît être, si elle est fondée sur un mensonge, je n'en veux pas. Il faudrait repousser, comme une injure, le plus grand bienfait rendu aux hommes à ce prix. C'est payer trop cher même l'ordre social que de le payer d'une mystification. Mais si ce n'est pas là un amas de mensonges, s'il vous est impossible à tout jamais d'établir que cette espérance unanime du genre humain soit un rêve, que cette confiance auguste et sereine des Platon et des Kant dans un avenir illimité se trompe grossièrement, s'il y a en effet une justice idéale, réparatrice des insuffisances de la justice humaine et des lacunes de l'ordre réalisé ici-bas, si c'est nous qui, sur ces points si graves, possédons la vérité, laissez-nous en recueillir dès cette terre le bénéfice et le fruit. Laissez-nous d'abord travailler à rendre les hommes moins barbares, moins mauvais, moins cruels, soit par la contrainte des lois humaines, soit par l'idée religieuse des sanctions. Encore une fois, la sanction n'est pas le but de la justice, elle n'est pas l'essence de la loi, elle n'en est que la conséquence. Mais si elle aide à l'accomplir, pourquoi l'exclure? Trouvez-vous donc la civilisation une œuvre si facile, que vous lui retiriez ses plus légitimes appuis?

Vous-mêmes, vous sentez le besoin d'une sanction; vous en avez une, et vous la faites valoir à nos yeux. Examinons-la, nous verrons sans peine ce qu'elle suppose et par où elle est défectueuse. « Cette dignité, dites-vous, que l'homme *affirme* devant son semblable et en lui-même entraîne à sa suite un malaise ou une satisfaction intime d'une nature spéciale, selon que sa dignité se trouve blessée ou satisfaite... La sanction véritable est dans le trouble ou la paix de l'âme qui suit toujours la dignité blessée ou satisfaite. Cette sanction interne est seule en rapport avec la loi de la conscience. Les autres rémunérations ou châtiments sont étrangers à l'essence même de la moralité, et par conséquent il n'y a pas lieu d'en tenir compte. » — Voilà bien une sanction, mais combien insuffisante! Elle n'existe véritablement, avec ses souffrances intimes et ses délicatesses, que dans les plus pures consciences; elle disparaît dans les natures grossières. « Il s'en faut bien, dit un moraliste répondant d'avance à la théorie de la Morale indépendante, qu'une telle sanction soit efficace... L'appréhension du remords n'existe qu'autant que le remords lui-même a été éprouvé, c'est-à-dire autant que des fautes graves ont été déjà commises. Il ne se développe pas chez tous les hommes avec la même énergie; il suppose dans l'âme une certaine délicatesse; plus l'âme est pure, plus il a de prix; c'est-à-dire qu'il devient plus actif, à mesure que le danger social devient moindre. Chez l'homme grossier, brutal, dénué d'éducation, il ne faut rien moins que le crime pour le faire naître; chez l'homme vicieux, chez le criminel, il s'oblitère peu à peu et quelquefois finit par disparaître tout à fait. »

D'ailleurs, telle qu'elle est, que suppose cette sanction invoquée par l'école qui prétend s'affranchir de toute conception métaphysique ou religieuse? Ce trouble ou cette paix qui suit la dignité blessée ou satisfaite est-elle autre chose, au fond, que l'écho intime, le retentissement dans la conscience de l'accord qui s'établit entre l'homme et l'ordre moral, le signe sensible de sa destinée accomplie ou violée? C'est sans doute que la nature humaine est faite pour sentir l'ordre, elle y est prédisposée. N'y a-t-il pas là les traces visibles d'une harmonie préétablie entre le règne humain et l'ordre supérieur auquel ce règne confine de toutes parts? Prenez garde, c'est déjà de la métaphysique! C'est qu'en effet, comme nous ne cessons de le répéter, vous ne pouvez, quoi que vous tentiez, vous enfuir hors de la métaphysique; vous ne le pouvez sans vous enfuir hors de l'humanité elle-même. La métaphysique, le monde invisible des causes, des fins, des esprits et des volontés, tout cela commence avec l'humanité. Le premier fait moral, une volition déterminée par l'idée du bien, c'est déjà un fait qui nous lie à l'ordre des principes et des causes invisibles. — Vous essayez en vain de vous renfermer dans la stérile contemplation d'une volonté abstraite, séparée de sa cause et de sa fin, sans but dans l'univers immense. — Il n'y a plus rien où vous puissiez trouver un point de repère dans l'infini dépeuplé par votre hypothèse, plus rien sur quoi s'appuie la faible et vacillante liberté de l'homme, par où elle se dirige et s'oriente, plus d'étoile au ciel sur laquelle se règle son incertaine navigation à travers cet océan sans fond et sans rivage. De là, n'en doutez pas, naîtra dans le cœur de l'homme une tristesse incurable, un abattement voisin du désespoir, sinon un sentiment plus bas, je ne sais quel sentiment vulgaire de délivrance et d'affranchissement des aspirations et des soucis d'en haut, une conception étroite de la vie, une résignation servile à des plaisirs mesquins ou à des intérêts sordides, une abdication définitive de l'idéal et de l'infini. Est-ce donc là le sort de l'humanité, et n'est-elle pas née pour un autre destin que cette alternative entre un stoïcisme amer et sans joie ou un abaissement sans remède dans le plus triste bonheur?

Nous croyons avoir mis en pleine lumière la stérilité de la Morale indépendante. Elle épuise toute sa force, sa peine et son temps contre ses adversaires; elle déploie dans cette lutte des ressources d'argumentation, un zèle et une conviction qui s'expriment par une incroyable ténacité dans la dialectique. Mais quant à la doctrine, elle est bientôt achevée; elle ne sort pas de ces deux thèses négatives, indépendance absolue à l'égard des religions et de la métaphysique, et de ces deux thèses positives, le fait de la liberté, la liberté se déclarant inviolable. Je doute que l'affirmation variée à l'infini de ces quatre propositions suffise pour constituer une doctrine. Celle-ci n'est vraiment originale que dans ses négations, elle n'a pu éclairer une seule conscience, ni définir un seul devoir, qui n'ait été déjà parfaitement défini avant elle. Elle n'a pu développer aucune branche nouvelle de la science, elle s'est arrêtée court après la première étape parcourue, s'enfermant avec obstination dans le cercle des mêmes formules et se stérilisant par cette obstination même. C'est là le châtiment et la condamnation de toute morale qui voudra se priver de la sève des idées métaphysiques; elle languira dans un mortel isolement. La Morale indépendante est une branche desséchée de la vraie morale, qui ne pourra par elle-même ni reverdir, ni refleurir, et qui, à moins d'une transformation inattendue, périra d'inanition. C'est là une prédiction pour laquelle je ne redoute pas le jugement de l'avenir. Ou bien l'école nouvelle, abandonnant les voies sans issue où M. Proudhon l'a engagée, reviendra à ce spiritualisme éternel et naturel de l'humanité auquel elle a déjà fait de si larges emprunts sans les avouer, ou bien elle s'isolera de plus en plus dans l'affirmation pure et simple de la liberté, sans expliquer ce fait extraordinaire du libre arbitre où commence la région des vraies causes, et dans la sèche nomenclature des formules du droit naturel qui n'épuisent pas à beaucoup près la vie morale et qui n'ajouteront rien à la science.

Incomplète scientifiquement, puisqu'elle se prive des principes et des conclusions nécessaires, la Morale indépendante est radicalement insuffisante au point de vue de la pratique, en se privant de tout un ordre de sentiments profondément humains, qui font sortir l'idée du devoir de son abstraction et ajoutent à la force du précepte la douceur et l'attrait de l'inclination, l'invincible charme de l'amour.

C'est qu'en effet chaque question théorique ou pratique de la morale nous ramène vers la région des principes et des réalités supérieures. Cette loi révélée par la raison, qu'est-elle en soi? Suffit-il de dire que c'est la raison qui la promulgue? Si l'on ne remonte pas plus haut, il importe assez peu de contester à Proudhon le droit de dire que l'homme crée et produit de son propre fond la justice. Cette conscience révélatrice de la loi, d'où vient-elle elle-même? Où a-t-elle puisé sa lumière? Cette loi peut-elle se passer d'un principe de réalité objective, d'une autorité vivante? Il faut aller jusque-là avec Kant, si vous ne pouvez admettre que la loi morale soit une simple catégorie de notre raison, une forme vide comme celle de l'espace et du temps. Pour nous, bien résolus à ne nous arrêter que là où la lumière de notre raison s'arrêtera, nous irons jusqu'au terme de cette lumière, jusqu'au bout des inductions qui naissent spontanément du problème moral, nous ne craindrons pas d'aller jusqu'à ce législateur suprême sur lequel repose l'ordre moral tout entier, éternellement conçu, éternellement réalisé par lui.

La morale philosophique peut commencer sans Dieu, elle ne peut s'achever sans lui. En cela consiste la différence capitale qui la sépare de la morale théologique. Celle-ci est une révélation; elle part de Dieu pour descendre jusqu'à l'homme. La morale philosophique est une recherche et une science; elle part de l'homme et remonte à Dieu. Elle trouve le principe moral inscrit dans la conscience, mais ce principe l'élève plus haut. Ce n'est pas de l'idée de Dieu qu'elle déduit le devoir, c'est la considération de la loi qui l'amène à Dieu par l'idée de l'obligation, par l'idée de la sanction et de la fin. Elle ne reçoit pas la règle des mœurs d'une révélation surnaturelle; elle la recueille avec respect dans la révélation naturelle et permanente de la raison. Elle se demande d'où vient cette autorité qui commande, qui oblige sans contraindre, qui ordonne sans humilier, et qui a ce privilège singulier que l'obéissance à son commandement glorifie la volonté. A ce degré sublime de la vie intérieure, l'idée religieuse se mêle à l'idée morale sans en altérer la pure essence, mais en la transfigurant. La loi n'est plus cette idée purement rationnelle, impersonnelle, perdue dans son abstraction, elle est en même temps un commandement divin. L'amour de Dieu s'ajoute à l'amour du devoir en lui prêtant sa grâce et son efficacité, sans l'affaiblir ni le corrompre. C'est la plus haute démarche scientifique et le vrai procédé de la raison. Ce n'est pas parce que je crois en Dieu que je suis amené à croire au devoir, c'est parce que je crois au devoir que je suis logiquement amené à croire en Dieu, ce Dieu étant la réalité suprême en qui coïncident la justice et la bonté absolue, la loi et l'amour. La morale ainsi comprise, s'achevant dans un acte d'adoration raisonnée, loin d'humilier l'homme, l'agrandit et le relève. L'obéissance à la loi devient une libre coopération à cet ordre des fins, dernier terme et dernière explication possible du monde et de l'humanité.

CHAPITRE V

LES THÉORIES DE L'EMPIRISME FRANÇAIS. — LA JUSTICE REMPLACÉE PAR UNE SOCIÉTÉ D'ASSURANCE.

La thèse de M. Émile de Girardin dépasse singulièrement les timides hardiesses de la Morale indépendante et fait pâlir les paradoxes de Proudhon. Celui-ci se contente de vouloir affranchir la morale de toute métaphysique et de toute religion; mais il croit à la morale, à son universalité, à son efficacité. Malgré toutes ses inconséquences, toutes ses contradictions et ses lacunes d'idée, ce qu'il nous propose est encore une sorte de morale. Celle que proposait M. de Girardin, il y a quelque trente ans, n'a plus, à aucun degré, le caractère d'une morale; c'est simplement la théorie d'une société d'assurance contre les risques divers qui peuvent assiéger la vie dans le milieu social et humain, sans que la considération du *bien* ou du *mal* intervienne à aucun moment dans les préliminaires du programme. La définition du droit que l'on nous proposait n'est pas autre chose qu'une négation formelle du droit. Le devoir n'a pas plus de raison d'être que le droit. Or, qu'est-ce qu'une morale sans devoir et sans droit? C'est tout autre chose, on en conviendra, que la Morale indépendante.

Celle-ci se passe de Dieu, elle prétend même se passer de toute idée transcendante; celle-là se passe du bien et du mal. Je suppose provisoirement et sans rien garantir de l'avenir, que l'on ne peut pousser les choses plus loin.

On nous dira que ces sortes de discussions étaient parfaitement stériles, surtout avec l'infatigable publiciste auquel nous avions affaire alors et qui restera comme un des types de ce temps, radical et positif à la fois, où l'empirisme a été poussé jusqu'à ses conséquences extrêmes et la logique jusqu'à l'outrance. J'accorde bien que les deux représentants de thèses aussi opposées ne devaient jamais arriver à se convaincre. Mais ce n'est pas pour eux qu'était le bénéfice de la discussion, c'est pour le public qui voulait s'éclairer. Il y a dans le public anonyme plus d'un esprit sans parti pris qui dans chaque question attend, avec une sorte de candeur et de bonne foi, que la lumière se fasse. C'est à ces intelligences impartiales, désintéressées de tout autre souci que celui de la vérité, n'y mêlant à aucun degré les passions du sens propre, que s'adressent véritablement et utilement les controverses de ce genre. C'est cette classe nombreuse d'esprits hésitants ou troublés, mais sincères, qu'il faut avoir en vue, pour ne pas se décourager soi-même par la conscience de son inutilité. Il n'était pas permis d'ailleurs, dans ce temps-là, de passer sous silence les théories improvisées par ce rude batailleur et jetées à tous les vents de la publicité. La critique philosophique n'a pas le droit de négliger, au moins comme symptômes, des idées qui ont fait tant de bruit dans la polémique contemporaine, soit quand elles surgissaient pour la première fois dans la presse, soit quand elles reparaissaient, sous une forme définitive, dans un des nombreux volumes composant les *Questions de mon temps*, particulièrement celui qui s'intitule : *Questions philosophiques* et mérite ce titre par la nature des sujets : *le Droit, la Liberté, la Politique universelle*. — Dans la sphère personnelle, où se mouvait la dialectique audacieuse de l'auteur, je n'avais aucune chance de l'atteindre lui-même; je le savais et je m'y résignais; on n'agit guère les uns sans les autres à de telles distances d'idées. Tout ce que je pouvais faire, c'était d'observer et de décrire ce mouvement qu'il représentait, de remonter à l'impulsion initiale d'où il était parti, et d'empêcher qu'il entraînât dans son tourbillon cette partie du public, facilement éblouie par l'activité fébrile du raisonnement et comme fascinée par ce vertige des idées.

Pour mettre en lumière l'idée première de cette théorie du droit, il fallait la dégager des incidents de la polémique qui l'étouffaient ou l'obscurcissaient. Presque jamais en effet l'idée ne se produisait chez M. de Girardin sous la forme calme d'une méditation solitaire. Elle jaillissait comme l'étincelle d'un choc fortuit, et comme l'étincelle, ou bien après avoir brillé un instant elle s'éteignait dans la nuit, ou bien quand elle tombait sur des matières inflammables, sur des passions prêtes à prendre feu, un jet de flamme s'allumait et l'incendie s'étendait. Tout passait dans ce foyer ardent, tout y était dévoré : les principes avec les préjugés, les sentiments les plus sacrés avec les sentimentalités niaises, les théories les mieux établies avec les lieux communs, tout y tombait confondu, mêlé, anéanti dans la même fournaise. Quand l'incendie était éteint, que l'on pesait ce qui restait à la place où il s'était allumé, qu'y restait-il? un peu de cendre, voilà tout.

M. de Girardin appelait cela simplifier. C'est qu'en effet de toutes les simplifications, la plus radicale, c'est le néant. Il arrivait trop souvent à cet esprit absolu de croire qu'il simplifiait, quand il niait simplement ou qu'il détruisait. C'est ce qui lui advint dans la longue controverse qu'il soutint, en 1854, contre M. Lourdoueix, et d'où l'idée du droit sortit méconnaissable.

Sans doute M. Lourdoueix avait fait la partie belle à son adversaire ; avec un dialecticien pareil, il fallait bien se garder des métaphores et des expressions mystiques. Il est clair que c'était bien peu connaître le genre d'esprit de M. de Girardin que de croire qu'on le contenterait avec une définition semblable à celle-ci : « Le droit est la ligne la plus courte qui va de la raison de Dieu à la raison de l'homme. » C'était préparer un facile triomphe à son adversaire, qui ne manqua pas une si belle occasion de railler sans pitié :

« Si le droit, selon votre définition, est la ligne la plus courte qui va de la raison de Dieu à la raison de l'homme, comment expliquez-vous qu'il ait fallu à l'homme tant de siècles pour faire si peu de chemin ? Qu'appelez-vous la raison de Dieu ? A quel signe se reconnaît-elle ? Par quels effets se manifeste-t-elle ? Et comment, étant toute puissante, ne s'impose-t-elle pas ? — La raison de Dieu n'est donc qu'un mot qui, imprimé dans la *Gazette de France*, signifie la raison de M. Honoré de Lourdoueix. Ce mot n'a pas d'autre signification, car s'il en avait une autre, il signifierait impuissance. En effet, que serait un Dieu qui n'aurait pas la puissance d'imposer sa volonté, de dicter sa loi, ou qui, ayant la vérité dans ses mains, les fermerait à l'homme égaré à sa poursuite ? — Grand-prêtre de la raison de Dieu, dites-moi donc, vous devez le savoir, ce que réprouve cette raison et ce qu'elle admet ? Admet-elle l'esclavage ? Admet-elle le servage corporel ? Admet-elle le servage intellectuel ? — Admet-elle que le petit nombre ait le superflu sans même l'avoir acquis par le travail, lorsque l'immense nombre manque du nécessaire ? » On comprend comment, sur ce thème, l'ironie raisonneuse de M. de Girardin put se donner carrière.

M. Blot-Lequesne, qui intervint avec force et non sans éclat dans la discussion, eut le tort d'en sortir trop vite en la généralisant à l'excès; la controverse, avec ce nouveau combattant, alla se perdre dans les terrains vagues d'une discussion sur le principe révolutionnaire. M. Thiercelin, un autre survenant dans la bataille, produisit en faveur du droit méconnu des idées puisées aux sources d'une excellente philosophie. Mais il en compromit la fortune par une exposition trop exclusivement technique et juridique qui ne sut pas s'emparer suffisamment de l'attention de son adversaire. M. de Girardin ne me sembla pas en avoir saisi alors la sérieuse portée, et cette fois encore les épisodes emportèrent le fond.

Il ne faut donc pas s'étonner si M. de Girardin se crut victorieux, restant maître du champ de bataille, sur lequel il avait fait manœuvrer tant d'arguments en escadrons serrés. Il est certain qu'il avait déconcerté et fatigué l'ennemi par ses tours et détours, ses volte-faces d'argumentation, cette tactique qui change à chaque instant l'ordre prévu, attaquant plus qu'elle ne défend, procédant par images courtes, par aphorismes, multipliant les interrogations, les antithèses spécieuses, dérobant le but principal sous l'incident, faisant illusion par la clarté des détails sur la suite et l'ensemble de la controverse qui restaient assez obscurs. Au demeurant, voici les résultats qu'il pensait avoir obtenus et qui devinrent pour lui définitifs.

Son but était de fonder une société rationnelle, un droit social et scientifique en dehors de toute idée métaphysique, de toute inspiration ou suggestion de conscience ou de raison, de toute distinction primordiale du bien et du mal. Il voulait en finir, une fois pour toutes, répéta-t-il sans cesse, avec tous ces mots, *Droit, Raison, Justice*, dont le sens varie et se contredit selon les temps et les pays.

Il suppose que le bien et le mal n'existent pas par eux-mêmes ; ce sont de pures entités verbales qui n'ont qu'une existence nominale, relative, arbitraire. Dans le fait, il n'existe que des risques, contre lesquels l'homme, obéissant à la conservation qui est en lui, cherche à s'assurer par les moyens dont il dispose. Or, les risques sont de deux sortes ; ils dépendent du double milieu dans lequel la vie humaine est enfermée, le milieu physique et le milieu social. Les risques de la première classe existent par eux-mêmes : de ce nombre sont le naufrage, la foudre, l'incendie, la grêle, la gelée, l'inondation. Ceux de la seconde espèce sont ceux qui existent par le fait de la société telle que l'homme l'a instituée : de ce nombre sont le vol, la fraude, le viol, le rapt, le meurtre, la guerre, la piraterie.

Déjà la science, par ses progrès, et l'assurance, par la solidarité qu'elle établit, ont singulièrement diminué la part des risques physiques. Il reste à la science à accomplir son œuvre en supprimant les risques qui viennent de l'homme et de la société. Or, il suffit, pour cela, de faire triompher sur la misère et l'ignorance humaines l'idée de la *réciprocité*. Il suffit de concevoir et de fonder une société qui, réduisant tout mathématiquement à des risques prévus et à des probabilités calculées, aurait pour unique pivot l'assurance universelle. Une société tournant sur ce pivot vaudrait mieux, on nous l'assure, que la société qui repose sur la distinction du bien et du mal, distinction arbitraire, puisqu'elle a varié et qu'elle varie encore selon la diversité des temps et des pays, des religions et des lois.

Tout se réduit, pour obtenir ce merveilleux résultat, à

graver dans la mémoire et la raison de l'enfant cette idée que le meurtrier, s'il pouvait tuer impunément, serait exposé à être impunément tué ; que le voleur, s'il pouvait voler impunément, serait exposé à être impunément volé ; que, s'il y a une probabilité sur mille pour que le voleur et le meurtrier ne soient pas découverts, il y a neuf cent quatre-vingt-dix-neuf probabilités contre une pour qu'ils soient reconnus. Serait-ce plus difficile que d'apprendre à l'enfant que deux, multipliés par deux, égalent quatre, et que la ligne la plus droite est toujours la plus courte ? Tuer autrui, c'est appeler sur soi le risque d'être tué. Frapper autrui, c'est appeler sur soi le risque d'être frappé. Voler autrui, c'est appeler sur soi le risque d'être volé. — La réciprocité est à la liberté ce qu'en arithmétique la preuve est à la règle. La réciprocité, c'est la raison à l'état de formule arithmétique.

M. de Girardin ne veut pas que l'on se trompe sur le vrai caractère de la réciprocité ; c'est un calcul, rien de plus. Il ne veut pas qu'on la confonde avec la fraternité. Il y a entre elles la différence qui existe entre le calcul et le sentiment. Or, depuis qu'on apprend aux hommes à s'aimer, il ne paraît pas qu'ils aient fait aucun progrès. C'est à peine si deux fils de la même mère se conduisent en frères. Il en est autrement de l'art qui apprend aux hommes à compter. Cet art n'a plus de progrès à faire. Il n'est aucun problème qu'il ne puisse résoudre, aucune probabilité qu'il ne puisse mesurer, aucun risque qu'il ne puisse évaluer. Conséquemment, ce qu'il y a à faire, c'est d'enseigner à tout enfant à calculer et à raisonner avec lui-même, dès qu'il atteint l'âge du raisonnement et du calcul. Le calcul traduisant tout en risques est le principe et la fin de la science sociale.

Donc, pas de droit absolu, de droit mystique de l'homme sur l'homme : il n'y a qu'un droit empirique, conséquence d'un fait, qui est le risque et dont l'unique sanction est la réciprocité.

Le droit moderne, qui au fond n'est qu'une affaire de simple calcul, en se substituant au droit ancien qui n'était que la force matérielle, a déterminé le passage de la barbarie à la civilisation ; ce droit n'est encore que la force, on l'avoue, mais c'est la force immatérielle, le calcul et le raisonnement, substitués à la force matérielle. L'idée la plus haute à laquelle nous puissions nous élever dans cette sphère, c'est l'idée de la force spéciale qui se manifeste par le raisonnement. « Il n'y a qu'un droit : c'est le droit du plus fort. La force, c'est le droit ; il n'y a pas d'autre droit que la force ; car ce droit est le seul qui soit inviolable, le seul qui porte en lui-même sa garantie nécessaire et sa sanction efficace. » Mais le progrès consiste à *transformer la force*, à faire prédominer la force intellectuelle sur toutes les autres, et pour cela il faut l'affranchir de toute entrave. Là où la barbarie règne encore, à quelque degré que ce soit, on la reconnaît à ce signe que l'homme n'a l'entière propriété ni de son corps ni de son esprit. La civilisation est l'état social qui donne à l'homme cette propriété absolue de soi.

Posséder son esprit, en user et en abuser, c'est le signe le plus manifeste du droit réalisé dans les sociétés modernes. D'où cette formule qui revient à chaque instant dans l'argumentation de M. de Girardin : *Raisonner est le droit, tout le droit.*

De là encore la suppression de toute pénalité. Le droit n'étant que la force immatérielle, ou il n'est rien, ou il assure l'inviolabilité absolue de la pensée. Un homme n'a pas plus le droit d'empêcher un autre homme de penser, celui-ci pensât-il mal, qu'il n'a le droit d'empêcher un autre homme de vivre, celui-ci fût-il difforme ou infirme.

La société n'a pas plus de droit contre le *mal-pensant* qu'elle n'en a contre le *mal-portant*. Or tout délit et même tout crime étant une faute de calcul, une erreur d'arithmétique, c'est-à-dire un vice de pensée, la société n'a aucun droit de répression sur ce raisonnement faux, sur ce calcul vicieux. Elle n'a le droit que d'en appeler d'un raisonnement faux, qui autoriserait le vol ou le meurtre, à un raisonnement meilleur qui les interdirait au nom de la logique.

Il n'y a qu'un droit au monde, répète sans cesse l'impérieux dialecticien : « C'est le droit du plus fort. La force, c'est le droit. » Et ailleurs : « Il n'y a jamais eu d'autre *critérium* que le succès légitimé par la durée. » Puis, portant un défi que nous relèverons : « Que prouve, s'écrie-t-il, l'impossibilité de trouver une définition du droit, qui mette les penseurs d'accord? Cette impossibilité prouve que c'est un mot qui n'a pas de sens précis, que c'est un nom donné à une chose qui n'existe qu'imaginairement, qu'en réalité il n'y a pas de droit. »

Jamais on n'avait porté aussi loin la négation d'un bien primordial et d'une justice supérieure à la société humaine. C'est à ce titre qu'il nous a paru intéressant d'étudier cette négation dans un type d'écrivain qui la représente avec une complète franchise. Qui, sauf M. de Girardin, aurait osé avancer une série de propositions semblables : la force comme principe du droit, la réciprocité comme garantie, la durée comme sanction?

Ce qu'il y a d'étrange, c'est de voir par quelles autorités inattendues M. de Girardin prétend confirmer cette thèse. Hobbes et Locke, passe encore. Il y a, sur plus d'un point, analogie entre l'auteur du traité de la *Nature humaine* et l'auteur des *Questions philosophiques*. Quant à Locke, sa méthode empirique, sinon sa doctrine, le rapproche, en apparence au moins, de l'empirisme de

M. de Girardin, déclarant une guerre à mort *à tous les lieux communs* sur la justice universelle, le droit inné, la distinction primordiale du bien et du mal. La polémique de Locke contre l'innéité des principes de morale permet peut-être à un publiciste pressé, qui n'a pas le temps de vérifier les nuances, les détails et les conséquences, de s'appuyer de son autorité. — Mais quoi! voici que les plus grands esprits de tous les temps viennent donner successivement leur témoignage, sous la forme d'épigraphes placées en tête de chaque chapitre ou de citations tout à fait imprévues! Aristote, Platon, Pascal, Montesquieu sont successivement appelés à comparaître, et tous viennent déclarer docilement que c'est M. de Girardin qui a raison contre MM. de Lourdoueix, Thiercelin, Blot-Lequesne, et, ce qui est plus grave, contre la conscience et la raison, qui défendent le sentiment et l'idée du droit. Je commence à douter fort non de l'exactitude matérielle des citations, mais de leur exactitude morale. On me comprendra sans peine. Ceux qui manient les textes savent tout le parti qu'on en peut tirer contre la pensée de leur auteur, même avec une entière bonne foi, sous l'empire d'une idée fixe.

Or, la méthode de travail de M. de Girardin n'était pas favorable à une interprétation scrupuleuse des textes. Il ne faut pas voir en lui un écrivain exact, consultant patiemment les auteurs, interrogeant leur pensée secrète, essayant de la démêler sous les plis et les replis du voile qui la recouvre, s'efforçant de lever les contradictions apparentes par une étude plus rigoureuse ou par une interprétation plus approfondie. C'est un publiciste, c'est un polémiste, jeté tout d'un coup et sans y avoir pris garde dans le tumulte d'une controverse qu'une bruyante publicité agrandissait démesurément, hors de toute proportion avec son point de départ, et qui s'y précipitait, tête baissée, seul contre tous, avec la froide violence de son tempérament et sa logique fougueuse. On comprend que cette rapidité de travail convienne mieux à la discussion des faits et des hommes qu'à la discussion historique et philosophique des principes. Aussi quelle facilité à déplacer le véritable objet du débat et surtout quel abus de citations, prises à droite et à gauche, sur la foi d'une similitude apparente dans les mots, d'une analogie inattendue dans quelque détail! M. de Girardin, au lieu d'augmenter sa force personnelle, l'affaiblit par les secours équivoques qu'il emprunte à cette érudition hâtive et superficielle. Sa propre pensée a sa valeur qui doit lui suffire. Pourquoi la compromettre en l'appuyant sur de chimériques témoignages? J'ai peur que M. de Girardin ne cherche beaucoup moins dans ses lectures la pensée des auteurs qu'il étudie que la sienne propre. Il lit rapidement comme tous les publicistes; il lit comme tous les esprits absolus, avec la préoccupation de trouver des témoins en faveur de sa thèse. Le châtiment du parti-pris, en fait d'enquêtes et d'informations, c'est de trouver toujours ce qu'on désire.

Évidemment, pour ne prendre que cet exemple, c'est avec des idées préconçues qu'il a feuilleté Platon. S'imagine-t-on Platon défenseur de cette thèse qu'il a combattue toute sa vie : qu'il n'y a qu'un seul droit au monde, le droit du plus fort! Platon, l'auteur de *Gorgias*, l'auteur de l'admirable réfutation de Calliclès! C'est Calliclès que M. de Girardin aurait dû citer, comme il cite ailleurs Protagoras : voilà les véritables aïeux de sa doctrine. C'est Calliclès qui soutient, avec les expressions mêmes dont se servira plus tard M. de Girardin, qu'il n'y a pas de droit naturel, que la nature n'a créé qu'un seul droit, la force, que les lois positives, au lieu d'être l'expression de la nature, sont en flagrante contradiction avec elle, qu'elles constituent une insupportable tyrannie, le despotisme le plus odieux, celui de la légalité.

Mais Platon, le disciple de ce Socrate qui a proclamé par un discours continu qu'il variait sans cesse, et par sa vie aussi bien que par sa mort, l'inviolable autorité des lois innées, des lois inscrites, non sur le marbre et l'airain, mais dans la conscience vivante de l'homme, des Νόμοι ἄγραφοι, dont les lois positives doivent être la traduction de plus en plus sincère et complète pour le bien de l'homme, pour la dignité de sa vie, pour sa vraie grandeur! — Platon, celui de tous les philosophes qui s'éloigne le plus des doctrines empiriques, pour qui la morale n'est que la *ressemblance de l'homme à Dieu!* C'est l'idéaliste Platon, idéaliste jusqu'à l'utopie, celui qui veut régler le plan divin de sa république sur le type de l'âme ordonnée, de l'âme parfaite, pour qui toute dissidence individuelle est une révolte contre l'ordre identique à la raison éternelle; c'est lui que M. de Girardin invoque parmi les témoins de cette opinion en contradiction manifeste avec toute son âme et toute sa doctrine, que la justice et la force sont identiques, c'est-à-dire qu'il n'y a pas de justice! — M. de Girardin a tort de ne pas indiquer les sources avec précision. Dans toutes ces citations paradoxales, la vérification serait nécessaire, et j'estime que, dans la plupart des cas, nous aurions à constater quelque grave malentendu, une erreur fondamentale sur le texte ou sur la pensée.

Je ne veux pas insister plus que de raison sur ce qui est de l'érudition dans la polémique de M. de Girardin. C'en est évidemment la partie faible, la part trop marquée de l'improvisation journalière. Il passe comme un ouragan à travers les livres et les auteurs, les dévastant à son profit, brisant sur son passage tout ce qui lui résiste, emportant tout ce qui peut accroître sa force.

Les textes plient devant lui comme les roseaux sous la violence du vent. Mais quand cette tempête dialectique a passé, tout se relève, et le sillon, trop légèrement creusé sur la route qu'il a parcourue, s'efface aussitôt.

Il faut voir la pensée de M. de Girardin en elle-même, non dans ses origines, qui sont chimériques, ni à travers ses autorités, qui sont illusoires. Ce que j'y vois de plus clair, c'est l'apologie, ce n'est pas assez dire, l'apothéose du raisonnement. « Raisonner est le droit, tout le droit, rien que le droit... Quelle plus grande puissance qu'une telle faculté! C'est la puissance du levier qui ne demande qu'un point d'appui pour soulever le monde.... Garantissez-moi l'inviolabilité du droit de raisonner, et je vous garantis non seulement la conquête de tous les droits, mais encore la destruction de tous les risques. » Il n'est pas, dit-il encore, un abus, si invétéré qu'il soit, qui puisse résister aux coups du raisonnement et à la clarté de l'évidence. C'est l'évidence qui sera l'unique arbitre du monde régénéré.

Ici se produit dans tout son jour l'erreur fondamentale qui pèse sur l'esprit de M. de Girardin, comme sur celui de beaucoup de ses contemporains : la confusion des sciences sociales avec les sciences positives.

Dans les sciences positives, il n'y a pas d'autre critérium que celui du raisonnement et l'évidence qui en est le résultat. C'est là qu'il est vrai de dire que le plus fort intellectuellement est toujours celui qui finit par avoir raison. C'est là que règne l'autorité sans limite de la démonstration. Dans les sciences sociales, la chose n'est pas aussi simple ni la conclusion aussi rigoureuse. Il faut tenir compte ici des éléments multiples de la nature humaine, de leur jeu si compliqué, et du fait de la liberté qui marque le point de départ d'un ordre de phénomènes soustraits, dans une certaine mesure, aux prévisions et aux calculs du déterminisme. Ce n'est plus sur des quantités abstraites que l'on opère, comme dans les mathématiques, ni sur des phénomènes purement mécaniques, comme dans la physique; ce n'est même pas sur des phénomènes comme ceux de la vie, que la science s'efforce de résoudre dans les phénomènes plus simples, en les rattachant à la chaine du mécanisme universel. Ici l'objet, c'est la personne humaine; ce sont ses intérêts, sans doute, et ses attributs dont il faut tenir compte; ce sont les relations si compliquées et si délicates des *personnes* entre elles qu'il s'agit de régler, en les faisant toutes concourir à un résultat commun, tout en sauvegardant l'individualité de chacune. L'œuvre est singulièrement difficile et l'objet en est à la fois si complexe et si subtil, que l'on comprend qu'il ne se laisse jamais entièrement saisir et qu'il échappe toujours par quelque endroit aux plus vigoureuses comme aux plus délicates étreintes.

Voilà pourquoi l'on a discuté et l'on discutera sans fin dans les sciences sociales. Résoudre un problème de cet ordre, soit la question de la meilleure constitution possible, soit la question du prolétariat, et toutes les autres de ce genre, n'a rien d'analogue à la démonstration d'une loi physique ou d'une vérité mathématique; il faut une singulière dose d'illusion pour soutenir qu'au fond le procédé est le même et peut obtenir la même évidence. Ici, bien qu'en puissent penser M. de Girardin et les autres publicistes de la même école fourvoyés dans cette chimérique assimilation des sciences politiques et sociales aux sciences positives, le raisonnement ne présente plus la même garantie d'infaillibilité. On peut raisonner très logiquement, comme l'a fait J.-J. Rousseau dans le *Contrat social*, et arriver comme lui à des conclusions très contestables, quelques-unes chimériques, d'autres révoltantes.

Mais pourquoi chercher des exemples en dehors de notre sujet? M. de Girardin aurait dû être édifié à cet égard, par son propre exemple. Évidemment il croyait avoir raison, et son traité de la *Politique universelle* représentait à ses yeux la vérité absolue. Eh bien, avec toutes les ressources de l'esprit le plus fertile en arguments, le plus délié, le plus exercé au raisonnement, qui a-t-il convaincu? Sur une quantité inimaginable de lecteurs, combien a-t-il gagné d'adhérents à ses idées? Que de rares adeptes pour un si grand nombre de curieux! Or, s'il était vrai que le raisonnement eût le même genre d'évidence dans les questions sociales que dans les sciences positives, par quelle inconséquence serait-il arrivé que la fortune des idées de M. de Girardin restât si incertaine? Depuis combien de temps l'évidence dont il les entourait aurait dû dompter l'indifférence systématique ou l'hostilité! Si M. de Girardin a cette confiance absolue dans la force du raisonnement, son dernier livre ne devrait pas s'intituler : *Questions philosophiques*, mais bien *Théorèmes politiques*. Pourquoi n'a-t-il pas osé bravement l'intituler ainsi? Il n'y a pas de mauvaise foi qui tienne contre la démonstration d'un théorème de géométrie. Il n'y a pas de légèreté d'esprit qui résiste à la découverte d'une loi nouvelle en physique ou en chimie. Comment donc se faisait-il que M. de Girardin, qui pensait avoir raison, ne finît pas par avoir raison, et que lui-même semblât parfois douter, sinon de ses idées, du moins du succès de sa démonstration?

C'est que, dans cet ordre de questions, le raisonnement ne s'impose pas avec la même rigueur et la même autorité, n'ayant ni les mêmes procédés ni le même critérium. Il n'y a pas ici de mesure fixe ni d'élément de précision qui détermine d'une manière irréfragable la part d'erreur ou de vérité contenue dans chaque proposition.

Je me trompe. Même dans cet ordre des problèmes économiques, sociaux ou politiques, il y a un *critérium*, un seul; mais c'est précisément celui que M. de Girardin récuse : c'est l'idée du droit. Voilà la seule évidence qui mesure la valeur relative des systèmes. Plus une théorie s'inspire du sentiment raisonné du droit, plus elle a de chance de prévaloir tôt ou tard. Un système politique qui porte quelque atteinte indirecte à ce sentiment peut vivre d'une vie précaire, jusqu'à l'heure où le sophisme et l'expédient qui le soutiennent seront démasqués, et dès lors il est condamné à disparaître; ce ne sera plus pour lui qu'une question de jours. Un système qui serait en contradiction ouverte avec l'idée du droit ne pourrait absolument régner que par la force contre la réprobation unanime de ceux mêmes qui le subissent.

L'idée du droit, voilà donc la vraie mesure de la valeur des théories politiques et sociales. Par malheur, M. de Girardin se refuse à la concevoir, et dès lors à cette clarté morale, la seule qui puisse nous guider dans l'obscurité et la confusion de ces problèmes, il s'efforce — avec quel âpre et stérile labeur ! — de substituer l'évidence purement logique du raisonnement qui n'est ni de la même nature, ni du même ordre, et qui est parfaitement impuissante à la remplacer.

Cette grave confusion amène M. de Girardin à proclamer comme le seul droit possible « le droit individuel du plus fort intellectuellement, scientifiquement, industriellement, commercialement ». Qu'est-ce que cela veut dire, sinon que nous autres, la foule, nous tous qui ne sommes ni les élus de la puissance industrielle ni ceux du génie, nous ne ferons que changer de domination? Au lieu du triomphe brutal de la force matérielle, individuelle ou collective, nous verrons le triomphe définitif, sans restriction, sans recours et sans appel, de la force immatérielle, c'est-à-dire de l'intelligence. L'avenir est à celui-là qui sera le plus fort par l'industrie ou par la science ; celui-là seul aura un droit et tout le droit.

Je redoute pour ma part ce despotisme d'un nouveau genre. Je ne suis pas complètement rassuré par ce simple fait que ce sera le despotisme des hommes d'intelligence. Quel qu'il soit et de si haut qu'il vienne, j'en conçois de légitimes alarmes. La supériorité intellectuelle est-elle une garantie suffisante, un gage assuré des bonnes intentions de celui qui la possède? Est-il rare de voir, dans l'histoire, la perversité asociée au génie et là même où l'on ne peut supposer la perversité, n'a-t-on pas remarqué mille fois dans les plus hautes intelligences un orgueil immodéré, une absorbante personnalité? Penser fortement et bien agir ou même vouloir le bien sont deux choses d'ordre entièrement différent. Il y a tels de ces esprits d'élite, qui dominent leur siècle par la grandeur de leurs conceptions, à qui, pour ma part, je ne confierais pas sans effroi le gouvernement de nos destinées. Dans cette apothéose de l'intelligence, je vois encore l'adoration de la force et je n'en veux sous aucune forme. Je suppose, en voyant M. de Girardin exalter et glorifier l'intelligence, qu'il ne serait pas éloigné de créer un nouveau droit divin, le droit divin du génie. Qu'un homme vînt à le convaincre de la supériorité de ses lumières et de la grandeur de son esprit, il lui aurait déféré avec enthousiasme la dictature. Le droit divin du génie à la dictature avec le progrès de la civilisation comme but exclusif et justification suprême de ses moyens et de ses actes, n'est-ce pas là une des conséquences, la moins déraisonnable à coup sûr, du système des *Ques-*

tions philosophiques? Elle résulte de cette glorification sans mesure de la force intellectuelle.

En tout cela, je vois l'effort d'un esprit vigoureux et dévoyé qui s'obstine à édifier un système politique en se passant de l'idée qui seule peut donner à un pareil système sa consistance et sa solidité, l'idée du droit. Descendons maintenant dans le détail de cette vie sociale qu'il imagine et qu'il s'est engagé à nous représenter comme fonctionnant, en dehors de toute conception de droit et de devoir, sous la seule garantie de l'évidence logique, sous la protection exclusive du raisonnement.

Il n'y a ni bien ni mal dans le monde, nous dit M. de Girardin; il n'y a que des risques sociaux qu'il s'agit de prévenir, en s'attaquant non à l'effet, comme la loi pénale, mais à la cause. Pour cela, il suffit d'établir clairement dans les esprits l'axiome de la *réciprocité*; il faut élever une humanité nouvelle qui comprenne avec précision ces aphorismes si simples : ne tue pas, si tu ne veux pas être tué; ne frappe pas, si tu ne veux pas être frappé; ne trompe pas, si tu ne veux pas être trompé; ne calomnie pas, si tu ne veux pas être calomnié. « La réciprocité, c'est la force destituée par le raisonnement; c'est la justice existant par elle-même et prenant son niveau, comme le fleuve prend le sien; c'est l'équité. »

Qu'il n'y ait ni bien ni mal, nous ne nous arrêterons pas à réfuter gravement une pareille thèse. C'est assurément là le dernier effort de simplification par lequel on puisse réduire à son *minimum* la vie sociale. M. de Girardin ne veut pas s'occuper de conceptions morales, mais seulement de faits; à ce point de vue tout extérieur et empirique, il n'y a pas de bonnes ou de mauvaises consciences, pas d'intentions vertueuses ou criminelles; il n'y a que des faits, utiles ou nuisibles, et tout le commerce des sociétés humaines se réduit à un échange de services et de risques.

Au moins, dans cette société ainsi simplifiée, débarrassée de la conception mystique du bien et du mal, que vaudra pratiquement cette idée de la réciprocité? Quelle en sera l'efficacité?

On ne volera plus, nous dit M. de Girardin, parce qu'*il est évident* que le voleur s'exposera à être volé à son tour. — Espérez-vous vraiment que cette évidence arrêtera le voleur? La possibilité d'un risque futur à courir le décidera-t-elle à se priver du bénéfice actuel, de la jouissance présente d'un vol impuni? Le résultat est immédiat, certain, la réciprocité est éventuelle; d'ailleurs, le voleur espère bien se mettre à l'abri de risques semblables. Et pourquoi ne concevrait-il pas l'espoir de s'y soustraire, comme dans le régime actuel il conserve l'illusion d'échapper aux conséquences pénales de son acte? L'évidence purement logique de cette réciprocité est une bien fragile barrière contre la convoitise ardente ou la passion exaspérée.

Mais on fera une société nouvelle, une humanité toute neuve, dans laquelle le vol ni le meurtre n'auront plus de raison d'être. Le vol, par exemple, on le supprimera en étudiant les causes ordinaires qui le produisent, comme on a diminué le risque des incendies en l'étudiant dans ses causes, soit la chute de la foudre, les explosions de gaz, la pression de la vapeur. — Qu'est-ce que le vol? L'appropriation par la force ou la ruse du bien que l'on convoite. Rendez le travail moins pénible et le vol deviendra plus rare. Plus le vol sera rare moins il y aura de risques de meurtre. Tout se tient et s'enchaîne. — Soit; mais nous sortons de la question; nous en sortons par l'idée du travail attrayant et de la société régénérée. Ce n'est plus ici la réciprocité qui nous protège; c'est l'utopie qui vient au secours de la logique expirante. Et quelle utopie! La suppression de la paresse, par exemple, pour laquelle le travail même le moins pénible sera encore une insupportable charge.

Alors même qu'il se trouverait des hommes assez fous pour rester malfaisants, à supposer que le nombre s'en élevât aussi haut qu'il s'élève aujourd'hui dans les statistiques criminelles, on prétend que le danger serait conjuré si tout acte de violence était consigné sur cette fameuse *police d'assurance* ou *inscription de vie*, que M. de Girardin appelle « la *clef de voûte du nouveau régime*, et dont l'immanquable résultat est de réduire le malfaiteur à la condition méritée d'animal nuisible, de bête errante ». Mais que devient la théorie de l'impunité? Que deviennent tant d'éloquents morceaux contre la pénalité sociale? Vous punissez, vous aussi; vous substituez simplement une pénalité à une autre. Au lieu d'enfermer le malfaiteur, vous le condamnez au triste sort d'une *bête errante*, d'un animal nuisible, partout reconnu, traqué, repoussé de partout avec une juste horreur pour le crime dont il porte avec lui l'ineffaçable marque et le fatal signalement. — Mais de quel droit frappez-vous de ce signe infamant le front de cet homme? De quel droit paralysez-vous l'activité de son bras ou de son esprit, qu'on ne voudra employer nulle part, quand on saura de quoi sont capables ce bras ensanglanté ou cette pensée criminelle? Vous avez dit mille fois que la société n'a pas plus de droit sur le *mal-faisant*, c'est-à-dire sur le *mal-pensant*, que sur le *mal-portant*, chaque délit ou crime n'étant qu'un vice d'ignorance ou une erreur de calcul. Dès lors, comment osez-vous le condamner à l'horreur des autres hommes et à l'isolement? Ici encore, ce qui vous protège, ce n'est pas la logique illusoire, inefficace de la réciprocité, c'est une inconséquence.

Il semble bien, d'après cela, que la réciprocité ne vous semble pas suffisante à vous-même pour défendre contre la fraude ou la violence la propriété ou la vie des citoyens de votre État idéal. C'est qu'en effet la réciprocité ne serait une garantie qu'à une condition : l'égalité absolue des forces. Ce ne serait là encore qu'une garantie matérielle ; c'en serait une cependant. Mais qui ne voit combien cette égalité est chimérique ? Pour faire saisir à M. de Girardin lui-même l'insuffisance de cette garantie, nous n'avons qu'à imaginer comment sa théorie se comporterait en dehors du milieu social où l'on conçoit qu'à la rigueur la réciprocité soit toujours possible. Si la théorie est exacte, elle doit régler non seulement les rapports de l'homme avec l'homme au sein de la société, mais les rapports de l'homme avec l'homme partout où il se rencontre avec lui. Supposez une île déserte où deux hommes vivent réunis par le sort commun d'un naufrage. Dans cette théorie, quelle sera la garantie du plus faible contre le plus fort ? En l'absence de tout intermédiaire et de tout arbitre entre ces deux forces nécessairement inégales, où sera du moins, pour combattre l'idée du risque, la chance de la réciprocité ? Le plus fort opprimera le plus faible, sans aucune crainte d'être opprimé à son tour. Tout droit social ayant disparu, aucun scrupule ne l'arrêtera ; tout se réduira à un calcul de forces matérielles et de chances de risques ; il y aura un esclave et il y aura un maître, et cela naturellement, légitimement, par l'effet nécessaire de ces deux forces inégales en présence.

La théorie de M. de Girardin, en matérialisant le mal dans le risque et la garantie contre le risque dans la réciprocité, arrive à légitimer l'oppression, la violence, là où sera supprimée toute chance possible de risque réciproque. En face de cette théorie, le droit proteste. M. de Girardin nie son existence, mais en vain. Le droit, supérieur au fait, est une de ces réalités qui n'ont besoin que d'être définies pour être démontrées.

Mais, pour reconnaître le droit dans son essence et son origine, il faudrait reconnaître ou la conscience universelle ou la raison, révélatrice de la justice. C'est ce que ne veut faire à aucun prix cet adversaire de tout absolu, idée ou principe, implacable dans son empirisme. Sa grande, son unique objection contre une raison supérieure ou une conscience universelle, c'est que cette prétendue révélatrice du droit a constamment varié dans ses oracles et varie encore selon les temps et les pays. Dans cet ordre d'argumentations spécieuses, il ne tarit pas. Avec une ironie inépuisable dans ses ressources d'érudition facile, il somme les défenseurs de cette raison de lui dire au juste ce qu'elle réprouve ou ce qu'elle admet, et abusant à outrance de son procédé interrogatif combiné avec la méthode des énumérations accumulées, il demande impérieusement pourquoi ce qui fut flétri est glorifié, ce qui fut glorifié, flétri; pourquoi ce qui est défendu ici est permis là, ce qui est ici permis, ailleurs défendu. Et triomphant de ces perplexités de la raison, s'emparant de ses défaillances et de ses contradictions historiques, la pressant de questions captieuses, l'embarrassant dans ses réponses, il nous la montre transigeant partout, plus ou moins, dans tous les temps et tous les pays, avec l'erreur et l'injustice. C'est un acte d'accusation en règle, poursuivi avec ténacité, et dont le but n'est pas douteux : substituer à la raison, cette dernière idole, le raisonnement fondé sur l'expérience, le calcul et la prévision des risques, la vraie science sociale, en dehors de laquelle il n'y a, nous assure-t-on, que déclamations, préjugés;

tyrannie mystique, tantôt celle des prêtres, tantôt celle des systèmes.

Cet argument historique me touche peu, je l'avoue. Que prouve cette longue énumération des contradictions de la raison? Prouve-t-elle que la raison n'existe pas? Nullement, mais qu'elle existe dans l'homme, c'est-à-dire dans un être mobile et complexe, sujet à mille passions diverses, et qui, trop souvent, usurpant les noms les plus sacrés, les profane au service de ses intérêts ou de ses convoitises. J'accorde sans peine à M. de Girardin qu'il s'est fait dans le monde un déplorable abus de ce mot le *Droit* : que ce nom a été souvent invoqué comme l'hypocrite excuse des plus grands crimes contre les individus ou les nations. J'accorderai même volontiers que cette notion ne s'est pas révélée d'abord avec la clarté des axiomes à l'humanité, et que pendant de longs siècles elle a semblé sommeiller au fond de la conscience humaine, dans ces monstrueuses civilisations de l'Orient, où la grandeur d'un seul était établie sur l'esclavage de tous. Les institutions de la liberté à Athènes et la philosophie socratique, en habituant les esprits à la conception de la justice, les préparèrent à celle du droit, qui en est une conséquence. Cependant, il a fallu que le stoïcisme en promulguât l'idée claire dans quelques âmes d'élite, et que le christianisme, le consacrant par un caractère nouveau, le proclamât comme un dogme dans l'humanité pour qu'elle devînt le principe et la règle des civilisations modernes et qu'elle régnât, théoriquement au moins, sur le monde moderne, non toutefois sans de grandes résistances et de mémorables combats.

Oui, je l'avoue, l'histoire du droit est un long martyrologe continué à travers les siècles, et qui sans doute n'est pas près d'être terminé. Qu'importe? Si ce nom a été tant de fois profané, si on l'a fait servir à voiler les plus tristes attentats, tout cela prouve-t-il que l'idée qu'il représente soit une chimère? Ce qui me touche, au contraire, c'est de voir que ceux qui violent le droit l'invoquent; en agissant contre la justice, ils ne peuvent se passer d'elle. C'est reconnaître encore son autorité que d'essayer de tromper ainsi l'humanité et l'histoire. C'est au nom du droit qu'on jetait les martyrs aux bêtes; c'est en son nom qu'on a tant de fois asservi des provinces ou égorgé des nations. Cela prouve-t-il que le droit n'existe pas? Bien au contraire, cela prouve qu'il existe, comme le mensonge prouve la vérité.

CHAPITRE VI

L'EMPIRISME ANGLAIS SUR L'ORIGINE DU DROIT NATUREL.
— LE TRANSFORMISME. — L'ÉCOLE UTILITAIRE.

A quoi se réduit le principe de la morale sociale, pris au point de vue de la science expérimentale et positive ? Une foule d'écrivains anglais ont traité cette question, parmi lesquels les plus remarqués ont été Lubbock, l'historien des temps primitifs et des races sauvages, Bain, Spencer, surtout, l'auteur d'une *Sociologie*. Mais M. Darwin se distingue de tous les autres par la franchise de sa méthode. Il aborde le problème exclusivement au point de vue de l'histoire naturelle. Dans le cours de ses études spéciales, il rencontre ce problème, il le traite et le résout, avec un mélange de finesse et de candeur, par ses procédés ordinaires. Ce n'est pour lui qu'une question comme une autre de psychologie ou de physiologie comparée, se rattachant à cette question plus générale : « quelle lumière l'étude des animaux inférieurs peut-elle jeter sur les plus hautes facultés psychiques de l'homme ? » Tel est l'objet de plusieurs chapitres du livre sur l'*Origine de l'homme et la Sélection sexuelle;* c'est dans le développement de ses idées sur ce problème que nous verrons naître tout naturellement et pour ainsi dire éclore spontanément toute une théorie sur la justice en parfaite conformité avec le reste du système.

On sait que dans ce dernier ouvrage M. Darwin accepte résolument l'hypothèse de l'origine animale de l'homme, ajournée ou déclinée dans ses livres précédents. « C'est alors, dit-il en marquant sa place précise dans l'échelle des temps et des êtres, c'est alors que les Simiadés se sont séparés en deux grands troncs, les singes du nouveau et ceux de l'ancien monde, et c'est de ces derniers qu'*à une époque reculée* a procédé l'*homme*, la merveille et la gloire de l'univers. » D'après cette nouvelle histoire de la création, le sens moral n'est que le degré le plus élevé de ce qui est l'instinct social dans l'animal. L'idée de la justice est une idée complexe qui se résout en une multitude d'impressions associées, de sensations originaires liées entre elles, d'instincts succesivement acquis et transmis. Les principaux facteurs de cette idée sont la force toujours agissante des transformations graduelles, l'hérédité, l'habitude, le langage enfin qui conserve chaque acquisition nouvelle dans la communauté et la transmet d'une génération à l'autre. Telle est la thèse qui semble à M. Darwin se rapprocher le plus possible de la certitude, et qui, en écartant toute illusion métaphysique, explique avec le plus de vraisemblance l'origine de toutes les facultés supérieures de l'homme et spécialement de la faculté juridique, celle qui déclare le droit.

Cette thèse en implique plusieurs autres, à savoir : qu'on trouve dans les animaux les rudiments de tout ce qu'il faut pour faire l'homme, même les premiers éléments et comme les matériaux de la moralité future ; qu'entre ces deux termes il ne saurait y avoir un abîme ; que les qualités morales et intellectuelles des races inférieures ont été prodigieusement surfaites, tandis que les facultés des animaux supérieurs ont été intentionnellement dépréciées ; qu'il existe une gradation continue de caractères intellectuels et moraux entre les animaux et l'homme, ce qui permet de supposer que l'homme ne s'est élevé au rang qu'il occupe qu'après avoir traversé lentement tous les degrés intermédiaires et toutes les formes inférieures.

Tant qu'il n'était question que d'analogies de structure entre l'homme et le singe anthropomorphe, de gradation de formes organiques, de ressemblances ou d'identités ressaisies sous la diversité des aspects, de différences anatomiques expliquées par les variations des circonstances et des milieux, par le principe si étrangement souple et fécond de la sélection naturelle, par la loi plus capricieuse et plus arbitraire de la sélection sexuelle, par l'hérédité enfin, toute cette partie de la théorie darwinienne échappait à notre compétence directe, et nous devions laisser la lutte ouverte entre les naturalistes de profession dont plusieurs, du plus grand mérite ou du plus rare esprit, ne consentent à voir dans cette théorie qu'une hypothèse ingénieuse, démesurément enflée, hors de toute proportion avec les faits ; mais dans l'ordre intellectuel et moral, nous cessons d'être incompétents, nous devenons juges et témoins. Et si la théorie est restée, jusqu'à ce jour, parfaitement libre en histoire naturelle, c'est-à-dire à l'état d'hypothèse qui n'a pas subi de vérification sérieuse, à plus forte raison avons-nous le droit de déclarer qu'elle est absolument chimérique en psychologie.

M. Darwin pose cet axiome qu'un animal quelconque, doué d'instincts sociaux prononcés, acquerrait inévitablement un *sens moral* ou une *conscience*, aussitôt que ses facultés intellectuelles auraient acquis un développement analogue à celui qu'elles atteignent chez l'homme. Je souscris volontiers à cette proposition. Il est évident que si l'animal pouvait devenir raisonnable, il deviendrait par là même un homme, et la raison acquise ou conquise deviendrait immédiatement chez lui faculté morale ou juridique; mais la question est de savoir si l'animal a pu jamais dépasser les limites de l'expérience sensible ou de l'instinct et atteindre à ce degré où l'intelligence, concevant le nécessaire, dit : « il faut que cela soit ainsi, » et concevant l'obligation, dit : « je dois. » Ce progrès, que l'induction déclare impossible, que dément l'histoire de tous les siècles, l'expérience prolongée aussi loin que possible en arrière, c'est ce progrès que M. Darwin fait franchir à un animal idéal qui ne s'est jamais vu, qui ne se verra jamais.

Parcourons les diverses étapes par lesquelles doit passer une pareille hypothèse. La sociabilité, nous dit-on, existe chez plusieurs espèces d'animaux comme chez l'homme. Cet instinct, dû à des causes complexes qui se perdent dans le lointain des générations, fait éprouver à l'animal du plaisir à vivre dans la société de ses camarades et à leur rendre divers services. Les animaux supérieurs vont jusqu'à s'avertir réciproquement du danger, à l'aide des sens de tous, unis, associés pour l'œuvre de la défense commune et de la protection réciproque.

Supposez maintenant (qui vous en empêche?) que les facultés intellectuelles de cet animal sociable se développent indéfiniment, que son cerveau soit incessamment parcouru par les images de ses actions passées et des causes de ces actions, il s'établirait une comparaison entre celles de ces actions qui ont eu pour mobile l'instinct social, toujours actuel et persistant, et celles qui ont eu pour mobile un autre instinct, momentanément plus fort, mais non permanent, comme la faim, la soif, l'appétit du sexe ou tout autre instinct individuel. De cette comparaison résulterait un sentiment de mécontentement qui survivrait dans l'animal à la satisfaction passagère de l'instinct égoïste, à la défaite de l'instinct permanent. Ce sentiment serait aussi durable que l'instinct social lui-même ; ce serait le *regret*, tout prêt, sous des influences nouvelles, à se modifier et à devenir le *remords*. Là serait l'origine et le début du phénomène moral, qui se résout ainsi dans une lutte entre les instincts égoïstes et l'instinct social, et dont la sanction est uniquement le caractère durable du sentiment de regret quand l'instinct social a cédé à la prédominance momentanée d'un autre instinct. — Y a-t-il une si grande différence entre la théorie de M. Darwin et celle de M. Moleschott, opposant le besoin individuel au besoin générique, ou celle de M. Littré, quand il fait sortir la moralité de la lutte entre l'*égoïsme*, dont le point de départ est la nutrition, et l'*altruisme*, dont le point de départ est la sexualité ? C'est que le choix du principe de la justice n'est pas indéfini. Quand on s'écarte des voies tracées par la tradition spiritualiste, on retombe forcément dans l'empirisme physiologique, lequel est très limité, n'offrant à l'observateur que le champ rétréci des instincts, des besoins ou des sensations.

Mais ce n'est là que le fait initial, le commencement de cette vaste construction d'hypothèses au terme de laquelle M. Darwin aura relevé successivement toutes ces grandes notions du devoir, du droit, de la justice. S'il y réussit, il faudra bien admettre que ces idées, qui jusqu'ici nous semblaient marquer l'avènement du règne humain, ne sont que la continuation et le développement des instincts qui régissent le règne animal.

On nous a demandé déjà de supposer bien des choses. *Supposez* encore que l'animal, déjà préparé par l'activité de son cerveau, acquière un jour la faculté du langage.

Cette supposition, dit M. Darwin, n'a rien en soi d'invraisemblable, certains animaux offrant les germes d'un langage, un commencement d'interprétation des signes, avec l'aptitude d'exprimer des sensations et des besoins. Il suffira d'une nouvelle variation, d'une supériorité dans l'exercice de la voix et le développement des organes vocaux, acquise par un accident heureux et transmise par l'hérédité, pour que le langage se perfectionne indéfiniment, réagisse à son tour sur le cerveau, le modifie et le développe. Voilà dès lors une faculté considérable fixée dans une espèce privilégiée, et qui donnera naissance à des facultés nouvelles, conservation des images par les mots, création illimitée d'abstractions, raisonnement même. Grâce à la faculté d'abstraire qu'il aura créée, le langage deviendra principe de raison et de moralité dans l'animal transformé. Il deviendra en même temps le créateur et l'interprète d'une opinion commune, l'opinion d'une espèce, d'une tribu, d'un groupe social, formée sur le mode suivant lequel chaque membre de la communauté doit concourir au bien public. Cette opinion sera naturellement le guide de l'activité de chacun, le modèle que chacun sentira qu'il doit suivre, le plus considérable motif d'action, toujours présent, grâce au langage, dans le cerveau de l'animal, devenu quelque chose comme une conscience humaine. L'habitude enfin, ce principe supplémentaire que l'on invoque dans les nouvelles écoles pour combler toutes les lacunes, en consolidant les associations d'idées, en fortifiant les instincts, aura bientôt consacré cet ensemble de modifications successivement acquises, et transformé en obligation subjective l'obéissance aux désirs et aux jugements de la communauté. A dater de cet instant, l'animal sera devenu un être moral.

Cette série d'hypothèses n'est pas autre chose, selon

le chef de l'école transformiste, que l'histoire très probable du concept de la moralité. En suivant pas à pas cette évolution possible de l'instinct social dans l'animal, nous avons assisté à la création de la conscience dans l'humanité, à l'apparition de la justice, à la révélation du droit qui n'a plus, on le voit, rien de mystique ni de transcendant. Comme l'animal hypothétique de M. Darwin, dont il a sans doute reproduit les fortunes diverses dans une longue suite de siècles, l'homme est né animal sociable. Comme tel, il a une tendance (naturelle ou acquise, peu importe) à la fidélité envers ses semblables, avec une certaine aptitude à la discipline. Cet instinct revêt chez lui une forme très générale. On ne trouve pas en lui, comme chez l'abeille ou la fourmi, d'instincts spéciaux qui l'avertissent et le guident dans l'aide qu'il doit apporter aux membres de sa communauté. L'amitié et la sympathie qui l'attachent au sort de ses semblables peuvent bien lui révéler certains actes particuliers qui seront utiles à quelques-uns d'entre eux; mais elles sont impuissantes à le guider, par de sûres impulsions, vers la satisfaction des exigences de l'espèce. Cette règle des besoins de l'espèce n'a pu être que le résultat de l'expérience, confié au langage, quand l'homme, animal muet jusqu'alors, par la croissance continue de ses facultés intellectuelles et le développement réciproque de son cerveau, a franchi ce dernier pas et fait cette dernière conquête, gage et condition de tous ses développements ultérieurs.

Voilà toute l'histoire de la faculté morale et juridique dans l'espèce humaine. Elle ne fait que reproduire fidèlement la série des hypothèses précédentes : prédominance des instincts sociaux sur les autres, supériorité de ces instincts montrée et garantie par la permanence, comparaison qui s'institue entre deux instincts dont l'un, plus faible, a prévalu par une force momentanée, mécontentement de soi, malaise, regret ou remords selon l'importance de l'acte et l'énergie du sentiment froissé, application et emploi du langage à la formation de l'opinion publique, importance particulière attachée par l'homme à l'approbation de ses pareils. Par là se détermine une règle de conduite en conformité avec ce sentiment, ou mieux un ensemble de règles qui constituent précisément ce qu'on appelle la morale sociale et qui s'imposent à chacun de nous par l'autorité de l'opinion commune, par l'énergie prédominante de l'instinct social, enfin par l'importance du but découvert au terme de tous ces progrès et qui n'est autre que le bien de l'espèce. A l'origine, les actions sont déclarées bonnes ou mauvaises selon qu'elles affectent le bien-être de la famille ou de la tribu. Peu à peu on voit s'élargir le caractère de ces sentiments, d'abord restreints à l'association la plus étroite. La particularité, très sensible au point de départ, s'efface devant la généralité croissante de l'instinct qui s'étend par degrés de la tribu à la patrie, à la race, à l'humanité. Mais en acquérant cette généralité, le phénomène n'a pas perdu sa nature; il reste ce qu'il était. La moralité n'est que l'expression dernière de la sociabilité; le sens moral est une transformation pure et simple des instincts sociaux; la justice est l'accord des actions de chacun avec les intérêts de l'espèce; le droit est le sentiment que chacun représente à un certain moment l'intérêt de l'espèce et que les intérêts purement individuels doivent plier devant lui, l'espèce ne pouvant subsister que par cette harmonie des besoins de tous et de chacun.

Nous n'avons pas l'intention de réfuter en détail cette théorie, qui n'est qu'un long enchaînement de suppositions. Des hypothèses aussi arbitraires échappent par leur caractère même à tout effort de dialectique. On nous dira toujours : « qui peut nous empêcher de supposer ce que nous voulons? » A cela que répondre? Et pourtant, dans cette histoire naturelle de la morale, que de vagues analogies concluant de l'animal à l'homme! que de transitions brusques, que de lacunes restées ouvertes ou arbitrairement remplies! L'impulsion instinctive graduellement changée en sentiment moral par la réflexion et par l'habitude du langage, puis confirmée par la tradition, devenant l'opinion publique de la communauté, laquelle approuve et consacre telle ou telle conduite conforme au bien de tous, y a-t-il un seul de ces degrés, si aisément franchis par M. Darwin, où l'on ne puisse l'arrêter pour lui demander une preuve, une raison expérimentale quelconque qui lui permette de passer de l'un à l'autre, de l'instinct social, par exemple, au sens moral, ou de l'opinion d'un groupe, d'une tribu, à la notion d'un devoir ou d'un droit? Je n'insiste pas pour ne pas m'exposer à des redites inévitables. Par son point de départ, l'instinct et la lutte des instincts, la théorie transformiste de la moralité se confond avec celle de l'école matérialiste, dont nous avons montré le vice radical et l'impuissance; à son point d'arrivée, l'utilité générale, le bien de l'espèce, elle rejoint la doctrine utilitaire dont nous aurons à parler tout à l'heure. Toute l'originalité de cette théorie est dans la liaison des hypothèses qui nous conduisent d'un simple fait physiologique au concept de la moralité; mais aucune de ces hypothèses n'apporte ses titres avec elle. Les raisonnements de M. Darwin ont pour type celui-ci : « les choses ont dû se passer ainsi, » ou bien : « il est possible que les choses se soient passées ainsi. » A quoi se prendre dans un tissu si lâche de *possibilités* tressées entre elles par le bon plaisir d'un ingénieux auteur, pour la plus grande gloire et la justification d'une idée préconçue?

Mais enfin, sans discuter la méthode elle-même, nous

pouvons nous demander si c'est bien là l'image exacte de la vie humaine, des phénomènes les plus élevés qui l'ennoblissent, du progrès de la conscience et de l'éducation morale de l'humanité. M. Darwin et M. Huxley, qui lui a prêté le secours de sa dialectique, réduisent le motif moral au plaisir de l'approbation ou de la désapprobation sociale. Que font-ils donc de tous ces actes, souvent les plus héroïques, ces actes silencieux et si parfaitement désintéressés, qui n'ont pour témoin que la conscience et qui, s'ils viennent à être connus, sont souvent injuriés, bafoués par les hommes? Un Socrate, un Polyeucte ont-ils donc pris pour règle l'opinion de la communauté à laquelle ils appartenaient? Ils se sont honorés au contraire en opposant leur conscience à celle de tout un peuple, en condamnant et répudiant avec éclat la morale traditionnelle et vulgaire au nom d'une morale supérieure dont ils étaient les confidents solitaires jusqu'au jour où ils se sont dévoués, pour la proclamer, au mépris de la foule et à la mort. Et combien de Socrates et de Polyeuctes inconnus dans tous les temps, victimes ignorées d'un bien supérieur qu'ils ont pressenti au-delà des exigences momentanées de l'espèce, et bien au-dessus de l'opinion vulgaire que l'humanité en avait conçue?

L'inconvénient et le péril de cette morale, c'est précisément, comme on l'a très bien dit, qu'elle perd son caractère de morale à mesure qu'elle s'analyse elle-même. La justice ne représente plus qu'une idée complexe, qui se résout en une multitude d'idées secondaires, graduellement acquises, mais chacun de ces éléments n'apporte au groupe où il entre qu'une complication nouvelle, sans y apporter à aucun moment l'autorité, le respect, l'obligation ; et si l'autorité manque à chacun des éléments du groupe, comment ne ferait-elle pas défaut à l'ensemble?

Voyez naître l'idée de la moralité dans cette théorie, voyez-la croître, se développer le long des siècles, vous assistez au développement, à la métamorphose d'un phénomène de sensibilité. A aucun moment de cette histoire vous ne voyez apparaître autre chose que l'instinct ou la réflexion sur l'instinct. Le phénomène sensible se change en un phénomène intellectuel, mais à aucun moment il ne devient phénomène moral. Est-ce l'impulsion initiale de la sociabilité, absolument irréfléchie d'abord, qui contient la moralité? Assurément non. Est-ce la réflexion, en s'y ajoutant? Pas davantage. Est-ce le langage? Pas encore. Est-ce la tradition, à mesure qu'elle se forme? Est-ce l'opinion de la communauté? Nullement; la tradition et l'opinion publique peuvent se tromper et se trompent deux fois sur quatre. Ce ne serait là une source respectable d'autorité que si elle restait mystérieuse; c'est son mystère seul qui la rendrait sacrée. Montrer ses origines, expliquer comment elle se forme, où elle naît, de quels affluents elle se compose, à quelles pentes elle obéit, c'est en détruire tout le prestige. Hommes, nous sentons, quoi qu'on en dise, que rien d'humain ne nous oblige. La tradition et l'opinion ne représentent que des hommes comme nous, et ce n'est ni la durée ni la généralité qui peuvent faire d'une erreur possible une vérité obligatoire.

Analyser l'idée de la justice comme l'a fait M. Darwin, c'est donc en détruire le caractère et l'essence même. Expliquer ainsi la conscience morale, c'est la découronner. Ni le devoir ni le droit ne peuvent résulter de cette agglomération de phénomènes successifs dont chacun ne représente qu'un degré dans la transformation d'un instinct, qui n'est lui-même, selon la doctrine de l'école, que la résultante de plusieurs actes réflexes. Tout cela, pure invention de naturaliste qui a vécu toute sa vie au centre de la vie organique et qui ne pénètre qu'accidentellement et pour les besoins de sa cause dans les domaines de la conscience ; pur roman d'imagination et de système, soutenu avec les ressources d'une science spéciale. Ce qui sort de là, c'est une image défigurée de l'humanité. Quant à l'idée de justice, elle ne survit pas à cette mortelle analyse qui en résout l'autorité souveraine dans une suprême illusion, créée par l'habitude, prolongée par l'hérédité à travers les siècles, et croissant dans l'imagination humaine en raison directe de la distance qui la sépare de son humble point de départ, aux confins de la vie organique.

Le type le plus raffiné de l'empirisme en morale est assurément la doctrine utilitaire, renouvelée avec la plus féconde subtilité d'esprit par l'école expérimentale anglaise. Nous donnera-t-elle l'idée de la justice ? Et M. Stuart Mill a-t-il pu tenir jusqu'au bout l'engagement qu'il a pris de faire sortir de l'expérience le principe et la théorie complète du droit naturel ?

On connaît l'esprit et la méthode de cette doctrine, exposée avec une grande clarté dans l'*Utilitarianisme* ou *Théorie du bonheur*. Nous devons en rappeler les traits essentiels : rien en dehors de l'expérience, rien avant elle, rien au-dessus d'elle ; ce qui ne s'explique pas par l'expérience, n'existe pas scientifiquement. D'où la nécessité de constituer une morale inductive ou expérimentale en opposition avec la morale intuitive ou rationnelle. Celle-ci pose l'évidence *a priori*, l'autre l'induit. — Cette morale, purement empirique, se constitue en harmonie parfaite avec le caractère de ce siècle, qui est incontestablement l'influence et la prédominance des méthodes et des sciences positives, la lassitude des systèmes, la défiance de l'*a priori* et de la métaphysique. Elle offre de plus des affinités particulières avec le caractère de l'esprit anglais, positif, ami de l'expérience, exclusivement docile aux faits. Plusieurs fois déjà de pareilles tentatives se sont produites en Angleterre, avec Bacon par exemple, avec Jérémie Bentham; mais, c'est une justice à rendre à M. Stuart Mill qu'il résume toutes les tentatives antérieures en les dépassant.

Un seul principe d'action peut se déduire de l'expérience : la sensation agréable, qui, généralisée, donne naissance à l'idée d'utilité. Le seul but, le seul objectif que l'expérience impose à la conduite humaine, c'est la réalisation de la plus grande somme de bonheur possible. La doctrine tout entière peut se ramener à ces deux propositions : le bonheur (c'est-à-dire le plaisir et l'absence de douleur) est désirable, de plus il est l'unique désirable, toutes les autres choses ne l'étant que par rapport à lui. Cette dernière proposition est fondamentale. Le bonheur est le seul bien; sans cela, il pourrait y avoir un autre critérium de la morale, et toute la doctrine de l'expérience, qui n'en fournit qu'un seul, serait renversée. Il est certain cependant que les hommes désirent des choses distinctes du bonheur, l'argent, le pouvoir, la renommée, bien d'autres choses encore ; mais il est facile de démontrer que ces différents objets ne sont différents qu'en apparence du bonheur; ils en sont les instruments et les moyens, selon les aptitudes et les goûts de chacun. Or, c'est une règle d'expérience que la chose souhaitée d'abord comme instrument et moyen, peut finir et finit souvent par être souhaitée pour elle-même. C'est ce qui arrive aussi bien pour la vertu. On la désire d'abord, soit parce que la conscience de la pratique est un plaisir, soit parce que la conscience d'en être dépourvu est une peine, soit pour ces deux raisons réunies. La vertu, étant ainsi *moyen* du bonheur, peut devenir partie du *but* et se confondre avec lui. Mais si l'on remonte à l'origine, la distinction du moyen et du but apparaît clairement et l'unité de fin n'est pas un seul instant douteuse.

Si le seul critérium expérimental et scientifique des actes humains est la plus grande somme de bonheur possible, il faut bien se rendre compte que cette somme ne peut être atteinte, réalisée que par l'harmonie sociale, en d'autres termes, que l'utilité individuelle a besoin, pour se développer et se sentir en sécurité, de l'utilité générale, comme condition et comme garantie. C'est de là que se tire la définition du bien et du mal : les actions sont déclarées bonnes ou mauvaises par la conscience humaine, interprète de l'utilité générale, en proportion de leur tendance à développer le bonheur de tous ou à le contrarier ; il n'y a de *bien* que ce qui favorise cette tendance et de *mal* que ce qui lui fait obstacle.

Que sera donc la justice? Que va devenir le droit naturel, si l'utilité est la règle unique d'après laquelle on peut apprécier et diriger la conduite des hommes? Il semble bien que la justice et le droit naturel ne sont plus que des mots. Vous nous dites : « il faut travailler à l'utilité générale, parce qu'elle est la condition et la garantie de mon bonheur personnel. » C'est donc uniquement au nom de mon intérêt propre que vous me recommandez l'intérêt général. — Soit, mais à quel titre prétendez-vous m'imposer votre interprétation? C'est la vôtre. Que m'importe, si ce n'est pas la mienne? La règle de travailler au bien de l'humanité est une règle très belle, si c'est au nom de la justice qu'elle parle ; c'est une règle absolument contestable, si vous parlez au nom de mon intérêt. Je suis le seul juge de la manière de le comprendre ; ma sensation, mon goût, voilà les seuls arbitres. Pourquoi m'opposez-vous votre sentiment ou votre calcul? Opposez-le tant que vous voudrez au mien, vous n'avez aucun droit de me l'imposer.

C'est à peu près le genre d'arguments que M. Jouffroy, dans son *Cours de Droit naturel,* élevait sur ce point contre Jérémie Bentham. Il niait la légitimité et même la possibilité logique du procédé de Bentham, passant trop facilement de l'utilité individuelle à l'utilité générale. C'est le mot *d'utilité* qui fait ce passage ; mais il a deux sens différents dans les deux cas. L'utilité individuelle me prescrit de faire ce qui doit me procurer la plus grande somme de plaisir à moi-même. L'utilité générale ne regarde que l'humanité. Cette dernière règle s'accorde-t-elle avec l'axiome utilitaire que le plaisir et la douleur gouvernent le monde ? Assurément non. De quel plaisir et de quelle douleur s'agit-il ? Évidemment d'un plaisir et d'une douleur sentis. Or, nous ne sentons que les nôtres, nous ne sentons pas ceux des autres. Toute doctrine morale qui prétend se déduire de l'idée du bonheur sensible, c'est-à-dire d'une sensation, se met dans l'impossibilité, à moins d'employer la méthode dangereuse des substitutions et des équivalents, de sortir de la sphère strictement individuelle. Issue de la sensation, elle y demeure confinée.

Stuart Mill a fait un effort plus vigoureux que Bentham pour sortir de ce cercle fatal où la logique enferme les utilitaires. Y a-t-il réussi ? J'en doute, et son effort plus grand ne fait que révéler plus clairement l'impuissance de sa tentative. Il prétend établir une théorie rigoureuse du devoir et du droit sur la sanction de l'utilité sociale. En voici le résumé : la conscience se fait son éducation à elle-même, elle se lie, elle s'enchaîne elle-même par le sentiment subjectif qu'elle se forme du devoir. Les éléments qui entrent dans ce sentiment complexe sont le désir instinctif d'être en harmonie avec nos semblables, la conception de la solidarité humaine, la vue plus ou moins nette que nous avons de l'impossibilité d'un état social où l'on ne tiendrait pas compte des intérêts d'autrui, l'habitude que l'on prend de coopérer avec autrui, de collaborer à l'utilité générale, comme condition de la nôtre, enfin l'influence de la civilisation qui finit par donner un caractère auguste et sacré à cette nécessité du sentiment social. Tout cela se mêle profondément, tout cela s'*intègre* pour ainsi dire et ne fait plus dans notre conscience qu'un tout indivisible. Le bien d'autrui devient pour nous une chose dont il est naturel de s'occuper ; *naturel* est trop peu, il faut dire *nécessaire*. Et voici l'idée d'obligation qui commence à poindre dans les obscures profondeurs de la conscience. On arrive graduellement à donner au service du genre humain le pouvoir psychologique et l'efficacité sociale d'une religion. C'est ainsi que se retrouve, on l'espère du moins, le principe de l'obligation ; il tient à un ordre de sentiments qui ne sont pas *innés* au sens métaphysique du mot, mais qui sont *naturels*, au sens expérimental. Pourquoi donc, nous demande-t-on, l'obligation serait-elle plus forte, dérivant d'un fait transcendantal et d'une réalité objective, que si elle vient d'une série de faits d'expérience, si elle procède de sentiments élaborés par la conscience et qui finissent par faire partie intégrante de sa substance ?

Voilà l'obligation retrouvée. Voici maintenant le droit naturel tout entier qui va reparaître et sortir inopinément d'un simple fait d'expérience. L'utilité ne nie pas la justice, nous dit-on ; au contraire, elle la reconnaît comme une partie essentielle d'elle-même. Voyez cette idée de la justice naître et se développer dans la conscience des races et dans l'intelligence progressive des civilisations, exprimées par les lois positives. L'étymologie du mot justice (*jussum*) indique clairement que l'origine de l'idée se rapporte aux ordonnances, aux prescriptions de la loi. L'idée de la contrainte légale est donc celle qui précède et produit la notion de la justice : le *devoir* de justice est une chose que l'on peut exiger de nous, comme le payement d'une dette; le droit est une chose que nous pouvons exiger des autres même par la force. Avoir un droit, c'est avoir une chose dont la société me doit la possession. Or, pourquoi le doit-elle? Pourquoi l'a-t-elle fait dans tous les temps au moyen d'ordonnances et de prescriptions positives qui impliquent la contrainte légale? C'est que la société a reconnu, depuis qu'elle a pris conscience d'elle-même, que cette chose, devoir pour les uns, droit pour les autres, fait partie de l'utilité générale, en ce sens que personne n'en peut être privé sans un grave préjudice pour l'ordre ou le bien public.

Tous les *cas de justice* sont incontestablement des *cas d'utilité*; seulement ce sont des cas plus importants que d'autres et donnant naissance, lorsque nos intérêts de cet ordre ont été violés, à un instinct de représailles et de vengeance, le même au fond que l'instinct de défense de l'animal, mais moralisé par l'intelligence et tempéré par la sympathie. Ce qu'on appelle les devoirs et les droits comprend certaines catégories de règles d'expérience qui se rapportent aux éléments primordiaux de la félicité humaine. La notion qui est l'essence de la justice implique et atteste cette obligation plus forte. L'idée du droit est ainsi, pour chaque homme, l'idée de son intérêt le plus indispensable, celui dont on ne peut le priver sans lui ravir la condition essentielle de son bonheur. La justice, en dernière analyse, n'est donc que la partie la plus importante et la plus impérative de l'utilité.

On peut s'étonner de la facilité avec laquelle les idées se transforment dans cette théorie. Je sais ce que c'est que la partie la plus importante de l'utilité, la condition essentielle du bonheur de chacun : mais pourquoi M. Stuart Mill ajoute-t-il ce mot : *la partie impérative* de ce bonheur ou de cette utilité? C'est sortir du principe posé ; je dirais presque, s'il ne s'agissait d'hommes et de systèmes si graves, que c'est jouer sur les mots. L'utilité n'impose le respect qu'en supposant tout un ordre d'idées que le désir et la sensation ne contiennent pas, elle ne peut devenir impérative qu'en se transformant. Il ne peut rien y avoir, il n'y a rien d'impératif dans l'intérêt qu'à la condition que cet intérêt recouvre le droit d'une responsabilité libre, qui veut être, qui doit être respectée, et c'est précisément ce qu'expriment les idées et les mots antiques de devoir et de droit. Mais c'est alors le droit qui devient la partie impérative de l'intérêt et qui, en l'élevant jusqu'à lui, le transforme et le rend sacré.

Dans cette théorie, comme dans toutes les autres plus ou moins analogues, deux choses restent inexpliquées et inexplicables : le respect moral d'abord, je veux dire l'obéissance au devoir par respect pour le devoir ; — puis le caractère même de la loi. Toutes ces doctrines offrent ce caractère commun de ramener à un fait expérimental et historique l'origine de l'idée du devoir, depuis M. Stuart Mill, qui dérive la moralité du désir du bonheur individuel lié au bonheur général, jusqu'à ces « uniformités d'approbation ou de désapprobation, » qui servent de base au système de M. Bain. La loi morale ne peut être et n'est, en effet, dans tous ces systèmes, qu'une résultante de l'éducation, du milieu, des nécessités sociales, des conditions vitales de la famille et de la tribu. Que d'ailleurs elle soit transmise sous forme d'instinct par l'hérédité, à travers les générations d'un groupe humain, ou qu'elle se soit formée dans chacun de nous ; son origine est dans tous les cas un fait sensible, un fait d'expérience soit générique, soit individuelle. Le devoir ainsi expliqué n'est plus le devoir ; c'est une règle de conduite relative et conditionnelle, qui ne peut avoir en sa faveur que l'autorité toujours contestable du temps ou la sanction précaire de l'intérêt public. Or, ni l'autorité du temps, ni l'importance de l'intérêt public, si grand, si général qu'il soit, ne transformeront jamais le caractère empirique de cette règle et ne l'élèveront au rang d'un principe universel.

Sous quelque forme que cette doctrine s'exprime, que ce soit l'*utilitarisme* de M. Stuart Mill, ou l'*organisme moral héréditaire* de M. Spencer, ou l'*évolution du sens social* de l'animal à l'homme, comme dans M. Darwin, ou le *principe des conditions d'existence* de M. Alexandre Bain, quoi que puissent prétendre les partisans de jour en jour plus nombreux de ces théories, un nouvel idéal de vie individuelle et sociale s'impose à l'homme. Cette fois, et dans cet ordre de problèmes, il n'y a plus à se méprendre ni à se faire illusion sur la gravité des conséquences. C'est toute la vieille morale sur laquelle a vécu le monde qui s'écroule. Pesez les résultats que peuvent produire dans la conscience humaine, quand l'esprit de système et de parti les aura tout à fait accréditées, quelques propositions telles que celles-ci : « Il n'y a pas de loi supérieure s'imposant avec une autorité divine ni transcendante à la conduite humaine ; cette autorité ne peut être que la force de l'habitude, de l'imitation, de l'évidence, de l'utilité sociale ; toute autre origine de la loi serait un fait supra-sensible en contradiction avec les vraies méthodes scientifiques ; ce qu'on appelle le *sens moral* n'est pas, comme on l'a longtemps pensé, quelque chose de primitif et d'inné, mais un fait purement empirique, transformé, établi par l'hérédité, un phénomène variable selon les exigences mobiles de l'espèce. Enfin, en morale comme ailleurs, il n'y a pas d'autre règle que la règle des choses, et ce que l'on a si longtemps honoré d'un culte à part sous le nom de *lois morales* rentre dans le domaine des lois de la nature, les seules qui existent. »

CHAPITRE VII

L'AVENIR DES SOCIÉTÉS D'APRÈS CES DIFFÉRENTES THÉORIES ET SPÉCIALEMENT D'APRÈS LA THÉORIE DE L'ÉVOLUTION

La morale de M. Darwin et de son école, que nous avons vue naître et se développer à partir d'un simple fait physiologique, offre ce trait original qu'elle n'essaye de dissimuler aucune de ses conséquences sociales, bien différente en cela de la morale utilitaire qui, après avoir tout détruit, essaye de tout reconstruire sur l'ancien modèle, et par un subtil effort prétend nous persuader qu'elle aboutit aux mêmes résultats pratiques que la morale ordinaire. Ici, au contraire, nous nous trouvons en présence d'une théorie entièrement nouvelle, en opposition manifeste avec toutes nos habitudes de conscience et d'esprit, sur les rapports des hommes entre eux, sur la loi du progrès qui règle le développement des sociétés, le but qu'elles doivent poursuivre, l'avenir qui les attend. Il nous a paru intéressant de suivre cette théorie dans ses principales applications.

L'ancienne doctrine d'un droit naturel réglant les phénomènes sociaux est répudiée dédaigneusement par la science nouvelle. Elle repose, nous dit-on, sur l'*a priori* pur. Qu'est-ce que c'est que ces droits inhérents à l'homme, par cela seul qu'il est homme, ces droits antérieurs et supérieurs aux lois positives? D'où sortent-ils? De quel ciel imaginaire tombent-ils dans la raison de l'homme? Qui les a promulgués? Qui a trouvé jamais une formule satisfaisante de ces obscurs oracles? D'où vient cette indiscutable autorité qu'on leur confère? Est-ce l'autorité d'une idée transcendante? Mais on sait maintenant à quoi s'en tenir sur les idées transcendantes, qui sont les dernières idoles de la philosophie. Est-ce l'autorité d'un dieu? Quel dieu? Quand a-t-il parlé? N'est-il pas trop facile de le faire parler à son gré, et n'est-ce pas sortir de la science que d'assigner à nos conceptions une origine mystique, sans doute pour nous dispenser d'en expliquer la naissance? — On parle de la volonté inviolable, de la liberté intérieure, principe et origine du droit, de la personnalité sacrée : purs mots. La volonté est inviolable quand elle est assez forte pour se protéger ; la personnalité de l'homme est sacrée, non parce qu'elle se proclame telle, mais quand elle est en état de se faire respecter. Ainsi se passent les choses à l'origine : plus tard, par suite du développement cérébral de l'espèce, il intervient une série de conventions entre les membres de la communauté, il se forme une opinion publique sur le bien de cette communauté, et l'opinion, aidée de l'instinct de sociabilité, donne naissance à des concepts qui ne font que traduire l'idée générale que tel ou tel groupe humain se fait de son intérêt, et à des sentiments, comme le regret ou le remords, qui ne sont qu'une manifestation et une révolte de l'instinct social. Le droit naturel ne peut avoir qu'un sens positif, scientifique : le droit tiré de la nature, ramené à la règle des choses, interprété par les seules lois qui existent, les lois naturelles, en dehors desquelles il n'y a que non-sens et chimères.

Ce sont elles qu'il faut uniquement consulter pour constituer la théorie positive des sociétés humaines et la science des rapports vrais qui doivent enchaîner l'action de chacun à la marche de l'ensemble. En d'autres termes, et pour emprunter le langage de l'école, la *sociologie* est dans une dépendance étroite de la *biologie*. Voici l'axiome dans lequel M. Herbert Spencer résume sur ce point les idées et les vues parfaitement concordantes des représentants de la doctrine : « Toutes les actions sociales étant déterminées par les actions des individus, et toutes les actions des individus étant réglées par les lois générales de la vie, l'interprétation rationnelle des actions sociales suppose la connaissance des lois de la vie[1]. » Qu'on ne vienne donc plus parler de l'absolu du concept moral, d'un devoir imprescriptible et d'un droit éternel. Comme il n'y a pas un règne humain distinct du règne animal, il n'y a pas un monde moral distinct de la nature. Le premier progrès à faire dans la science nouvelle, c'est de bien comprendre l'unité des lois qui règlent la vie à tous les degrés où elle se manifeste. Or, la première de ces lois, c'est la relativité universelle, la transformation incessante, l'évolution, seul principe éternel dans le changement sans fin des formes et des êtres, des conditions dont dépendent les formes, et des milieux dont dépendent les êtres.

« La formation des sociétés étant déterminée par les attributs des individus, et ces attributs n'étant pas des *constantes*, » rien ne doit être plus variable que les règles qui déterminent les rapports des différents membres de la communauté, soit entre eux, soit avec la communauté elle-même. Ainsi s'évanouit la chimère spiritualiste de l'homme universel, identique, constant à lui-même sous

---

[1] *Introduction à la science sociale.*

des variations superficielles, ayant dès les premiers âges sinon la même conscience en acte et développée, du moins la même conscience implicite et virtuelle, les mêmes facultés à des degrés différents, la même nature intellectuelle et morale, enveloppée comme dans un germe qui porte déjà toute l'histoire future de l'humanité. Rien de plus faux, nous dit-on, qu'une pareille conception. L'homme est devenu ce qu'il est, mais cela aurait pu ne pas être. Un fait insignifiant en apparence changé dans sa laborieuse histoire, elle aurait pu changer du tout au tout; l'homme pouvait rester enchaîné à jamais dans les liens de l'animalité muette; une autre espèce aurait peut-être pris sa place au sommet de l'échelle animale. De quelle morale absolue, éternelle, peut-il être question pour une espèce soumise à de telles vicissitudes?

Contemplons l'image de nos ancêtres dans cette troupe de Fuégiens qui a passé sous les yeux de M. Darwin comme une réminiscence vivante des temps préhistoriques : « Ces hommes absolument nus, barbouillés de peinture, avec des cheveux longs et emmêlés, la bouche écumante, avaient une expression sauvage, effrayée et méfiante. Ils ne possédaient presque aucun art et vivaient comme des bêtes sauvages de ce qu'ils pouvaient attraper; privés de toute organisation sociale, ils étaient sans merci pour tout ce qui ne faisait pas partie de leur petite tribu. » On nous assure que tels étaient nos ancêtres. — Ces sauvages de la Terre-de-Feu ne sont-ils pas aussi complétement étrangers aux concepts et aux sentiments de notre conscience que pouvaient l'être les Simiadés dont nous descendons? « Pour ma part, ajoute M. Darwin, j'aimerais autant descendre de ce vieux babouin qui emportait triomphalement son jeune camarade après l'avoir arraché à une meute de chiens étonnés, que d'un sauvage qui torture ses ennemis, offre des sacrifices sanglants, pratique l'infanticide, traite ses femmes comme des esclaves. » — Or, si l'on considère que le type actuel peut être aussi éloigné du type complètement inconnu de l'humanité future, que les aborigènes, les troglodytes ou autres l'étaient de la forme actuelle de la société, on voit à quoi se réduit cette notion *a priori* de l'homme universel investi en naissant d'un droit absolu. L'homme n'ayant pas toujours été l'homme et pouvant devenir tout autre chose qu'on ne peut concevoir, dans un avenir indéterminé, c'est folie de prétendre définir pour lui d'une manière fixe le bien ou le mal, puisque l'un et l'autre ne sont ce qu'ils sont que selon les circonstances variables de temps et de milieu, selon qu'ils sont conformes ou contraires aux exigences de l'espèce, moins que cela, à l'intérêt spécial du groupe dont l'être fait partie, car ce n'est qu'à la longue que l'intérêt du groupe, seul régulateur à l'origine de l'instinct social, s'élargit, s'étend, et, par une généralisation croissante, devient l'utilité de l'espèce, la règle la plus haute de moralité que les lois biologiques nous permettent d'imaginer.

Si l'homme est parti du plus bas degré de l'échelle de la vie pour arriver au sommet apparent et provisoire qu'il occupe, après avoir traversé une série de formes intermédiaires, on peut juger combien les idées de Rousseau sur l'état de nature, sur la douceur des mœurs et l'innocence primitive de cet état, sur la bonté originelle de l'homme, doivent paraître surannées, ridicules même, aux représentants des nouvelles écoles. Ces utopies rétrospectives sont rejetées avec une sorte d'ironique dédain, qui daigne à peine les discuter. « Il n'y a jamais eu pour l'homme, dit Mme Clémence Royer, un tel état fixe, invariable et que l'homme ne pouvait quitter sans s'écarter de ses véritables destinées. Chacun des états successifs qu'il a traversés n'a été qu'une station plus ou moins longue, intermédiaire entre deux autres, où l'homme ne s'est reposé un instant que pour repartir vers le but lointain. Le point même, le moment transitoire où il a cessé d'être à l'état animal pour passer à l'état humain, est absolument indéterminable. »

On ajoute que la nature n'est pas, comme le croit Rousseau et comme le répète à sa suite l'école sentimentale, une mère douce et prodigue qui, après avoir produit l'homme, le reçoit dans son sein facile et l'entoure de tout ce qui peut nourrir et charmer son innocente vie. « C'est une marâtre avare et cruelle à laquelle chacun de ses enfants doit tout arracher de haute lutte. » La loi qui gouverne la vie, toute vie, au lieu d'être une loi de paix et d'amour, est une loi de haine, de lutte sans merci. Non enfin, il n'est pas vrai que tout soit bien en sortant des mains de la nature, comme le pensait Rousseau, ni que l'homme soit naturellement bon, comme le disait Turgot, ni qu'il y ait un ordre primitif des sociétés humaines, comme le soutenaient Quesnay et les physiocrates, qui voulaient rétablir le règne de la nature par l'abolition des lois humaines, ni que la civilisation déprave l'homme et corrompe les sociétés, comme l'a prétendu Fourier. Sur tous ces points, rien de plus net que la doctrine de l'évolution. Contre tous ces utopistes et ces réformateurs, c'est Thomas Hobbes qui avait raison en proclamant que le véritable état de nature est la guerre de tous contre tous, *bellum omnium contra omnes*. C'est la loi de la concurrence vitale dans toute son horreur qui règne sur l'humanité naissante aussi bien que sur le reste des animaux. L'extermination pour la nourriture, l'extermination des congénères plus faibles ou moins favorisés, la nature livrée à elle-même ne connaît pas d'autre loi. Rien, pas même la vie horrible des sauvages actuels, ne peut donner l'idée du sort auquel était condamné le bimane anthropoïde, notre ancêtre, au fond des bois ou dans les cavernes, tremblant à chaque instant, soit pour lui-même, soit pour sa hideuse femelle, soit pour son petit, craignant de voir surgir dans l'ombre un animal plus fort que lui, ou un bimane de son espèce, plus cruel et plus terrible que l'ours ou le gorille. « Plus on recule dans le passé, plus on voit la trace manifeste des passions féroces et dégradantes. Au-delà, bien au-delà de l'âge de fer, témoin de luttes sanglantes et sans fin, apparaît un âge de pierre d'une incommensurable durée et pendant lequel l'homme, armé de silex, passait sa vie à lutter contre l'homme, contre les animaux et contre les éléments. » Mais avant cet âge de pierre lui-même, où l'homme se révèle par sa première victoire sur les fatalités douloureuses qui ont plus d'une fois menacé sa chétive race, en se fabriquant des armes, signe de sa suprématie naissante, au-delà de cette époque, quand ce qui devait être l'homme ne s'était pas encore nettement détaché de l'animal, qui dira jamais les misères et la férocité de ce malheureux être, plus faible que bien d'autres, et dont l'intelligence n'avait pas encore réagi contre une nature qui lui refuse les moyens de se défendre ?

Quand il s'agit d'un être pareil, quelles que soient d'ailleurs ses destinées ultérieures, qu'on ne vienne donc pas parler d'un droit naturel, inhérent à sa qualité d'homme. De droit, il n'en a pas, sauf celui qu'il tient de la force de ses muscles, plus tard du premier caillou tranchant qu'il adapte à sa main meurtrière, plus tard enfin du premier outil en fer qu'il fabrique pour déchirer le sol avare ou pour combattre. Pour lui, comme pour les autres animaux, il n'y a qu'une loi, celle de vivre, laquelle en engendre deux autres, qui suffisent à expliquer tous les faits sociaux de l'âge moderne, la loi de la sélection qui élimine ceux qui ne sont pas capables et par conséquent dignes de vivre, et la loi de la sociabilité, qui, pour un animal comme l'homme, l'intéresse personnellement au bien-être du groupe et fait de l'utilité de l'espèce une partie essentielle de son utilité personnelle.

La loi de la sélection explique seule d'une manière péremptoire ce fait qui a tant exercé l'inutile dialectique des utopistes et des rêveurs, les inégalités sociales. A origine, elles n'ont point été des usurpations de la force, ou du moins la force, en les créant, a eu raison. Dans l'état actuel, elles ne sont pas des abus qui durent, elles sont l'expression nécessaire d'un principe naturel, qu'il est sage d'accepter à ce titre, qu'il serait chimérique de vouloir détruire, contre lequel il serait insensé de se révolter, puisqu'il est une des formes de cette règle des choses où s'appuie toute la doctrine.

Résumons, sur ce point si grave, les développements et les déductions de la doctrine d'après un de ses interprètes reconnu comme l'un des plus exacts et des plus fidèles[1]. L'homme étant le produit des variations successives d'espèces animales antérieures, est le résultat, par là même, d'inégalités *individuelles*, *ethniques* et *spécifiques*, qui, peu à peu, l'ont constitué comme espèce, race ou individu. Le premier animal qui manifesta quelques caractères exclusivement humains acquit une supériorité immédiate sur ses congénères, et transmit cette supériorité à quelques-uns de ses descendants, Ainsi se créa l'espèce. De la même manière se créèrent au sein de l'espèce les races privilégiées. Les races tendent à s'isoler jusqu'au moment où la civilisation les rapproche; mais il en est quelques-unes qui s'isolent de plus en plus; et par là sont condamnées à disparaître sous l'action de la loi sélective, qui abaisse et détruit ce qu'elle n'élève pas et ne

---

[1] Mme Clémence Royer, *Origine de l'homme et des sociétés*, ch. xiii.

féconde pas. Il reste pourtant quelques branches primitives, immobiles et en quelque sorte atrophiées, comme des spécimens oubliés de nos origines. Des Mincopies des îles Andaman, des Maories de la Nouvelle-Zélande, des Tasmaniens de Van-Diemen, des Hottentots et Boschmen du sud de l'Afrique, des habitants de la Terre-de-Feu ou des Esquimaux, au premier bimane qui eut trente-deux dents et trente-deux vertèbres, marcha debout sur ses deux pieds et ne grimpa que par occasion aux arbres, il y a une distance infiniment moins grande que de ces hordes infimes à nos peuples européens. On peut même dire qu'au point de vue intellectuel un Mincopie ou un Papou est plus proche parent, non seulement du singe, mais du kangourou, que d'un Descartes ou d'un Newton [1].

Les classes sociales se sont formées dans chaque société de la même façon et par l'action de la même loi que les races au sein de l'espèce. Qui oserait raisonnablement s'en plaindre? Il faut avoir l'entendement obscurci par des préjugés de système ou des passions personnelles, « comme nos philosophes, nos moralistes et nos politiques, » pour ne pas saisir les mille liens qui unissent ces inégalités naturelles, c'est-à-dire innées, originelles, aux inégalités sociales garanties ou instituées par la loi. Par une série de déductions fortement enchaînées, on arrive à établir ces deux propositions fondamentales : 1° il n'est point d'inégalité de droit qui ne puisse trouver sa raison dans une inégalité de fait, point d'inégalité sociale qui ne doive avoir et n'ait à l'origine son point de départ dans une inégalité naturelle; 2° corrélativement, toute inégalité naturelle qui se produit chez un individu, s'établit et se perpétue dans une race, doit avoir pour conséquence une inégalité sociale, surtout

---

[1] Mme Clémence Royer, *Origine de l'homme et des sociétés*, p. 543.

lorsque l'apparition et la fixation de cette inégalité dans la race correspondent à un besoin social, à une *utilité ethnique* plus ou moins durable. On donne comme exemples à l'appui de cette double thèse l'établissement de l'autorité du père de famille ou du chef de tribu qui, par leur vigueur plus grande ou la supériorité de leur expérience, réussirent à former en faisceau les forces individuelles d'abord isolées, à les relier sous une direction unique, et surent ainsi en multiplier la valeur en les réunissant. Il en est de même pour toutes les institutions politiques, la magistrature, le sacerdoce, les aristocraties, les royautés, castes, privilèges, autorités et pouvoirs quelconques, qui ont pu sans doute exagérer parfois le fait primitif des inégalités naturelles, parfois même le fausser par l'intervention de la ruse et de l'hypocrisie, mais qui dans l'origine et le plus souvent n'ont fait que l'exprimer avec un saisissant relief et le traduire avec éclat sur la scène de l'histoire et du monde. Dire que ce fait est fatal, c'est dire qu'il est légitime ; les deux choses ne se distinguent pas dans l'école de l'évolution. Marquer l'origine et le caractère des inégalités sociales, c'est retrouver leurs titres dans le seul code qui ne soit pas rédigé par l'arbitraire et la fantaisie, le code de la nature.

De là bien des conséquences; nous ne ferons que les énumérer. Chaque être a sa valeur propre, déterminée par l'étendue de ses facultés et des services qu'il rend à la communauté. Tout homme n'est donc point égal à un autre homme, pas plus que l'animal n'est égal à l'humanité, parce qu'il naît, vit, meurt, mange et dort comme elle. L'équité est non l'égalité, mais la proportionnalité du droit. La justice consiste en ce que chaque service rendu soit récompensé proportionnellement à sa valeur utile. Demander autre chose, réclamer plus, c'est demander l'égalité sauvage dans la pauvreté et l'abaissement. Rien de plus périlleux qu'une loi de niveau inflexible qui renverserait cet édifice d'activités complétives les unes des autres et harmonisées entre elles. De même que dans les organismes les plus élevés la division physiologique du travail est la condition même de la vie et du progrès, de même dans l'organisme social, qui en reproduit exactement les conditions et les règles, c'est une idée qu'il faut toujours avoir dans l'esprit, comme l'expression et le résumé d'une multitude d'exemples biologiques, que celle de la subordination des fonctions et des classes qui les remplissent, ce que M. Spencer exprime ainsi : le principe d'une dépendance réciproque croissante, accompagnant une spécialisation croissante[1]. Il est même nécessaire, pour qu'une société parvienne à son plus haut degré de bonheur, que l'harmonie s'y conserve par les inégalités de la jouissance et du bien-être. Si chaque membre d'un groupe social avait la même somme de jouissance, ce serait pour chacun la moindre somme posssible ; tout le monde souffrirait sans avantage pour personne. « A mesure que s'élève la pyramide sociale et que se multiplient ses rangs hiérarchiques, la somme totale des jouissances à répartir entre tous augmente progressivement. La division du travail et les inégalités qu'elle comporte produisent, avec moins de travail pour chacun, plus de jouissances pour tous[2]. » On démontre même avec soin que l'inégalité des richesses, par la création des loisirs et l'emploi varié de ces loisirs, tourne à l'avantage de tous, et surtout des plus pauvres. On fait voir où nous conduiraient de folles utopies ; elles nous ramèneraient précisément aux antipodes de la civi-

---

[1] *Introduction sociale*, ch. xiv : *Préparation à la sociologie par la biologie.*
[2] Mme Clémence Royer, ouvrage cité.

lisation, elles nous rendraient l'égalité primitive dans la misère, d'où l'humanité est sortie avec tant de peine. En résumé, les inégalités sociales existent, donc elles sont légitimes. Ce que chacun peut et doit réclamer, c'est l'égalité initiale des activités libres, lui permettant de développer ses facultés sous la loi de la concurrence, mais non l'égalité de droit, qui est le renversement de toute société civilisée. Il n'est dû à chacun qu'une part de droit proportionnelle à ses forces et à ses facultés.

C'est, au plus haut degré, une théorie aristocratique. Elle confère l'intégrité des droits, la direction, l'initiative et la plus haute de toutes les fonctions, celle du progrès, aux classes privilégiées. La loi de la sélection veut qu'il en soit ainsi; elle veut qu'il y ait à la tête de chaque société « une classe régulatrice, plus ou moins distincte des classes gouvernées. » C'est par une série de modifications acquises et transmises, c'est par un lent et patient travail d'affinage et de perfectionnement, que s'élabore cette noble élite d'hommes, les savants, qui sont vraiment les ouvriers de la civilisation et qui doivent concentrer entre leurs mains tous les droits, l'autorité, la fonction sociale par elle, le pouvoir de faire des lois. Ils sont les organes, les interprètes du vrai droit naturel fondé sur les lois de la vie. C'est à eux seuls qu'il appartient, dans le désordre confus des appétits individuels et des instincts égoïstes, de démêler les besoins de l'espèce, de discerner et d'établir, à tel ou tel moment de l'histoire, l'*utilité spécifique* qui correspond à chacune des phases de l'humanité. Voilà leur rôle et leur emploi. Réagir, protester contre cette hiérarchie, réclamer un droit d'interprétation égal pour tous les hommes et pour toutes les classes, c'est aller contre la nature elle-même, qui n'a pas créé en vain ces supériorités de lumière et de talent. Il ne serait pas difficile, par voie de conséquence, de pousser bien loin une pareille théorie ; mais, sans rien exagérer, et même en atténuant quelques expressions dont il serait aisé d'abuser, nous en avons dit assez pour montrer le caractère fortement autoritaire de la politique de l'évolution. Cette école a un souverain mépris pour la foule, pour le nombre, pour la multitude des individualités humaines que la loi de la sélection a laissées dans l'ombre. Ce qu'elle recherche évidemment, ce qu'elle veut, c'est la dictature de l'intelligence. Celui-là seul aura un droit, et tout le droit, qui sera le plus fort par la science. Celui-là seul a le droit de commander ; les autres n'ont que le droit d'obéir. Il commande au nom de l'amélioration de la race, dont lui seul connaît les conditions et les lois.

Élus de la sélection, ces êtres privilégiés, vrais souverains d'une société scientifique, doivent avant tout faire respecter la loi biologique, à laquelle ils doivent leur souveraineté. Or cette grande loi a deux corollaires : le premier, c'est que la qualité d'une société baisse sous le rapport physique par la conservation artificielle de ses membres les plus faibles ; le second, c'est que la qualité d'une société baisse sous le rapport intellectuel et moral par la conservation artificielle des individus le moins capables de prendre soin d'eux-mêmes[1]. Aussi M. Spencer, parfaitement d'accord sur ce point avec M. Darwin, ne croit pas pouvoir déplorer assez la tolérance coupable des législations et la multitude des actes individuels, isolés ou combinés, dans lesquels cette vérité biologique est méconnue ou dédaignée. Si on laisssait faire la nature toute seule au lieu de la contrarier, on obtiendrait plus rapidement le progrès de la race humaine. Cette surabondance numérique, dont se plaignait Malthus,

---

[1] Herbert Spencer, *Introduction à la science sociale*.

cet accroissement constant de la population au-delà des moyens d'existence, ont un avantage : ils nécessitent l'*élimination perpétuelle* de ceux chez qui la faculté de conservation est la moindre. « Tous étant soumis à la difficulté croissante de gagner leur vie, imposée par l'excès de fécondité, il y a en moyenne progrès par l'effet de cette pression, puisque ceux-là seuls qui *progressent* sous son influence survivent éventuellement, et ceux-là doivent être les élus de leur génération. »

Tout irait bien ainsi, et le travail se ferait tout seul, par la seule application des lois de la vie; mais voilà qu'une sotte philanthropie intervient pour contrarier le travail salutaire de la nature. Avec sa générosité inconsidérée, bornée dans ses vues, ne pensant qu'aux maux du moment et s'obstinant à ne pas voir les maux indirects et lointains, on a le droit de se demander si elle ne produit pas au total une plus grande somme de misère que l'égoïsme extrême. Les agents qui entreprennent de protéger les incapables arrêtent ce travail d'élimination naturelle par laquelle la société s'épure continuellement elle-même. Nourrir ces incapables aux dépens des capables, quelle sottise et quelle cruauté! C'est une réserve de misères amassée comme à dessein pour les générations futures. On ne peut faire un plus triste cadeau à la postérité que de l'encombrer d'un nombre toujours croissant d'imbéciles, de paresseux, de criminels. C'est à la science d'ouvrir les yeux aux législateurs et aux moralistes sur le péril social que l'on crée en soutenant les moins méritants dans la lutte pour la vie, en les affranchissant de la mortalité à laquelle les vouerait naturellement leur défaut de mérite. Si cet aveuglement continue, le mérite deviendra de plus en plus rare à chaque génération. — Il y a des difficultés d'application à réformer cet état de choses, on veut bien en convenir; mais, si le législateur recule, il condamne l'espèce humaine à une décadence universelle et irrémédiable. Qu'il en prenne alors son parti et qu'il en accepte la responsabilité; il est averti.

Là surtout où doit se porter l'attention de la politique rationnelle, c'est sur la question des mariages. On a commis jusqu'à présent des fautes énormes, incalculables dans leurs conséquences. On n'a rien empêché, on a tout permis, on a même aidé dans une certaine mesure les incapables à propager leur triste race. Voyez l'étrange et scandaleuse contradiction : « l'homme étudie avec la plus scrupuleuse attention le caractère et la généologie de ses chevaux, de son bétail, de ses chiens, avant de les accoupler, précaution qu'il ne prend jamais quand il s'agit de son propre mariage[1]. » La législation de l'avenir, si elle devient scientifique, comme il faut bien l'espérer, devra y pourvoir : « Lorsqu'on aura mieux compris les principes biologiques, par exemple les lois de la reproduction et de l'hérédité, nous n'entendrons plus des législateurs ignorants repousser avec dédain les plans que nous leur soumettons. » M. Darwin propose que les deux sexes s'interdisent le mariage lorsqu'ils se trouvent dans un état trop marqué d'infériorité de corps et d'esprit, avec ce sous-entendu que, si la prudence des particuliers ne suffit pas, la loi doit y veiller. Il en sera de même « à l'égard de ceux qui ne peuvent éviter une abjecte pauvreté pour leurs enfants, car la pauvreté est non seulement un grand mal en soi, mais elle tend à s'accroître en entraînant à sa suite l'insouciance dans le mariage. » Or, si les gens prudents évitent le mariage, tandis que les insouciants s'y précipitent, les membres inférieurs de la société finiront par supplanter les membres supérieurs, et

---

[1] Darwin, *Descendance de l'homme*, t. II, p. 438.

l'humanité reculera vers la barbarie. Il y a lieu d'aviser, s'écrie M. Spencer; il faut modifier les arrangements sociaux de manière qu'au rebours de ce qu'ils font aujourd'hui, ils favorisent à l'avenir la multiplication des individus les mieux doués et s'opposent à la multiplication des autres.

Que de matières délicates à traiter, que de questions difficiles à résoudre pour les législateurs de l'avenir ! Faut-il s'étonner si, excité par l'exemple des maîtres de la doctrine, un sectateur quelque peu fantaisiste de l'évolution[1] réclame la suppression du mariage comme attentatoire à la liberté individuelle et au progrès de l'espèce, soit parce que l'union a été contractée par intérêt et sans amour, soit parce que l'amour est inconstant, dans le mariage comme ailleurs, et dans ce cas, quand l'harmonie est rompue, on a non seulement le droit, mais le devoir social de chercher un amour nouveau. Ainsi le veut la loi de la sélection sexuelle, qui n'est qu'une des formes de la sélection générale, seul guide, seul agent du progrès.

Dans toutes ces théories, on remarquera qu'il n'est jamais question que de l'amélioration du bien-être de l'humanité. C'est le mot qui revient à chaque instant sous la plume de M. Darwin, et, si l'on regarde de près dans la pensée assez obscure de M. Spencer, on verra aussi que c'est l'idée centrale de tout son système. Ce sont les lois de la vie, bien comprises et rigoureusement appliquées, qui doivent régénérer le monde. Quand le principe de la sélection régnera dans nos codes et dans nos mœurs, sans entraves, sans opposition occulte ou déclarée, la multitude « des faibles de corps, des insouciants et des sots » disparaîtra peu à peu, et nos descendants,

---

[1] Naquet, dans son livre *Religion, Famille, Propriété.*

s'ils sont parmi les élus, auront leurs yeux réjouis par la vue de cette humanité florissante en beaux corps, en vigoureuses santés, en forces musculaires et intellectuelles, toutes exclusivement tournées à l'amélioration de ce séjour terrestre et de cette vie, où doit se réaliser l'idéal ébauché, il y a plusieurs milliers de siècles, par le premier singe anthropoïde, l'idéal de l'animal selon la doctrine de l'évolution, l'homme civilisé.

On devra s'étonner, si l'on y réfléchit, de l'accueil favorable, pour ne pas dire enthousiaste, qu'elle a rencontré en France, en Europe même, et tout spécialement dans le parti de la démocratie avancée. Comment peut-il se faire que certains représentants de ce parti saluent comme des victoires personnelles les progrès d'une doctrine qui les ensevelira infailliblement dans son triomphe, si le jour de ce triomphe arrive, eux, leurs idées les plus chères et les conquêtes de leur principe qui semblaient le mieux assurées ?

La démocratie radicale (il serait facile d'en donner la preuve) est par essence rationaliste; elle l'est dans ses origines, dans son histoire, dans ses principes; elle est une application de la raison pure, elle part de l'absolu et elle y revient, elle repose sur l'*a priori* de certaines idées qui ne viennent pas de l'expérience, de certains axiomes dont elle nierait vainement le caractère et la source. Elle est véritablement la fille de Rousseau; elle est née avec le *Contrat social*. Encore aujourd'hui nous la voyons accepter sans discussion les termes dans lesquels Jean-Jacques a posé le problème : « trouver une forme d'association qui défende et protège de toute la force commune la personne et les biens de chaque associé, et par laquelle chacun, s'unissant à tous, n'obéisse pourtant qu'à lui-même et reste aussi libre qu'auparavant. » S'il y a un problème de géométrie sociale, à coup sûr c'est celui-là. Avec Rousseau, cette école établit que la souveraineté réside dans la volonté générale, et que les lois ne sont que les actes authentiques de cette volonté. Avec lui, elle pose en principe que la volonté de tout un peuple est infaillible, qu'elle ne peut ni se déléguer, ni aliéner quelque portion d'elle-même, ni se soumettre à un autre souverain. Avec lui, elle croit à l'équivalence de tous les membres de la cité, à leur droit égal de participer à l'expression de la volonté générale ; elle croit enfin, comme lui, à la bonté originelle de l'homme, qui ne peut vouloir que le bien général, sauf les cas où sa raison est égarée par des ignorances ou des préjugés qu'il faut combattre à outrance et déraciner à tout prix de la république. — N'est-ce pas le même programme qui se retrouve, moins le style, dans celui que proclamait naguère un des chefs de la démocratie la plus avancée : « réalisation et assurance mutuelle de la liberté et de l'égalité par l'égale participation de tous au pouvoir, par la participation quasi constante de la volonté nationale,... effacement du pouvoir exécutif, mandataire respectueux et modeste, devant le pouvoir législatif, seul souverain,... *écartement* de tout ce qui tendrait à tenir en échec la volonté nationale, à la paralyser de près ou de loin par la création de forces antagonistes. » Ce programme est-il autre chose que la traduction du *Contrat social* dans le langage incorrect des controverses contemporaines ? On voit que, depuis Jean-Jacques, cette école n'a rien innové ; elle répète la leçon du maître.

Personne avec plus d'autorité et de force que M. Edgar Quinet, qui n'est pas un témoin suspect, personne mieux que lui n'a défini le caractère *a priori* de la révolution française, qui est resté le grand exemple, la grande école de la démocratie radicale. Ce caractère apparaît nettement dès 1789. « Le peuple, nous dit-il, ne circonscrivait point alors la révolution à une question purement matérielle; il suivait non un intérêt immédiat, mais une sorte de *religion de la justice*.... Il avait alors plus *de lumières intérieures* que *de notions acquises*.... Il se sentit, en naissant, l'égal des classes supérieures dans tout ce qui intéresse l'homme. » — Qu'y a-t-il de plus contraire aux méthodes positives que de prétendre arrêter brusquement le cours de l'histoire à un moment donné, et la détourner de vive force dans un sens opposé à sa pente séculaire? C'est pourtant là ce qu'essaya de faire la révolution; elle a tenté de tout détruire et de tout remplacer en même temps. Ce fut son erreur; c'est sa gloire, selon d'autres. « La révolution a voulu achever l'homme d'un seul coup, en un moment. » — Qu'y a-t-il enfin de plus conforme à l'*a priori* que la déclaration des droits de l'homme, de l'homme universel, identique à lui-même, sous toutes les latitudes, dans toutes les races, à tous les degrés de la civilisation? Tout cela, encore une fois, c'est du rationalisme pur à la façon de Rousseau. M. Quinet l'établit péremptoirement pour la Convention, qui procède par intuition et par déduction géométrique et qui est l'expression la plus complète d'une métaphysique intolérante, à la manière du *Contrat social* : « Voltaire avait gouverné le dix-huitième siècle, Montesquieu régna dans la constituante, Rousseau dans la législative et la convention.... Rousseau est l'Esdras de la révolution française; il rapporte de l'exil le *Livre de la loi*. A mesure que la révolution se développe, elle semble une incarnation de Jean-Jacques[1]. » Veut-on un autre témoin? Parmi vingt autres, je citerai M. Henri Martin, résumant son jugement sur l'œuvre de la révolution : « Il n'est rien de comparable dans l'histoire du genre humain. On

---

[1] M. Edgard Quinet, *la Révolution*.

avait vu jusqu'alors la plupart des sociétés périr ou de mort violente ou de langueur, quand leur organisme se dissolvait; on en avait vu quelques-unes transformer progressivement leurs organes; on n'avait jamais vu une nation entreprendre de se reconstituer *a priori, au nom du droit absolu et de la raison pure*.... La révolution renouvelle dans l'ordre social l'œuvre accomplie par Descartes dans la philosophie.... Elle a voulu supprimer le temps et la tradition. » Constituer l'homme complet dans la société complète, voilà ce que Rousseau et la convention ont tenté successivement, lui en une seule page, elle en un seul décret. Qu'y a-t-il, encore une fois, de plus contraire aux méthodes scientifiques, qui excluent toute autre méthode que celle de l'expérience, tout autre facteur que celui du temps, toute autre idée que les idées positives empruntées à la biologie, et qui ont créé ce mot d'évolution précisément pour l'opposer par son caractère et par ses effets aux révolutions qu'elles nient absolument dans l'histoire de la terre et de l'homme, et dont elles dénoncent, dans l'ordre politique et social, les improvisations superficielles et la stérile violence?

D'où vient donc la singulière tendresse de la démocratie contemporaine pour ces théories nouvelles? En quoi et par quels côtés s'est-elle rapprochée des méthodes et des doctrines positives, qu'elle préconise avec une sorte d'inconscience qui n'est pas un des moindres signes de la légèreté avec laquelle, de notre temps, se donnent et se transmettent les mots d'ordre de partis? Il a plu à quelques chefs de l'école démocratique de faire acte d'adhésion à ces nouvelles doctrines; tout le parti s'est empressé de faire sa profession de foi, c'est maintenant une formule reçue dans le langage courant de la tribune et de la presse. La jeune démocratie se proclame elle-même en toute occasion « positive et scientifique », c'est-à-dire qu'elle exclut tout *a priori* de la doctrine qui lui sert de base, qu'elle ne reconnaît pour méthode que celle des sciences naturelles et n'admet pour lois que les lois constatées dans cet ordre de faits. Ou cette formule signifie cela, ou elle ne signifie rien. Je ne veux pas savoir si dans la pensée de ceux qui l'ont mise en avant il n'y a pas une déclaration de guerre à la métaphysique et aux religions, quelque tactique secrète, une offre d'alliance au parti nombreux et puissant des sciences positives, que l'on flatte et que l'on recherche comme une des puissances du jour. Je prends cette dénomination telle qu'on l'emploie chaque jour, et je m'étonne qu'elle ait pu faire illusion à personne, surtout à ceux qui l'ont mise à la mode et qui semblent de trop habiles gens pour être à ce point dupes d'eux-mêmes.

Ces chefs du nouveau parti démocratique ont-ils rien désavoué des entreprises, des méthodes et des doctrines de la révolution française? Ce qu'ils appellent à chaque instant dans leurs programmes et dans leurs discours « les grandes revendications politiques et sociales de la révolution » ne suppose-t-il pas tout d'abord une justice absolue qu'ils interprètent souvent à leur fantaisie, mais qui n'en est pas moins le prétexte de ces revendications? Et n'est-ce pas procéder d'une manière tout intuitive, toute rationnelle, nullement expérimentale, que de poser en principe l'existence indiscutable de cette justice? Les écoles métaphysiques en font-elles plus dans leurs affirmations des vérités transcendantes? Affirmer cette justice indépendante de toute expérience, supérieure à toute convention humaine, antérieure à tout pacte social, qu'est-ce donc sinon faire de la métaphysique? D'où vient-elle, cette justice, quels titres produit-elle au tribunal des sciences positives? Voilà ce qu'en bonne méthode expérimentale M. Darwin et M. Spencer ne manqueront pas de demander à leurs auxiliaires inattendus : la justice? Nous savons ce qu'elle est pour eux en dehors des préjugés et du dogmatisme, elle représente le plus haut degré de l'instinct de sociabilité; elle est l'expression d'une multitude de sensations, d'images, d'idées nées successivement de diverses circonstances, agglomérées, et comme soudées entre elles par la force de l'habitude et l'action du temps dans le cerveau. Reconnaissons-nous là cette justice absolue dont les revendications sont si pressantes, si impérieuses, au nom de laquelle on renverse les trônes et on ébranle les nations? « Les attributs de l'homme ne sont pas des *constantes;* » il ne peut donc y avoir qu'une justice relative aux divers degrés de la civilisation, appropriée aux diverses phases de l'éducation de l'humanité. Or, si la démocratie radicale représente quelque chose de saisissable et de net, c'est précisément le principe d'un droit absolu, au nom duquel elle se présente comme l'émancipatrice universelle.

L'égalité de droit, autre chimère, nous disent M. Darwin et M. Spencer, et tous les écrivains de cette école qui s'occupent des phénomènes sociaux. C'est avec cette chimère qu'on verse aux peuples la plus dangereuse ivresse, parfois la folie. La nature, qu'il faut toujours consulter, établit la proportionnalité, non l'égalité du droit. Chacun n'a de droit que la part qu'il mérite par ses forces ou par ses facultés, qui sont un autre genre de forces. Ce n'est ni une usurpation, ni une fiction qui a établi les inégalités sociales : il est donc absurde de vouloir les détruire, et tout appel à un nivellement brutal est un crime contre les lois naturelles. La souveraineté du nombre est la plus basse et la plus misérable des souverainetés. Ce sont les classes de l'élite scientifique, élaborées par la sélection qui semblent vraiment marquées pour la souveraineté, la seule digne d'un État civilisé. Elles sont les initiatrices du progrès et les vrais guides de l'humanité. — Il y a là un germe qui se montre déjà très nettement et qui grandira, n'en doutez pas, avec ces doctrines : le germe d'un despotisme d'un nouveau genre, le despotisme des savants, seuls ministres et seuls mandataires du progrès, désignés, consacrés d'avance par la nature dont ils devront pénétrer et appliquer les lois. On se demande comment la démocratie, si jalouse de la liberté, peut s'accommoder du caractère essentiellement autoritaire de ces doctrines, et comment les principes égalitaires qu'elle proclame si haut dans le monde s'accordent avec la loi de sélection qui rétablit les inégalités sociales dans toute leur rigueur, comme la condition absolue du progrès, avec la sanction d'une inexorable fatalité.

Il y a antipathie sur tous les points, de tempérament comme de doctrine. En veut-on une preuve bien sensible? Qu'on lise l'étonnant chapitre du livre de M. Spencer intitulé *Préparation à la science sociale par la psychologie*, on y trouvera la plus sanglante ironie à l'adresse de l'illusion démocratique qui consiste à mettre une confiance absolue dans la diffusion de l'instruction et dans les effets moraux qu'elle doit immédiatement produire. Voici, nous dit-il, une des erreurs d'induction les plus fréquentes dans lesquelles on tombe. On lit dans les journaux des comparaisons entre le nombre des criminels sachant lire et écrire et celui des criminels illettrés; en voyant que le nombre des illettrés l'emporte de beaucoup, on admet la conclusion que l'ignorance est la cause du crime. Il ne vient pas à l'esprit de ces personnes de se demander si d'autres statistiques établies d'après le même système ne prouveraient pas d'une façon tout aussi concluante que le crime est causé par l'absence d'ablutions et de linge propre ou par le mauvais air et la mauvaise ventilation des logements, ou par le défaut de chambres à coucher séparées. Si l'on examinait à ces divers points de vue la question de la criminalité, on serait conduit à voir qu'il existe une relation réelle entre le crime et un genre de vie inférieur, que ce genre de vie est ordinairement la conséquence d'une *infériorité originelle de nature*, enfin que l'ignorance n'est qu'une circonstance concomitante, qui n'est pas plus que toutes les autres la cause du crime. — Et, continuant son ironique démonstration, M. Spencer ajoute : La confiance dans les effets moralisateurs de la culture intellectuelle, que les faits contredisent catégoriquement, est du reste absurde *a priori*. Quel rapport peut-il y avoir entre apprendre que certains groupes de signes représentent certains mots, et acquérir un sentiment plus élevé du devoir? Comment la facilité à former couramment des signes représentant les sons pourrait-elle fortifier la volonté de bien faire? Comment la connaissance de la table de multiplication ou la pratique des divisions peuvent-elles développer les sentiments de sympathie au point de réprimer la tendance à nuire au prochain? Comment les dictées d'orthographe et l'analyse grammaticale peuvent-elles développer le sentiment de la justice, ou des accumulations de renseignements géographiques accroître le respect de la vérité? Il n'y a guère plus de relations entre ces causes et ces effets qu'avec la gymnastique qui exerce les mains et fortifie les jambes. *La foi aux livres de classe et à la lecture est une des superstitions de notre époque.* — Nous ne discutons pas, nous exposons. Si ce sont là les leçons de la science positive, nous serions curieux de savoir si « la démocratie scientifique » les accepte.

Acceptera-t-elle aussi ces leçons que le sévère penseur donne aux révolutionnaires? Comme il faut, nous dit-il, pour que la vie sociale suive son cours, que *le vieux* subsiste jusqu'à ce que *le nouveau* soit prêt, un compromis perpétuel est l'accompagnement indispensable d'un développement normal. Nous voyons la nécessité de ce compromis en observant qu'il s'opère également pendant toute l'évolution d'un organisme individuel. On ferait autant de mal à une société en détruisant ses vieilles institutions avant que les nouvelles soient assez bien organisées pour prendre leur place, qu'on en ferait à un amphibie en amputant ses branchies avant que ses poumons soient bien développés. Or, la négation de cette vérité est le trait caractéristique des réformateurs politiques et sociaux de notre temps. — La science sociale, fondée sur les lois naturelles, est donc à la fois utopique et conservatrice, utopique au delà de tout ce que conçoit le radicalisme actuel, conservatrice au delà de tout ce que conçoit le *conservatisme* d'à présent : utopique, parce qu'elle est convaincue que l'avenir lointain tient en réserve des formes de vie sociale supérieures à tout ce que nous avons imaginé ; conservatrice par l'intelligence qu'elle a de la nécessité des diverses formes transitoires que l'évolution a imposées aux sociétés, de l'absurdité qu'il y aurait à les juger avec nos pensées et nos sentiments modernes ; conservatrice enfin par le mépris qu'elle a pour les violents et par sa conviction raisonnée que les modifications brusques dans un état social ne sauraient jamais produire un salutaire ni un durable effet.

Pour tout résumer d'un mot, je ne vois que des oppositions entre l'école de l'évolution et l'école de la révolution. La démocratie prétend en vain se rattacher à ces théories nouvelles. Elle a gardé son caractère rationaliste, sa méthode géométrique d'axiomes et de déductions. Elle est restée ce que l'ont faite Rousseau, son aïeul, et ses pères de la Convention : radicale non seulement pour l'avenir, mais pour le moment présent, logicienne à outrance, sans nuance, sans tempérament, sans aucun instinct des compromis avec le passé ni des nécessités de transition, courant à travers les obstacles à son but unique, la réalisation à tout prix du modèle idéal qu'elle a conçu *a priori* pour l'homme et la société. Qu'y a-t-il là de commun avec la théorie positive qui nie tout ce qu'affirment les démocrates de cette école, l'absolu du droit, l'absolu de l'égalité, l'absolu de la liberté et la nécessité de refaire immédiatement l'homme sur le type de ces trois absolus?

Mais laissons la « démocratie scientifique » régler ses comptes avec les théories nouvelles. C'est à un autre point de vue que nous devons marquer nos réserves à l'égard de la philosophie sociale qu'on prétend nous imposer.

Ce qui frappe tout d'abord l'esprit dans cette tentative systématique pour appliquer les lois de l'histoire naturelle aux rapports et aux phénomènes sociaux, c'est le sacrifice du droit individuel au droit social, qui n'est autre chose que l'intérêt spécifique. On n'a jamais, dans aucune autre école, fait si peu de cas et tenu si peu de compte de la personne humaine. En cela, je le sais, la morale de l'évolution imite la nature, qui ne paraît avoir de sollicitude que pour l'espèce, si l'on peut appliquer une pareille expression à son œuvre inconsciente. Il semble en effet parfaitement indifférent à l'aveugle créatrice que, dans le développement exubérant de la vie, des milliards de germes ou d'individus périssent, pourvu que quelques-uns, plus heureux, transmettent à travers les âges le type de ces obscures multitudes, proie dévouée à la mort. Cela seul, paraît-il, vaut la peine d'être préservé. Le reste appartient aux vents, aux flots, à toutes les fatalités du dehors, à l'extermination incessante et mutuelle, à tous les hasards de la grande arène sanglante qui se continue depuis les sommets des Alpes jusqu'aux profondeurs de l'Océan. Familiarisés par la science avec de pareils spectacles, avec ces jeux gigantesques de la vie et de la mort, où l'individu n'est rien, où l'espèce seule a son prix, il n'est pas étonnant que ces nouveaux moralistes apportent dans les théories sociales leurs habitudes d'esprit. Ils imitent la nature, et, en l'imitant, ils pensent être dans la vérité. Dans la vérité biologique, soit, non dans la vérité sociale, qui s'appelle la justice, et c'est là une des oppositions manifestes qui éclatent entre l'histoire naturelle et la morale, entre le règne animal et le règne humain. Pour eux, l'utilité de l'espèce est la règle unique, la seule qui soit concevable en dehors des chimères de la métaphysique ou des religions. La moralité consiste à comprendre ce principe et à s'y conformer. — Pour nous, je dirai pour les hommes de toute école, de tout parti, de toute race (en dehors des systèmes), il y a une garantie inviolable de la personne humaine, qui s'appelle le droit, et ce droit est sacré, parce ce que n'est pas une convention sociale qui l'établit et parce qu'une autre convention n'en peut rien enlever.

Dans cette morale que l'on fonde sur l'histoire naturelle, où est la garantie de l'individu? Je ne la vois nulle part, puisque le principe est de nier l'origine supérieure de l'idée de la justice, d'en détruire autant qu'il est possible les caractères, et qu'il n'y a plus de droit naturel que celui qui résulte des lois de la biologie. Sans qu'on affecte de trembler pour les conséquences que des esprits aussi éclairés que MM. Darwin ou Spencer pourraient tirer de pareils principes, il est permis de craindre pour les applications qu'en peuvent faire des esprits plus vulgaires et plus logiques. Si l'utilité sociale constitue la justice, elle ne trouve plus dans un principe distinct d'elle et supérieur à elle sa règle et sa mesure. Ce qui apparaît comme utile à un groupe donné est par là même déclaré juste, et dès lors la plus grande somme de bonheur général est toujours dans le cas de réclamer le sacrifice du bonheur particulier. Voyez ce que peut contenir de crimes pour l'avenir ou de justifications pour les crimes du passé une simple proposition comme celle-ci : « Si l'intérêt général exige le sacrifice de quelques individus ou d'un seul, n'hésitez pas ». Tout se réduira donc à une opération bien simple d'arithmétique. Le bonheur de cet individu est à celui d'une nation comme une unité est à trente-six millions d'unités. L'arithmétique sociale le condamne.

Vous protestez contre de pareilles conséquences. A la bonne heure, mais convenez avec nous que l'utilité sociale ne prescrit pas contre le droit d'un seul; et si cela est vrai, c'est donc apparemment qu'il y a un principe supérieur de justice contre lequel rien ne prévaut, même les exigences momentanées de l'espèce. L'individu a le droit d'immoler son droit au bien de tous, il est alors, selon les circonstances, un héros ou un saint; mais ni l'espèce, ni la nation, ni la tribu, ne peuvent, sans révolter nos consciences, lui imposer cette immolation, et si on la lui impose de force, il devient un martyr, le martyr de son droit, ou mieux du droit humain immolé dans sa personne. Rappelons-nous ces belles paroles de Mme de Staël, auxquelles il faudrait changer bien peu de chose pour en faire une réfutation directe de la morale de l'évolution : « On dit : le salut du peuple est la suprême loi. Non, la suprême loi, c'est la justice. Quand il serait prouvé qu'on servirait les intérêts d'un peuple par une injustice, on serait également vil ou criminel en la commettant, car l'intégrité du droit importe plus que les intérêts du peuple.... L'espèce humaine demande à grands cris qu'on sacrifie tout à son intérêt.... Il faut lui dire que son bonheur même, dont on se sert comme prétexte, n'est sacré que dans son rapport avec la justice, car *sans elle qu'importeraient tous à chacun!* Quand une fois l'on s'est dit qu'il faut sacrifier le droit à l'intérêt national, on est bien près de resserrer de jour en jour le sens du mot nation et d'en faire d'abord ses partisans, puis ses amis, puis sa famille, qui n'est qu'un terme décent pour se désigner soi-même. »

C'est de cette même source, le mépris du droit individuel, que procède l'antipathie marquée de ces nouveaux moralistes contre toutes les œuvres de la philanthropie et de la charité, qui, selon eux, entravent l'œuvre bienfaisante de la nature. Qu'y a-t-il de plus salutaire et de plus clair dans les résultats, nous dit-on, que cet admirable travail d'élection et d'élimination qui s'opère dans toutes les espèces vivantes et qui s'opérerait également dans l'espèce humaine, pour son plus grand bien, si l'on ne venait, à chaque instant, en suspendre l'action salutaire, en troubler la fatalité régulatrice? Admettez que l'on renonce une fois pour toutes à « ces mesures inconsidérées qui ont pour objet la conservation artificielle des membres les plus faibles », et la société, vivant sous les mêmes lois que les autres espèces, s'épurera continuellement d'elle-même. Les plus forts survivront seuls dans la concurrence vitale et feront souche de vaillants; les autres disparaîtront et emmèneront avec eux dans le néant, d'où ils n'auraient jamais dû sortir, leur triste postérité, qui nous encombre aujourd'hui de maladies de toute sorte, d'infirmités physiques et mentales, de misères, de crétinisme et de crimes. Laissez mourir tout ce qui appartient à la mort; n'aidez pas ce triste résidu de l'humanité à vivre, et surtout empêchez par tous les moyens possibles ces unions déplorablement fécondes qui font un si étrange contraste avec la stérilité relative des classes supérieures, et qui, par la prodigalité de la vie semée au hasard et l'insouciance de ceux qui la sèment, menacent la société d'une véritable décadence. N'oubliez pas qu'il y a parmi vous des multitudes d'êtres qui n'ont de l'homme que la figure et le nom. et qu'une. « infériorité originelle de nature » condamnait à disparaître. Vous venez à leur secours, et voici que se prépare contre vous et vos descendants une nouvelle invasion de barbares, mais de barbares indigènes que vous aurez vous-même amenés en sauvant l'inutile existence de leurs pères.

Voilà ce qu'on nous dit en plein dix-neuvième siècle, dans ce siècle et dans cette société dont la gloire la plus pure peut-être aura été un admirable esprit de charité, qui a fait et qui fait tous les jours des miracles. Je ne veux pas jeter un anathème sans restriction sur toutes les parties de ce réquisitoire. M. Darwin mérite d'être écouté, quand il demande que « des législateurs *ignorants* veuillent bien ne pas fermer obstinément leur esprit aux principes de la reproduction et aux lois de l'hérédité, ni repousser avec dédain un plan destiné à vérifier si, oui ou non, les mariages consanguins sont nuisibles à l'espèce ». M. Maudsley mérite aussi d'être entendu, comme un témoin considérable dans une grave question, quand il réclame, au nom des mêmes principes, que la loi, à défaut de la prudence personnelle ou de l'opinion, empêche certaines unions condamnées d'avance à ne produire que des idiots ou des fous ; mais comme tout cela est délicat et grave ! Et d'ailleurs c'est bien autre chose en vérité qu'exige M. Spencer et que semble indiquer M. Darwin en certains endroits de son livre. C'est une exclusion en masse du droit au mariage, prononcée par une législation rationnelle contre « tous les faibles de corps, tous les faibles d'esprit, les insouciants, ceux qui semblent voués par état à une *abjecte pauvreté*, et qui nous menacent d'un nombre toujours croissant d'imbéciles, de paresseux et de criminels ». Grand Dieu ! où l'énumération s'arrêtera-t-elle ? Et devant des catégories si nombreuses, qui ne voit que c'est l'utopie seule qui les ouvre, et seul un abominable despotisme qui pourrait les remplir ?

Les moralistes de l'évolution ont toujours une idée fixe devant les yeux : c'est la sélection ; quand ce n'est pas la sélection naturelle, c'est la sélection artificielle, celle des agriculteurs, des jardiniers, des éleveurs de bétail, des propriétaires de haras, qui en empêchant et en favorisant certaines alliances, en détournant les circonstances contraires et choisissant les conditions favorables, finissent par produire les plus belles variétés de céréales, ou de fleurs, ou de bêtes. Est-donc là le modèle suprême de la civilisation scientifique ? L'humanité n'a-t-elle pas d'autres fins que l'amélioration de son bien-être, de ses formes et de ses types ? A ce compte, l'idéal du progrès sera un haras humain. Est-ce là ce qu'on veut ? Quelle conception étroite et basse du but de la vie et de la société ! Ce but est en réalité le développement esthétique et moral de l'homme. Le développement physique n'y nuit pas assurément, mais il intervient comme auxiliaire, comme moyen. N'y a-t-il donc pas pour l'homme d'autres fins que pour les autres espèces vivantes, et pour atteindre ces fins, pour les réaliser, est-il nécessaire absolument d'obtenir par la sélection méthodique une race calquée sur l'Apollon du Belvédère ? Ce serait sans doute une belle chose, dans l'ordre naturel, qu'une population saine et vigoureuse, reproduisant sans altération un type choisi, et d'où certains procédés auraient exclu toutes les laideurs, les difformités et les infirmités qui déparent d'ordinaire notre pauvre espèce ; mais prenez-y garde. Parmi ces êtres innombrables que vous aurez exclus du droit de vivre ou de se perpétuer à cause de leur faiblesse de corps ou de quelque débilité d'organe, peut-être avez-vous repoussé dans le néant une intelligence supérieure, une âme d'élite, quelque génie qui aurait jeté à lui seul plus d'éclat sur sa patrie et sur son siècle que tous ces beaux produits obtenus avec tant de peines et de soins par l'application réfléchie des principes de la reproduction et des lois d'hérédité. Et qui sait si, dans une société construite d'après les règles de cette science, Pascal, le faible et maladif Pascal, aurait obtenu le droit à l'existence et au génie?

La vérité sociale peut-elle être dans de pareilles théories, qui choquent si justement nos habitudes d'esprit, disons mieux, nos consciences? Serait-il donc vrai que la charité eût tort contre la loi de la nature? La charité en effet va juste à l'opposé de la sélection. Elle a pour but d'aider les faibles, de les faire vivre en dépit de la nature qui les condamne à mourir, de les arracher à la concurrence vitale qui les détruit. C'est qu'elle voit autre chose dans ces corps débiles et souffrants qu'un organisme impropre à la vie. Elle y devine une intelligence capable de concevoir le nécessaire et l'infini, une sensibilité capable des plus idéales affections, une volonté que l'on peut élever par les nobles élans jusqu'à l'héroïsme. C'est tout cela que la charité cherche avec une admirable sollicitude à travers les souffrances et les infirmités de ces pauvres corps; ce sont ces semences de belles âmes qu'elle recueille pieusement et s'efforce de cultiver. Et quand elle a réussi, elle a fait mieux et plus que la science de l'évolution, qui ne sait que suivre la nature et l'imiter. La charité est comme l'art : elle n'imite pas la nature, elle la transforme; comme le sculpteur qui prend une pierre et la marque à l'effigie de sa pensée, la charité prend l'humanité souffrante, elle la cisèle, si je puis dire, elle la transfigure en lui imprimant une beauté supérieure, celle que d'abord elle puise en elle-même, puis celle qu'elle réussit à tirer de toutes ces intelligences qui seraient éteintes sans elle, de tous ces cœurs qui, ne se sentant pas pas aimés, n'auraient pas aimé.

Voilà quelques-unes des raisons pour lesquelles les moralistes de l'évolution, malgré leurs titres incontestables à l'attention des savants, pourraient bien se tromper en croyant que l'avenir leur appartient. L'humanité ne veut pas d'eux. Elle repousse une théorie qui sacrifie l'individu en niant la réalité du droit, et livre la personne sans garantie aux exigences de l'espèce. Elle se sent atteinte dans sa noblesse native et la dignité de ses aspirations, quand elle se voit subordonnée aux lois biologiques qui n'ont égard qu'à l'amélioration du bien-être et du type. Enfin elle a horreur d'une philosophie qui supprime systématiquement ces vertus sublimes, ce beau luxe de vie, le dévouement et la charité, et qui réduit tout l'art social au perfectionnement de l'animal humain.

CHAPITRE VIII

LES VRAIES ORIGINES DU DROIT NATUREL. — LA PERSONNE HUMAINE ET LE RESPECT DE LA PERSONNE

Après avoir examiné les théories contemporaines qui altèrent si gravement le droit naturel, il nous semble utile de résumer celle qui nous a servi de point de repère dans tout le débat, et en dehors de laquelle il ne peut pas y avoir de morale sociale digne de ce nom. Nous ne prétendons pas produire une conception nouvelle, mais simplement extraire de la conscience humaine et de la raison l'idée du droit, telle qu'elle s'y forme naturellement en dehors des systèmes, et la rétablir dans sa précision en face de ces étranges nouveautés de doctrines qui, en éblouissant les esprits d'un faux éclat emprunté à la science positive, ne font qu'obscurcir les plus claires notions.

Cette définition du droit suppose à sa base la personnalité humaine, replacée à son vrai rang, nettement distinguée des principes inférieurs qui paraissent en être les imitations lointaines et comme le pressentiment dans la nature, mais avec lesquels il est bien dangereux de la confondre, ce qui est l'erreur commune de tous ces systèmes.

Nous nous servirons de cette loi de Leibnitz qui s'appelle le principe de continuité, principe pressenti ou appliqué instinctivement par toutes les grandes intelligences qui ont eu la conception profonde de la nature. Dans la série des êtres, en effet, aussi bien que dans l'analyse mathématique, s'observe cette belle loi que Leibnitz a mise le premier dans tout son jour et dont il ne cessait de faire les plus intéressantes applications au calcul des grandeurs, à la détermination des forces, à l'étude des phénomènes, à la hiérarchie des monades. « Il faut, disait Leibnitz, qu'on puisse considérer le repos comme un mouvement *s'évanouissant* après avoir été continuellement diminué, et de même l'égalité comme une inégalité qui s'évanouit aussi.... » Cette règle trouve sa justification dans le tableau, non seulement des *choses idéales* et des grandeurs, mais encore des *choses réelles*. « Et quoique dans la nature il ne se trouve jamais de changements parfaitement uniformes, tels que demande l'idée que les mathématiques nous donnent du mouvement, néanmoins les phénomènes actuels de la nature sont ménagés de telle sorte, qu'il ne se rencontre jamais rien où la loi de la continuité soit violée. » (*Réplique aux réflexions de Bayle.*)

Appliquons cette loi aux formes et aux forces de la nature. La nature ne va pas par sauts; elle établit une suite de nuances et d'intermédiaires entre les extrêmes de chaque série et entre les séries extrêmes de chaque ordre. Il n'y a pas un intervalle appréciable entre un ordre d'êtres et un autre, il y a gradation et continuité, de sorte qu'en suivant cette loi on peut s'efforcer de rétablir entre les différents ordres ce que Leibnitz appelait le passage insensible. C'est ainsi que le savant naturaliste Bonnet envisageait la série immense des êtres comme une chaine composée d'anneaux en nombre infini et dont chaque anneau, représentant une espèce, est lié à la fois à l'anneau qui le précède et à l'anneau qui le suit.

Le plus grand esprit peut-être qui ait examiné la nature dans son ensemble avant Leibnitz, je veux dire Aristote, à travers les difficultés et les ténèbres de la science naissante, avait eu la notion claire de cette loi. Quelle est l'idée qui fait l'unité de son *Traité de l'Ame* ou plutôt du principe de la vie? C'est qu'il faut étudier ce principe non dans l'homme ni dans l'animal seulement, mais dans le monde entier, partout où s'étend la vie, dans le vaste ensemble des forces organiques, dans leur succession et leur gradation continue. Aristote institue ainsi la psychologie la plus hardie qui fut jamais, non pas celle de l'homme, mais celle de l'univers organique embrassé d'un seul coup d'œil. C'est l'histoire de l'âme naturelle qu'il nous trace à grands traits. Il nous la montre d'abord s'essayant à son plus haut degré dans les plantes, avec une faculté unique, la nutrition; puis chez l'animal agissant par sensation et locomotion; enfin dans l'homme, s'élevant jusqu'à la pensée et à la raison. C'est ce qui fait de ce livre la première grande conception sur la nature que le génie humain ait nettement formulée.

N'est-ce pas exactement ce qu'a voulu exprimer Leibnitz dans son langage légèrement métaphorique, quand il nous dit que la matière inerte est le sommeil des forces représentatives, que la vie animale est le rêve des monades, la vie rationnelle le réveil? La monade n'arrive pas du premier coup à la pleine connaissance d'elle-même; mais elle poursuit, si je puis dire, la pensée, elle l'atteint graduellement, d'abord sous la forme du rêve; et enfin le réveil complet de la monade s'accomplit dans l'homme avec la vie rationnelle.

Je ne méconnais pas ce que ce principe de continuité, indiscrètement interprété, peut produire d'exagérations et de périls de l'ordre le plus délicat. Je n'ignore pas que, mal compris, il peut sembler très voisin de la doctrine de certaines écoles, de l'école naturaliste, par exemple, qui vient nous dire : « Pour nous, il n'y a pas de distinction entre les ordres de phénomènes, il n'y a même pas de différence entre ces ordres; il n'y a que des transformations indéfinies de phénomènes liés entre eux, des séries variées de mouvements, mais il n'y a pas en soi de distinction substantielle entre les séries d'êtres que ces différents mouvements constituent. » Cette loi qui, retenue dans ses justes limites, interprétée, appliquée d'après Aristote et Leibnitz, est une de celles qui jettent le plus beau jour sur la nature, a reçu également une interprétation panthéistique. La formule de Leibnitz sur le sommeil, le rêve, le réveil de la monade, ne semble-t-elle pas avoir été traduite presque dans des termes identiques par Schelling, quand il a dit : « La nature sommeille dans la plante, rêve dans l'animal, et se réveille dans l'homme » ? La traduction de Schelling est aussi exacte que possible, et cependant Schelling comprend la succession et la génération des formes et des forces de la nature tout autrement que Leibnitz. Leibnitz affirmait uniquement l'évolution hiérarchique des formes et des forces, depuis le plus bas degré de l'existence la plus aveugle jusqu'au plus haut degré de l'existence qui se connaît et se définit; il suivait le progrès de l'uniformité de la loi, mais il maintenait la distinction des êtres et des ordres de phénomènes soumis à ce progrès constant et uniforme. Quant à Schelling, son interprétation est fort différente, et assurément Leibnitz ne l'aurait pas admise. Il n'aurait pas admis ce *processus* dynamique des êtres qui, au fond, ne sont qu'un seul et même être infiniment varié. Il n'aurait pu souffrir que ce soit le même principe qui agisse au fond de l'univers visible et qui pense au fond de ma conscience. Que signifie, en effet, cette évolution des êtres, ou plutôt de l'être, cette élévation progressive du principe actif vers le degré supérieur où il reçoit la raison avec la liberté? Quelle est la doctrine constante du *Traité de l'âme du monde*, ou du *Système de la philosophie de la nature*? C'est que l'univers est un vaste organisme vivant, doué d'une force qui produit incessamment les formes les plus variées, et qui se réalise par un perpétuel effort vers la forme supérieure de l'être, vers l'esprit, vers le *moi*. Ce n'est que dans le *moi* que la nature arrive à son pénible et glorieux achèvement. La nature est un esprit aveugle qui lutte pour atteindre à la liberté, cause finale de son effort et de son mouvement. Il y a identité de principe entre la nature et l'esprit; seulement dans la nature le principe s'agite sourdement et dans les ténèbres; dans l'esprit, au contraire, il arrive au plein épanouissement de lui-même, à la libre conscience qui l'affranchit du *fatum*.

On voit comment la *Philosophie de la nature* interprète et exagère la loi de la continuité. Oui, avec Leibnitz nous reconnaîtrons que l'échelle des êtres est continue, mais Schelling ne nous a pas convaincus qu'à ses différents degrés elle soit d'essence homogène. La grande erreur du panthéisme, sur ce point, me semble être d'avoir entendu la *continuité de substance* là où il ne fallait entendre que la *continuité de loi*. La loi est continue, la substance ne l'est pas; la distinction des substances se conserve dans le progrès uniforme et constant de la loi.

C'est l'application de cette loi que je vais essayer de faire à la définition de la personnalité humaine, opposant cette idée complète, achevée, aux idées inférieures et incomplètes qui de loin l'annoncent et la font pressentir.

Prenons l'idée de l'individualité au plus bas degré de l'être, là où elle commence à peine à poindre, et suivons-la dans ses progrès, nous la verrons s'enrichissant de plus en plus d'attributs nouveaux, se complétant par des déterminations nouvelles, jusqu'à ce qu'elle vienne s'épanouir à la lumière de la conscience dans la personne morale.

Quelles sont les formes inférieures de l'individualité dans le monde inorganique? Qui dit individualité dit, comme l'étymologie même l'indique, ce qui ne peut être divisé, *individuum*, ce qui par conséquent forme comme un système de phénomènes, distinct de tout autre par des caractères appréciables, clos de toutes parts dans l'espace, que ce tout soit du reste ou un organisme, c'est-à-dire un ensemble d'organes, ou un seul organe. Voilà ce que l'on pourrait appeler le *minimum* de l'individualité.

Où l'apercevons-nous pour la première fois dans le monde inorganique? En apparence, il semble bien que tout dans le monde repose sur cette idée, car enfin nous voyons des corps astronomiques parfaitement distincts à l'œil: le soleil, la terre, les planètes. Il y avait dans le ciel une région vague qui semblait échapper à cette loi de l'individualité, la voie lactée; mais on sait que sous le regard du télescope les nébuleuses elles-mêmes viennent se résoudre en un nombre infini de corps astronomiques distincts. Il semble donc que la base universelle de l'être dans la nature, c'est quelque chose d'individuel, un système de phénomènes distinct d'un autre système de phénomènes.

Il y a bien là une image de l'individualité future, mais quelque chose manque pour que ce soit une individualité réelle. Prenons le minéral, j'aperçois en lui un point central autour duquel, dans certaines circonstances, les affinités chimiques viennent réunir des éléments nouveaux. Je vois, par exemple, le cristal d'alun, plongé dans une certaine solution, s'accroitre indéfiniment, tant qu'il restera plongé dans ce milieu préparé. Partout dans le règne minéral se révèle un principe d'unité plastique, une sorte d'architecture intérieure dépendante de certaines lois physiques et chimiques, et par conséquent une certaine individualité minéralogique ; mais il n'y a pas là de forme distincte, déterminée, spécifique, qui sépare tel ou tel corps de tel ou tel autre et qui permette de l'en distinguer. Si je laisse le cristal d'alun, que j'ai pris tout à l'heure pour exemple, dans ce liquide convenablement préparé, et que j'entretienne indéfiniment le milieu liquide, le cristal s'accroitra indéfiniment ; si je le retire, son accroissement cessera immédiatement. C'est donc quelque chose de purement mécanique, une simple superposition de couches extérieures autour du noyau central. Si je soumets ce cristal à certaines expériences chimiques, je le dissoudrai. Les éléments qu'il cédera entreront avec la même facilité dans des combinaisons nouvelles. Ce n'est pas l'individualité véritable, car il n'y a pas là un système véritablement clos dans l'espace, un tout défini par sa forme, un tout spécifique.

Où trouverai-je donc l'individu dans le monde inorganique ? Irai-je le chercher dans les molécules constitutives dont se compose tel ou tel corps simple ? Mais ces molécules elles-mêmes, que sont-elles ? Le sais-je ? Pourra-t-on jamais le savoir ? L'individualité inorganique va toujours fuyant, se dissipant et disparaissant devant nous. Quelle est, en effet, la dernière hypothèse, jusqu'à un certain point autorisée, sur l'unité des phénomènes physiques ? C'est que les molécules des corps simples eux-mêmes seraient composées d'atomes d'éther, comme s'il y avait une substance unique indéfiniment répandue, toujours agitée dans l'espace immense, l'éther. Ces atomes d'éther, se réunissant, forment les molécules des corps simples, et par les corps simples tous les corps composés, de telle façon que les échanges de mouvement entre les atomes produiraient ce que nous appelons électricité, lumière, chaleur, etc., etc. Ainsi, le dernier support de l'individualité inorganique que je persiste à poursuivre dans sa fuite éternelle, ce serait cet atome d'éther qui est encore une pure hypothèse; mais admettons que cette hypothèse soit une théorie scientifique. Je saisis donc enfin l'individu dans le monde inorganique. Quelle vague individualité! Qu'y a-t-il de plus semblable qu'un atome d'éther à un autre atome d'éther? Sauf la situation dans l'espace et le mode de groupement, dû à des circonstances très compliquées, chaque atome étant identique avec un autre atome, les atomes sont indiscernables.

C'est dans le monde organique que je commence à saisir les traits constitutifs de l'individualité. Nous avons indiqué tout à l'heure le *minimum* de cette conception. Montrons au juste ce qu'elle implique. D'abord il faut que l'objet en question nous donne l'idée d'un tout, organisme ou organe, parfaitement clos dans l'espace; puis il faut que l'individu nous présente l'idée d'une vie indépendante, pouvant être distinguée de toutes les autres existences; il faut que cette individualité se détermine à nos yeux par une forme spécifique, arrêtée, constante, qui soit à elle et ne soit qu'à elle, qui ne puisse s'agrandir que dans certaines proportions; il faut aussi que cette forme s'entretienne et se développe aux dépens du milieu environnant. Et non seulement cet accroissement limité est nécessaire pour définir l'individu, mais partout où nous voyons ce tourbillon vital se réaliser, partout où nous remarquons des formes spécifiques définies, constituées par les changements de l'individu et par son pouvoir d'assimilation aux dépens de son milieu, un système qui, en un mot, se développe ou s'entretient par des échanges continuels, en même temps nous voyons lié à ce caractère un autre phénomène, la destruction inséparable de la nutrition. Se nourrir et croître pour être détruit, non pas comme le cristal par des causes externes et chimiques, mais par des causes internes qu'elle porte en elle-même, voilà la condition essentielle de l'individualité.

Mais cette mort est-elle véritable? Avant de disparaître, ce système de phénomènes a transmis la puissance de vie dont il était le dépositaire, de sorte que cette mortalité de l'individu est compensée par l'immortalité de l'espèce; l'espèce est en réalité comme un individu qui se prolonge, un système de phénomènes qui, après être parti d'un certain point, s'est arrêté dans sa course, et après avoir décliné revient à son point de départ pour recommencer sans fin son évolution.

Cette individualité, telle que je viens de la définir, est-elle toujours nettement marquée dans le premier des règnes organiques, dans le règne végétal? Assurément non, et là encore on peut observer l'application de la loi de continuité. Dans le monde végétal, bien que tous ces caractères se retrouvent à différents degrés, c'est encore un problème pour les naturalistes de savoir où est au juste la ligne de démarcation, où commence l'individu végétal et où il finit[1]. Est-ce l'arbre, la plante tout entière, est-ce telle ou telle partie de l'arbre, est-ce, par exemple, telle branche garnie de feuilles, est-ce le bourgeon avec le jet qui sort du bourgeon, est-ce le pédoncule, que sais-je? On se divise sur ce point. L'ancienne école disait : L'individu, c'est le végétal tout entier, c'est l'arbre. Une

---

[1] Voyez sur ce sujet la savante leçon de M. Nægeli, professeur à Zurich, *Revue des cours scientifiques*, deuxième année.

autre école est venue et a dit : Non, c'est le bourgeon, c'est le jet qui sort du bourgeon. Mais voici une troisième école qui cherche bien plus loin encore l'obscur commencement de l'individu végétal. Je comparerais volontiers cette dernière école à celle dont je parlais tout à l'heure, qui va chercher l'individu minéralogique dans l'atome hypothétique d'éther; mais ici il ne s'agit plus d'une existence hypothétique, il s'agit d'un organisme très réel, du dernier organisme possible dans la plante, de la cellule. On sait que les tissus végétaux, de même que les tissus animaux, se composent de cellules infiniment petites, invisibles à l'œil, et qui ont leur vie propre, leur autonomie, leurs maladies spéciales, de sorte que ces infiniment petits êtres à formes polyédriques soudées les unes aux autres, marquent véritablement le premier commencement du règne organique. Le premier individu du règne végétal serait donc la cellule.

Ainsi, au plus bas degré du règne végétal, la cellule a sa vie propre, elle a l'autonomie, elle peut avoir son existence distincte et indépendante. Mais à mesure que la plante s'élève dans la hiérarchie des formes de la nature, la loi de l'individualité, d'abord indécise, se marque et s'accentue par des traits plus précis. La cellule perd alors ou cède quelque chose de son indépendance, de sorte que, dans les degrés les plus élevés du règne végétal, elle ne peut réellement plus être considérée comme ayant une vie autonome et distincte. Il faut faire remonter de quelques degrés l'individu véritable. Nous voyons que des travaux mêmes des naturalistes qui se piquent le moins de philosophie se dégage une belle loi : à mesure que s'élève l'individualité, s'établit en même temps le règne de l'harmonie organique, c'est-à-dire que dans toutes les parties qui composent l'organisme, qui en sont comme les éléments, la vie locale cède quelque chose au profit de la vie générale. Il y a plus de travail pour l'ensemble, et moins de travail égoïste, si je puis dire, pour chacune de ces parties et chacun de ces éléments. Chaque cellule est *moins* l'individu, et la plante entière est *plus* l'individu, précisément parce que chaque cellule l'est moins. A mesure que l'individu monte, chaque partie est plus nécessaire au tout, chaque partie perd de sa vie solitaire, il n'y a plus qu'une seule vie collective qui absorbe et résume toutes les autres, la vie de l'être tout entier.

C'est cette même loi que nous trouvons appliquée, avec une rigueur croissante dans le règne animal. Mais en outre l'individualité s'y révèle avec des attributs tout nouveaux. Même dans les degrés supérieurs du règne végétal, on peut dire qu'elle existe déjà; mais vaguement et incomplètement. Certes, la plante a la vie, elle la possède, mais elle ne la sent pas. Je ne parle bien entendu que pour les naturalistes ou les philosophes. Les poètes, s'il y en avait parmi mes lecteurs, pourraient me chercher querelle sur ce point. Il y a en effet toute une école poétique qui prétend que l'arbre sent la vie. Porter le fer au cœur de l'arbre, répandre son sang, sa sève, sur la mousse de la forêt, c'est presque, aux yeux de ces aimables rêveurs, commettre un attentat. Ce sont là des fantaisies d'imagination qui peuvent nous causer un attendrissement passager, mais nul ne songerait à soutenir sérieusement une pareille thèse. Ces élans de sensibilité n'ont rien à voir avec la science.

Il faut arriver à l'animal pour trouver le premier éveil de la sensation, le premier retentissement de la vie dans une sorte de sentiment vague que l'être commence à prendre de ce qui s'accomplit en lui. La vie sensible à elle-même commence. Et comme il ne peut y avoir de sensibilité d'aucune sorte sans quelque conscience qui recueille les impressions diverses de la vie et qui en prenne connaissance, on voit poindre déjà dans l'animal je ne sais quelle intelligence obscure qui perçoit certaines choses du dehors et l'impression des objets sur les organes, intelligence infiniment faible, presque nulle dans les espèces inférieures, reflet lointain de certaines facultés de l'homme, de l'imagination et de la mémoire sensible, ébauche imparfaite, germination suspendue de la pensée.

L'individualité ne se caractérise pas seulement à ce degré par la vie sentie, mais par l'affranchissement de cette loi fatale qui pèse sur l'individu organique dans le monde végétal, et le contraint de vivre là où par ses racines il est fixé; il a la vie, sans doute, et tout un système de vie constituant un tourbillon vital; c'est un individu, mais enchaîné au sol. Au contraire, dans l'animal voyez le progrès. L'animal transporte partout avec lui son système vital. Par des procédés que l'on peut expliquer par la mécanique, mais dont le commencement n'appartient pas à la mécanique, l'animal détruit dans un certain sens et dans une certaine mesure annule la loi de la pesanteur qui le rive au sol; il commence et achève de lui-même certains mouvements, il marche, il s'agite, il dirige sa vie à travers le monde inerte des corps et le monde immobile des végétaux. Un autre trait complète l'individualité dans le règne animal. La plante a bien des mouvements coordonnés dans une certaine vie d'ensemble, mais ces mouvements qui s'accomplissent dans la plante sont au fond explicables par les lois physico-chimiques, par exemple l'ascension de la sève, qui s'explique par une loi de mécanique intime. Mais une série de mouvements commence dans l'animal et par l'animal lui-même. Qu'est-ce, en effet, que les mouvements instinctifs, sinon la première manifestation de la spontanéité dans l'animal? Sous l'impulsion de l'instinct, l'animal évite de lui-même l'obstacle de son être, il cherche de lui-même l'accroissement de sa vie; il coordonne ses fonctions vers un certain but. L'origine de son mouvement est en lui; il le dirige dans le sens que sa nature lui indique. Du règne de la mécanique, nous passons au règne de la spontanéité.

Voyez que d'attributs et de déterminations nouvelles viennent enrichir à nos yeux le principe toujours croissant de l'individualité! Ne sentez-vous pas cependant qu'en tout cela quelque chose fait défaut? En effet, nous rencontrons bien des individus de plus en plus élevés, de plus en plus déterminés, riches d'attributs nouveaux, mais nous n'avons pas encore rencontré la personne. Or il semble qu'il y ait la même différence entre l'individu et la personne qu'entre l'individu et la chose. Chose, individu, personne, voilà véritablement ce que je pourrais appeler les trois règnes de la nature. Chose, individu et personne, tout l'univers tient dans cette formule. Ce n'est pas à dire que là où commence la personne, c'est-à-dire dans l'homme, le reste de la nature soit éteint et anéanti ; bien au contraire. Mais c'est là précisément le privilège de l'homme, de porter en lui, si je puis dire, la nature tout entière, au-dessus de laquelle il s'est placé, en même temps qu'un monde supérieur dont il fait partie par les régions les plus élevées de son être.

L'homme contient en lui deux univers : l'univers physique, dans lequel il plonge par ses racines, et l'univers moral qui l'attire sans cesse. Je n'irai donc pas prétendre qu'au moment où la personne humaine commence en nous, la vie organique et animale cesse immédiatement. Et je ne parle pas seulement des mouvements instinctifs, aveugles, des appétits, des besoins de la vie physique, non; je dis qu'il y a dans nos âmes, si nous voulons nous analyser d'un regard sévère, comme un retentissement continuel et prolongé du monde inférieur. C'est la lutte de la vie. Chacun de nous ne connaît-il point ces joies et ces tristesses que j'appellerai presque des joies et des tristesses physiques et que suscitent en nous quelques phénomènes imperceptibles de l'organisme? D'où viennent ces imaginations, ces rêves et ces idées sensibles, ces fantômes qui s'agitent dans les régions obscures de notre âme, et qui ont une influence si considérable sur le gouvernement de notre vie? Ne savons-nous pas tous dans quelle dépendance nous sommes des impressions extérieures qui se reflètent si profondément en nous? A qui pourrait-il venir en idée de nier ce monde tumultueux des sensations où la conscience ne jette que d'obscures clartés? Je le connais ce monde, je le sens à chaque instant sourdre et s'agiter en moi, et c'est précisément la grande épreuve, de savoir qui l'emportera de ce monde inférieur que je porte en moi ou de ce monde supérieur qui m'appelle.

A quel moment commence la perception claire et distincte de la personnalité? A ce moment où, s'élevant au-dessus de cette conscience vague et indistincte du retentissement de la vie physique, la pensée revient sur elle-même, où elle éclate en se redoublant dans le grand phénomène qui s'appelle la réflexion.

Tel est le premier trait de la personnalité humaine. Et pourquoi cela? C'est parce qu'une force qui se pense et dont la pensée revient sur elle-même est immédiatement et par là même affranchie du joug de la fatalité. Du moment où l'homme se pense lui-même, il connaît les objets extérieurs avec lesquels il est en relation permanente, il pense l'abstrait et l'universel. Et de cela seul sort immédiatement une grande conséquence. A côté de la stimulation intérieure des mobiles purement sensibles qui le poussent à agir dans un certain sens, à coordonner ses mouvements instinctifs vers un certain but, l'homme, par cela qu'il est une force pensante et réfléchie sur elle-même, peut aussitôt déterminer, susciter en soi des motifs indépendants de ces mobiles, se donner à lui-même des raisons toutes nouvelles d'agir que sa propre nature livrée aux impulsions purement instinctives ne lui fournit pas.

C'est le commencement de la liberté. L'intelligence rend possible en nous la liberté, en empêchant la force qui est en nous de devenir une forme du hasard ou de la nécessité. Aussi le premier trait de la personne humaine que je vois apparaître devant moi, c'est la raison, laquelle peut puiser en elle-même des motifs, des raisons d'agir qui ne sont pas déterminées par l'instinct. Mon activité, par cela qu'elle est intelligente, devient libre. L'intelligence crée en moi la liberté; la liberté, c'est ma spontanéité affranchie de l'influence des mobiles et de la fatalité physique.

Liberté, raison, voilà bien les deux conditions de la personnalité. Voilà les traits fondamentaux par où la personne s'oppose aux autres êtres. Mesurons l'intervalle qui sépare ce principe de celui qui le précède immédiatement. L'individualité n'attribuait à l'être, même dans les rangs élevés du règne animal, avec l'identité de la forme, que la permanence dans un organisme donné, le sentiment de la vie et le mouvement spontané. L'être individuel se distinguait simplement des autres êtres au sein de la nature. La personnalité place l'homme en dehors de la nature, et bien que la nature subsiste encore en lui dans les phénomènes inférieurs de sa vie, l'homme s'en distingue et s'en affranchit. Voilà ce que c'est au juste que la personnalité; elle est à la fois activité libre et activité intelligente. Ces deux conditions sont également nécessaires : l'intelligence qui rend possible la liberté en l'éclairant, qui s'empare de la force spontanée, la ravit aux impulsions de la nature et la dirige à son gré dans le sens où il lui plaît, vers le but qu'elle-même a fixé.

Est-ce tout enfin? Non; encore ici il nous manque quelque chose; car je trouve bien ici la personne, mais non la personne morale. Il faut que l'activité libre reçoive sa règle; il faut pour cela qu'elle entre en contact avec un élément nouveau. Cet élément, c'est la loi qui achève la notion de la personnalité en la consacrant, si je puis dire, par la moralité, en lui montrant au-dessus du monde de la nature un monde tout nouveau, en opposant ainsi le règne des fins réalisées par la liberté au règne des fins réalisées par la nécessité. C'est le monde moral, le monde des volontés libres et des fins désintéressées, qui commence où finit la nature et dont nous saluons avec joie les premiers horizons.

Il y a un droit primordial, un ensemble de droits naturels inhérents à l'homme, parce que l'homme est une personne, c'est-à-dire une volonté libre. La racine du droit est là, dans cette simple constatation de l'attribut qui constitue l'homme en tant qu'homme et le sépare du reste de la nature. Ceux-là seuls seraient dans la logique de leur situation, en niant le droit, qui contesteraient à l'homme cet attribut de la liberté responsable. A la base de tout droit se trouve la personne. Avant d'être un citoyen libre dans l'État, il faut que l'on se sente libre au sein de la nature. Une chose n'a pas de droit, parce qu'il n'y a pas de droit concevable ni possible là où règne la nécessité physique. Si donc la même nécessité pèse sur votre volonté, si votre puissance imaginaire de vouloir n'est que la dernière manifestation de la physique universelle, si la personne humaine n'est elle-même qu'une chose, il faut renoncer à cette chimère d'un droit primordial. Mais si l'homme s'est conquis lui-même, par un don de sa nature et par un libre effort, sur le mécanisme universel, s'il remonte par le développement de sa volonté du rang des choses au rang des personnes, dès lors son droit existe par le fait de la liberté que la raison consacre en la déclarant inviolable au nom de la justice.

Consultons cette notion de la personnalité humaine dans toutes les conséquences qu'elle peut produire, suivons la volonté libre dans ses manifestations variées, nous verrons se déduire les divers droits naturels qu'enferme le droit primordial.

Tant que la liberté se concentre en elle-même, dans le for de la conscience, abstraction faite de toute manifestation extérieure, c'est la liberté morale, liberté absolument illimitée, puisqu'elle est insaisissable à toute prise humaine, absolument irresponsable à l'égard de la société. Même dans cette sphère invisible et secrète, il y a encore matière à des devoirs et à des droits, mais d'une nature toute particulière et qui ne se définissent que par les rapports de l'homme à la loi morale et à Dieu.

Mais aussitôt que la liberté se manifeste au dehors, elle entre en contact ou en conflit avec le milieu dans lequel elle doit se développer, c'est-à-dire avec d'autres volontés libres. C'est ici que commence véritablement non pas le droit (sa première apparition remonte plus haut), mais le droit social, le seul qui soit en question.

Chacune des formes et des applications de la liberté, considérée dans le milieu social, donne naissance à une série de droits corrélatifs. La liberté individuelle, la liberté du foyer, la liberté de la propriété, la liberté de conscience, la liberté de penser, la liberté du travail et du commerce, ce sont autant de manifestations variées de la volonté, d'où naît et se développe la série des droits qui consacrent l'inviolabilité de la vie humaine, l'usage personnel que nous devons faire de notre existence et de nos forces, le choix d'une compagne, la direction et l'éducation de nos enfants, l'indépendance de notre conscience morale et religieuse en tant qu'elle s'exprime au dehors et se communique, enfin le choix de notre travail, la possession et la jouissance des résultats de ce travail. Tout cela, c'est encore la liberté, mais la liberté manifestée au milieu de la société, protégée dans ses légitimes manifestations, défendue par autant de droits naturels, antérieurs et supérieurs à toute législation positive, contre l'oppression des autres volontés.

J'ai dit : ses légitimes manifestations, et par là j'ai marqué une restriction nécessaire qui n'est qu'une conséquence de la rencontre de ma volonté avec d'autres volontés dans le même milieu. Tant que l'acte libre s'accomplit dans le for intérieur, la liberté demeure illimitée au point de vue non de la moralité, mais du droit social, le seul dont il soit question ici. Quand elle se traduit au dehors par une série d'actes extérieurs et sensibles, elle rencontre une limite nécessaire.

C'est l'excellente et forte doctrine de Kant que la liberté, devant être pour tous, ne peut être entière pour personne. La limite de ma liberté, c'est la liberté d'autrui. La liberté individuelle des autres rencontre sa limite dans la mienne. La liberté que j'ai de me choisir une compagne et d'être maître dans mon foyer rencontre sa limite dans la juste liberté de la femme et des enfants. La liberté de penser est inviolable ; oui, à une condition, c'est que les manifestations de votre liberté ne mettent pas la mienne en péril. Là est l'origine du droit positif et de l'autorité : le droit positif qui n'est pas responsable des oppressions exercées en son nom, et qui reste, malgré toutes les profanations historiques, saint et sacré dans son essence, étant la règle des libertés réciproques ; l'autorité, qui n'est pas davantage responsable des tyrannies par lesquelles elle a été si souvent compromise, l'autorité, c'est-à-dire le pouvoir social institué par les lois et qui est, dans son principe, le gardien du droit comme le droit est la règle de la liberté.

La justice sociale suppose donc essentiellement des personnalités qui mutuellement se reconnaissent et se respectent. Ne pas empêcher l'usage des facultés d'autrui, voilà la formule de tous les devoirs de justice ; — ne pas permettre qu'on empêche l'usage de nos facultés, voilà la formule de tous nos droits. Le devoir de justice est le respect de la personnalité d'autrui, respect exigible par autrui. Le droit est le libre usage de nos facultés, en tant qu'il n'est pas en contradiction avec le respect d'un autre droit.

Je m'arrête à cette définition. Le droit est la garantie de notre personnalité et de tous les éléments qui la constituent. De même que le devoir de justice est le respect exigible par autrui, de même le droit est le respect de notre personnalité exigible par nous-mêmes. La morale indépendante répète les mêmes formules, mais elle est impuissante à en expliquer le caractère et l'origine. Pour la trouver, il faut remonter jusqu'à la région des premières causes et des principes. Il y a une justice supérieure et antérieure qui consacre la liberté naissante. On comprend dès lors pourquoi ce mot est un des mots les plus sacrés des langues humaines, un mot impérissable, quoi qu'on fasse pour l'abolir. Il résume pour l'homme l'ensemble des garanties, non toujours réalisées par la loi positive, mais véritablement exigibles par chacun de nous, qui m'assurent la faculté d'être ce que je suis et non pas un autre, de m'appartenir dans les manifestations de ma libre volonté. Voilà pourquoi il n'est pas de plus bel éloge que celui-ci : « Cet homme a souffert pour son droit, il est mort pour son droit! » Et là où manifestement le droit a été violé, qu'il s'agisse d'un individu ou d'une nation, il s'élève une protestation éternelle du droit contre le fait, du droit qui juge la force et qui la condamne. Quand même cette protestation serait perdue dans la suite rapide des siècles, quand même elle ne parviendrait pas à rectifier le cours des faits, elle n'aurait pas été aussi inutile qu'on l'assure. Il suffit qu'elle laisse un écho dans l'histoire; qui pourrait compter ce que cet écho peut éveiller de sympathies parmi les hommes, dans combien de consciences il retentira, que de volontés droites il pourra fortifier, que de bonnes résolutions il peut produire?

Si cette définition est exacte, il est facile de comprendre d'où provient le caractère de contrainte juridique qui marque les devoirs de justice et qui s'attache au droit.

La société est la mise en rapport des libertés. La société barbare les met en conflit violent les unes avec les autres; la société civilisée tend de plus en plus à les mettre en harmonie. Il y a une science pour cela, la science du droit, la jurisprudence, dont l'idéal serait non d'expliquer et d'interpréter les lois positives, mais de rechercher les meilleures lois possibles, et par ces lois d'assurer *l'accord de la liberté de chacun avec celle de tous.*

C'est sur le principe de la liberté déclarée inviolable que l'on doit établir, ainsi que Kant l'a démontré, cette *faculté de contraindre* qui contient en germe tout le droit pénal. Si c'est un principe de raison que la liberté de chacun doive s'accorder avec la liberté de tous, l'obstacle qui s'oppose à une liberté est contraire au droit; en écartant cet obstacle, qui est l'acte injuste, je rétablis les choses dans l'état où elles doivent être. — Qu'est-ce donc que la contrainte juridique? C'est un obstacle élevé contre une liberté qui fait obstacle elle-même à la liberté de tous. Elle est juste, puisqu'elle est la faculté de faire agir les hommes conformément à ce qui est juste. Non, sans doute, un homme n'a aucun droit sur un autre, tant que son droit n'est pas menacé ; mais si ce droit est menacé, il faut qu'on le lui garantisse. Et qui le lui garantirait, sinon le pouvoir social institué par les lois? Dans les sociétés barbares, il se garantit à ses risques et périls, en se faisant justice lui-même. Est-ce là l'idéal que poursuivent les théoriciens nouveaux qui, en niant le droit, refusent à la société la faculté de contraindre les hommes à agir conformément à ce qui est juste, c'est-à-dire de garantir efficacement le droit de chacun et de tous?

Ce sont là les principes indéracinables à toute polémique. Maintenant, quelle est la part du sacrifice que l'on doit imposer à la liberté de chacun pour qu'elle s'accorde avec la liberté de tous? Dans quelle mesure, dans quelles limites s'exercera cette faculté de contraindre? C'est l'affaire des lois positives. Ici nous sortons de la sphère des principes, et j'accorde que partout, même chez les peuples les plus civilisés, ces lois sont encore bien éloignées de l'idéal qu'elles doivent atteindre. Mais nier cet idéal est un mauvais moyen pour s'en approcher. Toute la controverse obstinée à mettre en lumière les contradictions dont les codes sont remplis, si spécieuse qu'elle soit dans sa critique des législations, elle fait complètement fausse route, elle se perd dans les plus stériles paradoxes lorsqu'elle s'attaque à ces vérités primordiales, et que, dans son désespoir de trouver un état social défectueux, au lieu de travailler à l'améliorer, elle ne propose rien moins que de le supprimer en supprimant le droit qui en est le principe et qui contient en germe tous les progrès.

CHAPITRE IX

LA RESPONSABILITÉ MORALE ET LE DROIT DE PUNIR DANS LE DÉTERMINISME

Sous l'influence des idées nouvelles, qui tendent à faire de la conscience et de la volonté une dépendance de la physiologie, il faut s'attendre que la liberté morale soit éliminée comme un ressort inutile dans l'engrenage des phénomènes. Dès lors on est amené à se demander ce que deviendra l'ordre social tout entier, et spécialement le droit de punir, inexplicable en dehors de ces deux termes, la loi de justice qui le fonde et une volonté libre à laquelle il s'applique. La responsabilité sociale est-elle possible, est-elle légitime sans la responsabilité morale? Quel sens peut avoir le mot de répression, si la répression ne s'adresse plus à des libertés qui peuvent être corrigées ou utilement averties? Ces questions et mille autres de ce genre se pressent en foule, sous la forme de doutes poignants et d'inquiétudes sur l'avenir des peuples, dans la pensée de tout homme qui réfléchit. Notre philosophie du droit pénal, nos institutions judiciaires, nos codes sont à refaire, si ces nouvelles théories sont acceptées comme vraies. En tout cas, elles deviennent une occasion naturelle de remettre à l'étude un grave problème.

D'une part, il est infiniment curieux de voir par quels ingénieux artifices ou par quelles concessions étranges les représentants du déterminisme essayent de se soustraire aux conséquences impérieuses de leurs doctrines et de se mettre d'accord, au moins pour les applications, avec la conscience publique. D'autre part, pour ceux mêmes qui maintiennent intacte la responsabilité morale comme l'unique soutien et la condition de la responsabilité sociale, il y a lieu d'examiner si la question du droit de punir ne doit pas être posée dans des termes plus exacts, et analysée de plus près qu'elle ne l'a été dans ces derniers temps. C'est ce que nous essayerons de faire après avoir répondu aux diverses théories qui nient absolument ce droit ou qui l'interprètent d'une manière illusoire.

Le naturalisme contemporain n'a pas reculé devant la thèse extrême de l'irresponsabilité absolue. La volonté n'est pour lui qu'une des causes occultes par lesquelles nous voilons notre ignorance. Au fond, si ce mot signifie quelque chose, il exprime un certain mode des actes réflexes, accompagné d'un certain degré de sensation. Cette explication et d'autres analogues du mécanisme de la volonté sont trop connues pour qu'il soit de quelque intérêt d'y insister; elles ont produit toutes leurs conséquences. Ce qu'on appelle le bien et le mal, nous le savons déjà, c'est ce qui est contraire ou favorable aux exigences de l'espèce à un moment donné de son histoire. A vrai dire, ce ne sont pas des qualifications morales, ce sont des qualifications scientifiques de phénomènes naturels, des manières de les classer suivant qu'ils entrent dans le courant de la civilisation ou qu'ils le contrarient.

Ainsi disparaissent successivement de la vie humaine l'initiative, la causalité, le sentiment du bien moral, l'obligation, l'imputabilité, absorbés tour à tour par la nécessité physique, dont rien ne peut suspendre un instant le joug ni briser la chaîne. Celui qui se sera pénétré une fois de cette vérité, plus humaine, à ce que l'on nous assure, que toutes nos illusions spiritualistes, celui-là osera déclarer enfin, à la face des vieilles églises et des vieilles écoles, l'entière irresponsabilité de l'homme. Il osera appliquer dans ses dernières conséquences cette pensée, que Mme de Staël n'exprimait que dans un sens restreint et avec une tendresse presque mystique : « Tout comprendre, c'est tout pardonner. » Lui aussi, parce qu'il comprendra tout, il pardonnera tout, ou plutôt (car il ne peut être question de pardon là où il n'y a pas de volonté coupable), il justifiera tout ; il étendra sur l'universalité des actes humains la grande amnistie scientifique qu'une physiologie plus éclairée lui impose, chaque acte, quel qu'il soit, étant l'expression également légitime de l'universelle nécessité.

Telles sont les conclusions avouées et parfaitement logiques de l'école. On demande, avec un accent de philanthropie indignée, quelle est la liberté du choix et par conséquent la responsabilité dans l'homme né avec une organisation vicieuse, quelle différence il y a entre lui et l'aliéné, et par quelle atroce aberration de jugement la société lui imprime une flétrissure. On déclare bien haut que le plus grand nombre des crimes contre l'État ou la société est le résultat nécessaire d'une disposition naturelle ou d'une débilité intellectuelle. « A quoi sert le libre arbitre à celui qui vole, qui assassine par nécessité? Les criminels sont *pour la plupart* des malheureux plus dignes de pitié que de mépris. » — Étant admises les données du raisonnement, un seul mot m'étonne, c'est celui qui marque une restriction dans la conclusion : la *plupart* des criminels, dit-on ; pourquoi pas tous ? — On nous prédit l'avènement d'une nouvelle législation en conformité avec la science nouvelle de l'homme. Il faudra de toute nécessité qu'elle s'adapte réellement aux lois de la nature, et, ce progrès une fois accompli, on peut prévoir à coup sûr que les procès de l'époque actuelle paraîtront à nos descendants quelque chose d'aussi barbare que les procès criminels du moyen âge. Un de nos plus célèbres médecins faisait un jour un éloquent appel au savant qui ne peut manquer de venir et qui nous montrera « à quelles conditions primordiales de l'organisme se lient le crime et le vice, qui sont comme la diathèse et la maladie morale, — pourquoi les influences éducatrices les mieux dirigées n'en peuvent toujours préserver ; pas plus que l'hygiène ne décide à elle seule de l'éclosion ou de l'avortement des germes morbides innés ». Il ne reculait pas, comme tant d'autres, devant ses conclusions. « Elles ne vont à rien moins, ajoutait-il, je le sais, qu'à reléguer hors de toute appréciation judiciaire les problèmes délicats, complexes, souvent insolubles, de la responsabilité. » Un autre savant de la même école dit plus simplement encore que nous ferions bien de ne juger et de ne condamner personne. C'est le dernier mot de la doctrine, celui que laissent toujours échapper à un moment donné les enfants terribles de la secte.

Voilà le point commun vers lequel convergent toutes les théories physiologiques et médicales. C'est de là, comme d'un fort inexpugnable, qu'elles attaquent et raillent sans pitié les théories idéalistes de la pénalité. — L'idée de l'ordre violé ? Quel ordre ? qui l'a jamais vu, senti ou défini ? Quel rapport cet ordre prétend-il établir entre une peine probablement injuste et un délit certainement imaginaire? — L'intimidation? Mais comment intimider celui dont le crime est le résultat direct, inévitable de la passion qui l'anime ou d'une organisation vicieuse? — L'amélioration du coupable? Quelle illusion de l'espérer! Quand la passion est épuisée et momentanément anéantie, on s'imagine que le coupable est amendé; mais que demain la passion renaisse, le crime renaîtra avec elle, la passion aura même pris des forces nouvelles dans le désir de la vengeance contre la société.

Concluez donc, osez soutenir que le sang des assassins versé par la justice humaine crie vengeance aussi bien que celui des victimes, — car, si les unes étaient destinées à mourir, les autres étaient nés pour frapper : ni les unes ni les autres ne pouvaient échapper à leur destin. — On a soutenu cela en effet, et M. Moleschott n'a pas craint, en établissant une audacieuse comparaison entre le tribunal et l'assassin, de donner la préférence à celui-ci : « Quel rapport en effet y a-t-il entre l'individu aveuglé par la passion qui commet un meurtre et le calme d'un tribunal qui, sans obtenir un avantage moral, quel qu'il soit, se venge d'un crime par la mort? » Voilà l'assassin réhabilité par l'entraînement irrésistible de la passion aux dépens du juge, qui tombe plus bas que lui en le frappant, sans avoir la même excuse.

Cependant les modérés, les politiques de la secte, ne prétendent pas désarmer la société et la livrer en proie au conflit des appétits et des passions. Ils invoquent l'obligation pour la société de se défendre contre les dangers qui la menacent. On a tort de croire, disent-ils, que nos idées renverseront l'ordre social. La société repose sur les principes de la nécessité et de la réciprocité. On la sauvera plus sûrement avec ces principes, qui s'imposent par leur évidence, que les idéalistes et les mystiques ne le feront avec leurs chimériques idées de Dieu et de la morale. Comme tous les autres droits auxquels on a cherché si vainement des origines surnaturelles, le droit de punir naît du besoin ; le principe du droit, c'est le besoin de la conservation qui domine l'espèce. Ce n'est pas en tant que criminel qu'un homme doit être réprimé, mais il peut être supprimé parce qu'il est un obstacle. Le mal étant un phénomène naturel, la peine doit être un phénomène du même ordre, sans mélange d'aucun autre élément. Il faut traiter le malfaiteur « comme l'arbre défectueux que l'on corrige, et même dans certains cas que l'on arrache. La nécessité naturelle de l'arbre et de l'homme ne nous empêche pas de le corriger ; au contraire elle nous y force. » — « Oui, je suis déterministe, écrivait un des plus fervents adeptes de cette école, quelque peu embarrassé de concilier ses idées philosophiques avec son rôle de législateur[1]. Je suis déterministe ; mais j'affirme qu'irresponsables au sens absolu du mot, les hommes sont responsables de leurs actes vis-à-vis de la société dont ils font partie. Lorsque j'ai dit dans une autre occasion qu'il n'y a pas plus de démérite à être pervers qu'à être borgne ou bossu, je n'ai pas prétendu nier la responsabilité comme fait social ; je l'ai niée seulement au point de vue absolu ;... mais de même qu'on éloigne un bossu de l'armée, de même on doit, au nom de la conservation sociale, exclure de la société un *pervers qui pratique.* »

Ainsi, même en se plaçant au point de vue naturaliste,

---

[1] M. Naquet. « C'est ainsi, ajoutait-il dans une lettre curieuse, adressée à M. Taine, que l'on ne met pas de vitriol dans son thé. Seulement si l'on évite de mettre du vitriol dans son thé, c'est uniquement pour ne pas s'empoisonner, et nullement pour faire expier au vitriol le crime d'être corrosif. Il en est de même du bossu auquel on ne cherche pas à faire expier sa bosse en l'éloignant de l'armée ; il en est de même aussi du criminel dont on se débarrasse, qu'on met dans l'impossibilité de nuire. »

on prétend ne contester en rien la nécessité et les exigences de l'ordre social. On paralyse le criminel dans ses moyens de nuire; au besoin on le supprime, tout en le justifiant. Et voici qu'une véritable idylle humanitaire éclôt d'une façon inattendue du sein de l'école matérialiste. Au moins, nous dit-on, ces nouvelles idées ont l'avantage d'éteindre dans les âmes ces haines lâches et irréconciliables que la société affectait jusqu'ici avec tant d'hypocrisie à l'égard du perturbateur. Nous le frappons, nous déterministes, parce qu'il le faut; le cœur nous saigne en le frappant. Les grandes lois protectrices des espèces exigent le sacrifice d'un individu; mais qui oserait s'irriter contre lui? C'est un de ces êtres lamentables que la fatalité physique place en travers de la civilisation et de l'histoire. La civilisation et l'histoire les broient en passant; mais, au nom de la science, qui comprend les causes, l'humanité les absout. Elle les plaint; un peu plus, elle les couronnerait comme les victimes prédestinées du progrès.

Écartons cette rhétorique émue d'une école qui ne se pique pas généralement de sensibilité. Sans doute elle a raison de repousser l'idée de la vindicte sociale; pas plus que Dieu, la société ne se venge; pourtant n'est-ce pas quelque chose de plus inhumain encore de conserver la peine là où il n'y a plus de coupable? On aura beau faire, la responsabilité sociale est une monstruosité, si la responsabilité morale n'existe pas. Vous dites que la société obéit à la loi de sa conservation; mais, s'il n'y a ni bien ni mal en soi, à quel signe jugerez-vous des cas où il faut punir? Qui décidera d'une manière absolue si l'ordre social est en péril? qui pourra faire le discernement si difficile et délicat de ce qui est favorable ou contraire aux exigences de l'espèce à un moment donné? Le critérium manque absolument aux partisans des idées nouvelles. Pour eux, le mal n'est qu'un phénomène naturel comme un autre, mais qui, à un certain moment de l'histoire, se trouve en contradiction avec le bien tout relatif et l'intérêt éventuel de l'espèce. A un autre moment de l'histoire, dans d'autres conditions du progrès et de la civilisation, le même acte aurait pu recevoir une qualification toute contraire. A qui le jugement de ces différences appartiendra-t-il? Qui donc aura compétence pour constituer un tribunal de ce genre et prononcer d'après un code exclusivement historique, soumis à toutes les vicissitudes des différentes phases sociales?

Je prends pour exemple la propriété. Ceux qui pensent qu'il existe des droits naturels et que la propriété en est un, qu'elle est l'expression et la garantie de la personnalité morale, et qu'à ce titre elle est inviolable comme la personne de l'homme et du citoyen, qui s'est développée avec elle et par elle, ceux-là ont un critérium fixe pour juger les attentats qui la mettent en péril; mais si l'on nie qu'il y ait des droits en dehors des besoins, si l'on soutient que la propriété est une forme historique qui correspond à certaines exigences de l'espèce, et qui peut disparaître avec les exigences d'une époque plus avancée, on sera bien forcé d'avouer qu'il pourra se créer aisément des malentendus dans l'esprit des déshérités, et que ceux-ci comprendront avec peine ce respect exigé d'eux pour une forme éphémère destinée à disparaître un jour. La complicité secrète de leur misère et de leurs appétits les inclinera forcément à soutenir contre le tribunal que la période historique de la propriété est épuisée, et que nous touchons à une ère sociale nouvelle. S'ils ont la langue prompte et l'esprit délié, ils défendront une thèse au lieu de s'excuser d'un délit. Ils déclareront qu'à leur avis la propriété a fini son temps, et qu'ils ne font que traduire en acte une conviction philosophique. Persuadés que la propriété est le vol, ils ont fait du vol une revendication légitime contre la propriété, voilà tout. Entre ce raisonneur qui a volé et cet autre raisonneur qui doit le juger, quel sera l'arbitre? Qui aura raison de la thèse historique du voleur ou de la thèse historique du juge? S'il n'y a pas de distinction originelle entre le bien et le mal, s'il n'y a lieu pour décider dans ces matières qu'à des appréciations historiques, la responsabilité n'est au fond que la confiscation de la liberté des faibles par l'intérêt de l'ordre social, qui m'a bien l'air de n'être sous un mot hypocrite que l'intérêt du plus fort.

Des crimes, dites-vous, il n'y en a pas; il n'y a que des obstacles qu'on supprime. — Peut-il se concevoir quelque chose qui choque plus durement la conscience, qui rejette à un niveau plus bas la dignité de l'homme, qui soit une plus éclatante négation de son titre d'être raisonnable et pensant? Sous prétexte de philanthropie, cette doctrine n'est-elle pas celle qui manifeste pour lui le plus dur, le plus implacable mépris? On le traite à la façon d'un arbre que l'on émonde, parce que ses branches obstruent la voie, à la façon d'une pierre qui a roulé du rocher voisin sur la route et que l'on écarte pour faire le passage libre; mais l'arbre et la pierre ne sentent pas le traitement qu'on leur fait subir; l'homme en a le sentiment, il en souffre. Est-il juste à vous de le faire souffrir ainsi parce qu'il est un obstacle irresponsable à votre manière toute spéciale d'entendre la civilisation et le progrès? Vous l'écartez dédaigneusement du chemin où vous passez, vous l'excluez de la société humaine; vous lui retirez l'usage de ses facultés et de ses droits. Quoi de plus odieux, si vous n'avez pour justifier votre conduite qu'un besoin social que vous prétendez représenter? Vous frappez dans cet homme un ensemble de hasards ou de coïncidences empiriques dont il est absolument innocent. Vous l'avouez vous-mêmes, et pourtant vous frappez! Quelle inconséquence et quelle dureté! Et quel est le juge qui oserait condamner l'instrument fatal d'un crime? Il se sentirait impuissant et désarmé le jour où il verrait paraître à sa barre non une volonté libre, responsable du mal qu'elle a fait, parce qu'elle savait que c'était le mal et qu'elle était libre de ne pas le faire, mais un tempérament asservi à des passions irrésistibles, un cerveau surexcité, un bras poussé au crime par une réaction cérébrale trop forte. Dans une pareille hypothèse, la plus légère condamnation serait un abominable abus de pouvoir.

Cette théorie, qui nie toute perversité volontaire, conserve, je le sais, la ressource d'assimiler le criminel à l'aliéné et d'ouvrir pour les scélérats un vaste Charenton; c'est la conclusion suprême et nécessaire; mais je ne sais comment les partisans de ces nouvelles idées osent se vanter de leur philanthropie. Oter à l'humanité la liberté du mal en même temps que la liberté du bien, considérer comme un acte de démence toutes les révoltes contre l'ordre social, traiter l'homme comme une chose tantôt agitée et tantôt inerte, mais toujours irresponsable, déclarer qu'on ne peut attribuer nos volitions à un moi chimérique, qu'elles ne dépendent que des influences combinées du dehors et des réactions cérébrales qui en résultent, enfermer le coupable dans un cabanon, sous prétexte qu'il est fou et qu'il a besoin, dans son propre intérêt, d'être privé de l'exercice de ses organes, sans espoir de réhabilitation possible, puisqu'il ne peut y avoir dans le repentir même du coupable une garantie contre le retour de l'accès morbide, — si c'est là le progrès que doit réaliser dans le monde cette conception à la fois matérialiste et humanitaire, nous demandons qu'elle demeure éternellement à l'état d'utopie, heureux de garder les tyrannies de la civilisation, qui repose tout entière sur l'idée de la dignité humaine, inséparable de la liberté, sur la responsabilité effective de chacune de ces libertés qui composent le milieu social, enfin sur l'accord réciproque de toutes ces libertés entre elles, qui est la justice.

L'école naturaliste détruit radicalement le droit de punir et ne peut y substituer que les expédients de la force. M. Littré, partant du déterminisme comme M. Moleschott, a-t-il été plus heureux dans l'explication qu'il a proposée du principe de la responsabilité sociale au nom du positivisme français[1]? Il ne se distingue pas seulement des idéalistes qui admettent un sens primitif du juste et de l'injuste nous dictant ses lois et gouvernant notre conduite; il se distingue également et des sensualistes, qui rapportent la justice à l'intérêt individuel bien entendu, et des utilitaires qui la rapportent à l'intérêt collectif[2]. Il a marqué sa place à part, en dehors de ces diverses doctrines, en ramenant l'idée de la justice à un fait purement intellectuel, extrêmement simple, véritablement intuitif, celui qui constate l'identité de deux objets. « A égale A, ou A diffère de B, est le dernier terme auquel tous nos raisonnements aboutissent comme futur point de départ. Cette intuition est irréductible; on ne peut pas la dissoudre, l'analyser en d'autres éléments.... Telle est aussi l'origine de l'idée de justice. Cette idée est une notion purement intellectuelle portée dans le domaine de l'action et de la morale. »

[1] *La science au point de vue philosophique.*
[2] Voir, au chapitre Ier, l'exposition de deux théories différentes de M. Littré sur l'origine du concept moral. Nous ne prenons ici que la dernière.

La justice se résout dans la notion de l'identité. Attribuer à chacun ce qui lui revient, n'est-ce pas reconnaître pratiquement que A égale A, ou qu'un homme égale un autre homme? D'où la nécessité sociale d'exiger que la part de l'un ne soit pas diminuée par l'usurpation de l'autre, et, si cette usurpation a lieu, de la réparer. Voilà le lien logique et le passage entre l'idée de la justice et l'idée de la pénalité. — Voyons maintenant ces deux idées en fonction dans l'histoire. Examinons d'après M. Littré comment la première de ces idées s'est formée au sein de la seconde, qui a été réellement l'idée mère, l'idée génératrice. L'ordre historique du développement de ces notions, ou mieux des deux éléments de cette notion unique, est en raison inverse de leur apparition dans l'esprit au moment et au degré de civilisation où nous sommes. Aujourd'hui l'idée de la peine nous paraît être une application de l'idée de la justice sociale. C'est une illusion psychologique, un résultat secondaire de faits primitifs élaborés et combinés. Cette notion d'une justice instituée pour punir est une notion acquise et complexe. Le fait primordial, c'est la vengeance individuelle, ou la compensation à prix d'argent, traduction élémentaire de la vague notion d'identité ou d'égalité entre les hommes. C'est là, uniquement là, qu'il faut aller chercher avec M. Littré le dernier élément irréductible de ce vaste appareil de sentiments, de principes, d'institutions et de lois qui constituent l'ordre social dans les civilisations perfectionnées.

Nous ne suivrons pas M. Littré dans l'analyse de tous les faits « par lesquels l'idée de justice s'est manifestée sociologiquement », il nous suffira d'en indiquer les résultats. Nulle part, à l'origine des sociétés, M. Littré n'aperçoit une justice primitive, réglant les rapports des hommes entre eux, déterminant les degrés de la criminalité et les degrés de la peine qui doivent y correspondre. Le grand fait qu'il s'efforce de mettre en lumière, c'est qu'au début de l'histoire, dans les sociétés sauvages qu'il nous est encore donné d'observer ou dans les civilisations rudimentaires dont les annales nous ont été en partie conservées, la criminalité n'existe pas; et partant, l'idée de justice, telle que nous l'entendons, est absente. Ce qui existe, c'est l'offense et la vengeance. L'offenseur a tout à craindre de l'offensé; mais il n'a rien à craindre, si celui-ci ne ressent point l'injure. Au cas où l'offensé ne se plaint pas, nul dans la tribu ne se plaindra. Il n'y a pas même, dans ces commencements de société, une opinion morale qui déteste de pareils actes et les flétrisse; à plus forte raison, pas de justice qui les châtie. A cette première période de l'histoire, on ne voit poindre l'idée de pénalité que sous la forme individuelle de représailles, lesquelles s'exercent ou par le dédommagement pécuniaire (la composition), ou par la vengeance rendant le mal pour le mal (le talion); c'est là l'humble et grossier début de la justice future. *Peine*, qui vient du latin *pœna*, lequel à son tour est le mot grec ποινή, ne signifie pas autre chose à l'origine que compensation pour offense. Quand Achille égorge douze jeunes Troyens sur le bûcher de Patrocle, c'est comme compensation, ποινή, du meurtre de son ami tué par Hector; c'est le mot dont se sert Homère à chaque instant. Ce témoin des temps héroïques de la Grèce nous déclare qu'un meurtre était alors une affaire privée à laquelle la moralité publique n'avait rien à voir; on dédommageait les parents du mort, et l'on allait ensuite partout tête levée. « On reçoit, dit Ajax, la compensation pour le meurtre d'un frère ou d'un fils; le meurtrier reste parmi les siens, ayant payé une large compensation, et l'offensé, ainsi dédommagé, s'apaise et renonce à son ressentiment. » Au temps de la guerre de

Troie, la notion de criminalité et de justice n'existait donc, suivant M. Littré, à aucun degré; elle se forme ensuite par le progrès même de l'opinion publique, de la raison générale, des mœurs et des institutions. Elle correspond dans ses développements à la marche d'une civilisation plus avancée. Peu à peu on voit le principe barbare de la composition et de la vengeance individuelle céder le terrain et s'effacer devant la pénalité sociale. On assiste à la naissance et à l'élévation graduelle d'une administration de la justice où la punition du méfait devient le point principal, et l'indemnité à celui qui en avait été la victime le point secondaire, où enfin l'action collective de la société se substitue à l'action de l'offensé. L'idée d'une « justice punissante » se forme, se développe, et prend définitivement la place de la justice primitive, « la justice indemnisante ».

Même évolution de la notion de criminalité chez les peuples les plus différents, à des époques très éloignées l'une de l'autre. Partout dans un état social suffisamment analogue, ce que nous nommons crime en langage civilisé est considéré surtout comme un cas de dédommagement, de réparation, d'indemnité. On évalue le moins mal qu'on peut le dommage causé, et l'offenseur fournit la composition. « Chez les Germains, nous dit Tacite, on expie un homicide par un nombre déterminé de bœufs et de moutons, et toute la famille reçoit satisfaction. » C'est ce qui explique comment, au grand scandale du droit romain, parvenu aux notions supérieures de la justice civilisée, on vit la composition, le *wehrgeld*, prendre place dans les codes divers qui essayèrent de régler l'état de choses issu de l'invasion. Même dans Grégoire de Tours, nous entendons un homme dire à un autre qu'il a désintéressé : « Tu me dois rendre beaucoup de grâces de ce que j'ai tué tes parents, car, par le moyen de la composition que tu as reçue, l'or et l'argent abondent dans ta maison. » Le progrès qui s'était fait chez les Hellènes s'opéra chez les populations mixtes de Germains et de Latins, mêlées par l'invasion et soulevées par l'idée chrétienne au-dessus de ce niveau des législations antiques. Le travail d'élimination se poursuivit sans relâche : le principe de la pénalité finit par prévaloir dans tout l'Occident sur le principe de l'indemnité. Telle est partout, à ce que l'on assure, la marche historique, chez les Grecs comme chez les Germains, comme chez les Américains du nord, comme chez les Indiens. Chaque expérience historique nouvelle ne serait que la confirmation de cette loi. Les populations barbares commencent la justice par le dédommagement, les peuples civilisés la continuent et l'achèvent par la pénalité.

Ainsi notre idée moderne de justice est une idée complexe née par association, comme toutes les idées complexes. C'est à l'aide de l'histoire que M. Littré en a fait l'analyse. Il l'a vue commencer, il l'a vue s'élever peu à peu, du fait primordial qui lui a donné naissance, au degré de la notion la plus haute et la plus compliquée; mais à sa racine, à son point de départ comme au terme où elle est parvenue, au fond le seul élément psychique que l'on puisse y découvrir, c'est celui qui fait que nous reconnaissons intuitivement la ressemblance ou la différence de deux objets, l'égalité mathématique de deux êtres. C'est parce que le barbare perçoit intuitivement cette égalité qu'il exige une compensation par l'argent ou le sang pour chaque dommage causé. C'est pour la même raison que le civilisé, concevant une notion supérieure du droit, mais toujours guidé par le même principe, donne au dédommagement la forme du châtiment et crée la pénalité sociale. Telle est l'origine et telle est l'essence de la justice; elle n'en a pas d'autre :

toutes les explications ou définitions transcendantes de cette idée ne sont qu'une pure mythologie. « L'idée d'égalité de deux termes amène l'idée de dédommagement; l'idée de droit au dédommagement amène le droit de punir conféré à la société, soit que l'on considère qu'elle le tient du consentement des membres qui la composent, soit que l'on fasse intervenir un principe d'utilité de cette fonction, vu que la société a plus de lumières, de régularité, de modération, que les individus n'en auraient dans leurs causes particulières. La société, ainsi substituée au lieu et place de la partie lésée, arbitre la peine, qui perd le caractère de dédommagement et prend celui de châtiment. Dans cet arbitrage de la peine, la société elle-même n'a été ni toujours sage, ni toujours juste, et à chaque degré de civilisation il importe d'examiner ce qui convient aux conditions de la masse criminelle et aux lumières de la puissance publique; mais en définitive le droit de punir provient originellement du dommage à réparer, même quand il a été causé involontairement et sans aucune criminalité. »

N'y a-t-il vraiment que cela dans l'idée de justice comme dans l'idée de pénalité? Tout se réduit-il en effet à des termes si simples dans les conceptions les plus nobles et les plus hautes auxquelles s'est élevée la conscience humaine? Il ne s'agit pas de réclamer ici contre l'humilité des origines que leur assigne M. Littré. L'homme ne serait pas humilié, si, trouvant à son origine et comme dans le berceau de sa race un instinct purement animal de représailles, il l'avait ainsi élaboré et transformé par le sentiment d'un idéal supérieur, et s'il avait su tirer, par une sorte de force créatrice, d'une matière vile un trésor sans prix. Cette transformation serait, à vrai dire, un prodige, quelque chose d'inexplicable, c'est-à-dire un mystère; mais enfin cette sorte de miracle psychologique serait tout à la gloire de l'homme, et l'on n'a pas à rougir des plus humbles commencements quand on se fait à soi-même de si belles destinées. Le principe de l'évolution, dont on a tant abusé dans les nouvelles écoles, ne fait, si l'on veut bien voir les choses, que déplacer le mystère. Au lieu de le mettre dans les origines, on le met dans le mouvement et dans la vie, dans le passage des formes inférieures de l'existence aux formes supérieures, ou mieux dans la force inconnue qui opère ce difficile et incompréhensible passage. Pour nous restreindre à la question qui nous occupe, M. Littré nous montre dans la compensation matérielle du dommage causé l'origine de la justice, et il déclare que c'est en partant de ce simple fait « qu'on franchit le pas, » que la notion de criminalité se perfectionna par le progrès des événements et des institutions, et qu'on s'éleva aux idées les plus hautes et les plus compliquées. On nous l'assure, mais sans preuve. C'est la preuve par le détail de l'évolution accomplie qui serait vraiment curieuse et significative. Au lieu de se contenter de nous dire avec une brièveté désespérante que les Hellènes ou les hommes du moyen âge « franchirent le pas » à un certain moment de leur histoire, nous serions plus utilement informés, si l'on nous disait comment ils l'ont franchi, à l'aide de quelle force nouvelle ils se sont avancés dans la route ouverte devant eux, par quel supplément d'idée, ajouté à leur contingent cérébral, cette marche en avant est devenue possible et s'est réalisée; mais voilà précisément ce qu'on ne nous dit pas, et pour cause. On marque le point de départ et le point d'arrivée : c'est l'évolution qui explique l'intervalle traversé. Est-ce une explication suffisante? On appelle cela une explication historique. Je nie qu'on puisse l'appeler ainsi tant qu'on n'aura pas rendu compte de tous les intermédiaires, marqué les étapes successives de la marche de l'idée à travers l'histoire, défini la nécessité intérieure ou extérieure qui a provoqué chacun de ces mouvements en avant dont l'ensemble constitue le progrès, chacune de ces transformations prodigieuses qui d'une impulsion brutale ont fait éclore à un moment donné l'idéal du droit.

Est-il exact d'ailleurs de prétendre qu'à l'origine des sociétés humaines, l'idée du dommage matériel soit la seule forme sous laquelle se conçoive la justice primitive, le seul élément de la pénalité naissante? Rien ne me semble moins démontré. Il me paraît que M. Littré, dans cette histoire un peu sommaire de l'idée de justice, confond l'idée elle-même, à son origine, avec son gage matériel, son signe extérieur, compensation du dommage causé. Il est bien vrai que ce qui semble dominer alors dans la peine appliquée, c'est la réparation par l'argent ou par le sang, le dédommagement ou le talion. Qu'est-ce que cela prouve, sinon la grossièreté des mœurs et l'imperfection des institutions dans ces sociétés rudimentaires? Ce qui manquait alors, c'étaient les moyens d'action, l'administration d'une justice sociale. On y suppléait comme on pouvait, soit par l'action individuelle, soit même par l'action collective de la tribu ou de la famille, qui prenait fait et cause pour l'un de ses membres lésés; mais quelle raison a-t-on de croire que l'idée d'une justice supérieure fût absente, et que l'indemnité épuisât le châtiment? Je ne mets pas en doute que la notion de la criminalité ne fût déjà formée; seulement il est bien certain que les moyens de la faire passer dans la pratique n'existaient pas. On faisait ce que l'on pouvait sur la terre, on déléguait le reste aux dieux. Il y avait déjà, même dans la conscience primitive de l'humanité, un ensemble de notions qui correspondait à l'idée d'une *justice punissante*. Citerai-je l'idée si puissante de la Némésis, qui contenait non pas seulement la menace d'un châtiment pour les emportements de la force, mais même pour les excès de la prospérité, parce qu'une fortune sans bornes répand dans les esprits l'ivresse de la tyrannie sur les hommes et de la révolte contre les dieux? La conception très ancienne du Tartare ouvrait d'ailleurs des horizons illimités à l'idée du châtiment, et, bien que cette conception fût singulièrement défectueuse, souvent grossière dans la manière de répartir et de proportionner les peines, il n'en est pas moins vrai qu'il y avait là comme une traduction naïve et un symbolisme de la pénalité. C'était comme un supplément imaginé par la conscience populaire pour réparer les effroyables désordres et les défaillances de cette justice élémentaire. Nous aurions mille preuves à l'appui de cette thèse, que dès l'origine de la société hellénique il a existé un sentiment de justice supérieure, qui s'est traduit plus d'une fois sous des formes plus ou moins délicates et précises. Il y a eu en Grèce, comme on l'a montré, une morale bien avant les philosophes, une morale très complète dans ses idées essentielles, ce qui met hors de contestation à nos yeux l'existence d'une raison publique, d'une opinion qui flétrissait déjà le mal, la violence, la fraude, haïssait spontanément et frappait de son mépris l'immoralité, et, poursuivant le crime par l'aversion et l'opprobre, en remettait seulement le châtiment complet à la justice des dieux, en attendant que la justice des hommes se constituât pour défendre le faible contre le fort et faire régner la paix dans la cité.

Quoi qu'il en soit de ces origines contestables, M. Littré n'en est pas moins (et c'est là ce qui nous importe dans la question) de bonne composition sur les applications actuelles de l'idée de pénalité. Il reconnaît expressément que la société a le droit de frapper le coupable : « Elle l'a, dit-il, en vertu des deux principes primordiaux, celui de dédommagement et celui de vengeance. C'est à elle d'aviser à ce qu'elle fera, d'abord pour elle, puis pour ce malheureux ainsi tombé en forfaiture. A ce double point de vue, la pénalité acquiert un caractère de généralité qui la rend susceptible de discussions, de théories et d'accommodations successives à la mesure des degrés de civilisation. Ainsi munie, la société poursuit deux buts accessoires, mais importants : d'abord en ôtant tantôt la liberté, tantôt la vie aux malfaiteurs, elle met fin aux dommages qu'ils causent, et procure à chacun une sûreté relative. Ensuite par la crainte elle arrête un certain nombre de gens en qui la tentation au mal est vaincue par la peur du châtiment. »

Bien qu'elle fasse toutes les concessions possibles aux exigences de l'ordre social, cette théorie ne me rassure pas. Elle repose sur une base ruineuse : les principes du dédommagement pécuniaire et de la vengeance, que M Littré appelle primordiaux, et qui ne sont à mes yeux que l'expression barbare, l'altération grossière plutôt que la traduction de l'idée du droit. La vraie justice en est totalement absente. M. Littré se doute bien du peu de solidité de ces principes, et il essaye de les affermir par la considération des résultats, l'utilité sociale du châtiment et l'intimidation du mal futur. Nous retrouverons ces mêmes considérations tout à l'heure, dans notre discussion avec M. Stuart Mill. Nous verrons que par elles-mêmes elles ne peuvent rien fonder, rien légitimer. N'oublions pas d'ailleurs, pour apprécier l'attitude que M. Littré a prise dans cette question de la pénalité, qu'il s'est toujours porté l'adversaire déclaré du libre arbitre. Je m'étonne que M. Littré écarte ici par une fin de non-recevoir une si importante considération. « Quoi qu'on pense de cette question, dit-il, soit qu'on admette la liberté métaphysique, soit qu'on se range du côté du déterminisme, toujours est-il que, de par la constitution de l'esprit humain, la société a droit sur le malfaiteur. » Nous ne pouvons souscrire à cette brève sentence. La société n'a réellement droit sur le malfaiteur que si le malfaiteur a violé sciemment et librement la loi. Sans cette condition, elle n'a aucun droit sur lui, à moins de l'assimiler complètement à l'aliéné, ce que l'école matérialiste n'a pas hésité à faire, mais c'est là une extrémité de logique devant laquelle M. Littré a reculé. Son silence au moins nous autorise à le croire.

Dans une question de cette importance, notre enquête serait bien incomplète, si elle laissait en dehors d'une consultation sérieuse l'école expérimentale anglaise, dont le plus illustre représentant, M. Stuart Mill, est mort, mais qui se perpétue par une vigoureuse génération de penseurs tels que MM. Bain et Spencer, qui se renouvelle sans cesse par l'abondance extraordinaire de ses productions embrassant l'universalité des sciences philosophiques, et surtout par la vive attraction qu'elle exerce en Angleterre et jusqu'en Allemagne et en France sur un assez grand nombre d'esprits cultivés. Ce supplément d'enquête sur le problème de la responsabilité sociale est d'autant plus nécessaire que c'est dans cette école que le déterminisme psychologique est venu se concentrer avec le plus de force et s'organiser avec la plus grande rigueur logique. Pour M. Spencer, l'illusion du libre arbitre est le résultat d'un vaste ensemble d'associations de détail dont l'histoire a été perdue. Quant à M. Bain, il pousse la hardiesse jusqu'à prétendre que cette notion est apparue pour la première fois chez les stoïciens et un peu plus tard dans les écrits de Philon le Juif. Le nom seul lui semble anti scientifique. Il a été amené de force dans un phénomène avec lequel il n'a rien de commun. Il ne peut avoir qu'un sens, nier toute intervention étrangère. Divers motifs concourent pour me pousser à agir; le résultat du conflit montre qu'un groupe de motifs est plus fort qu'un autre; c'est là le cas tout entier. Il faudrait substituer au terme vague et impropre de *liberté* le terme d'*aptitude* (*ability*) qui, lui au moins, est inoffensif et inintelligible. Cette question de liberté est « la serrure brouillée de la métaphysique, un paradoxe du premier degré, un nœud inextricable ». Elle appartient à la catégorie des problèmes factices, comme les arguments de Zénon d'Élée sur l'impossibilité du mouvement, sur la course entre Achille et la tortue, etc. M. Stuart Mill n'admet pas plus au fond la liberté du choix que les autres philosophes de la même école, mais il y met plus de formes. Peut-être même y aurait-il grand profit à tirer, dans une discussion sur le libre arbitre, d'un amendement par lequel il tempère le déterminisme, et qui, poussé aux dernières conséquences, pourrait bien le détruire. M. Mill admet notre aptitude à modifier notre propre caractère, *si nous voulons*. Sans doute nous agissons toujours conformément à notre caractère, et c'est bien là une espèce de nécessité; mais nous pouvons, d'une certaine manière assez inexplicable, agir sur lui. M. Mill n'a pas tiré de cette ouverture qui s'était faite dans son esprit toute la lumière et la clarté désirables. La volonté retombe bientôt dans une sorte de mécanisme qui, pour être moral, n'en est pas plus libre. Nos résolutions suivent, en fait, des antécédents moraux déterminés, avec la même uniformité, et (quand nous avons une connaissance suffisante des circonstances) avec la même certitude que les effets physiques suivent leurs causes physiques. Ces antécédents sont les inclinations, les aversions, les habitudes, les dispositions, qui sont elles-mêmes des effets d'autres causes mentales ou physiques, — de telle sorte que la chaîne se prolonge à l'infini en arrière de chaque action qui nous apparaît, dans l'illusion de la perspective vulgaire, comme spontanée et libre.

L'imputabilité ne s'accorde guère avec un pareil déterminisme. Aussi est-ce pour l'école anglaise la question la plus pénible, la plus délicate, la *vexata quæstio*. Les philosophes de cette école s'effrayent à l'idée d'ébranler dans les consciences la légitimité du châtiment; ils font tout pour conjurer le péril. Ce sont des Anglais, ne l'oublions pas, gens très positifs et très pratiques, grands partisans de l'utilité sociale, nullement disposés à renoncer, au nom d'une théorie philosophique, à la protection des lois et à l'institution des peines. Sur ce point, M. Mill est bien de sa race; il prétend ne rien sacrifier de l'intérêt public aux conséquences du déterminisme, qu'il déclare du reste exagérées et chimériques. Il est intéressant de le suivre dans le grand travail dialectique où il soutient cette thèse contre les arguments de M. Hamilton et les objections accumulées de MM. Mansel et Alexander. Rien n'égale la tenace subtilité, la souplesse insaisissable, l'art évasif, parfois même le bonheur de cette argumentation dont le but est de démontrer qu'un déterministe n'est nullement obligé, ni en conscience ni en logique, de renoncer en quoi que ce soit au bénéfice des lois pénales. C'est pour nous, avec un spectacle des plus instructifs, une occasion naturelle de remarquer l'embarras inextricable où l'on se jette dès qu'on abandonne le terrain du libre arbitre, et la difficulté de conserver dans ce cas non seulement le système entier des peines, mais l'idée même la plus élémentaire de la pénalité : tant il est vrai que la responsabilité sociale est liée invinciblement, dans la réalité comme dans la science, à la responsabilité métaphysique, et que l'une ébranlée ou détruite entraîne l'autre dans sa ruine.

Nous ne donnerons qu'un aperçu de la dialectique de M. Mill. Responsabilité, dit-il, signifie châtiment. Que prétend-on quand on dit que nous avons le sentiment d'être moralement responsables de nos actions ? Quand on dit cela, l'idée qui domine dans notre esprit, c'est l'idée d'être punis à cause d'elles. Le sentiment de l'imputabilité se mesure donc exactement aux chances que l'on a d'être appelé à rendre compte de ses actes. Or, ce sentiment peut être plus ou moins cultivé dans les esprits. A mesure qu'une société est plus civilisée, nous sommes plus portés à croire que nous n'échapperons pas à ce compte qui nous sera demandé par nos semblables, et dont le résultat nous sera signifié soit par l'aversion publique, soit par un châtiment, selon que nos actes seront plus ou moins attentatoires à l'intérêt général. Cela devient une habitude et une loi de l'esprit. Quand on a pensé longtemps qu'une peine était la conséquence à peu près inévitable d'un fait donné, ce fait s'engage dans des associations d'idées qui le rendent pénible en soi et en écartent naturellement l'esprit, et qui, lorsque le fait a eu lieu, nous portent à nous attendre à un châtiment. Voilà l'histoire psychologique du sentiment et de la notion de responsabilité. On n'y fait intervenir à aucun degré ni la notion du libre arbitre, ni la nature du bien et du mal en soi : on ne considère dans les actions que les conséquences qu'elles tendent à produire ; dès lors l'imputabilité s'explique d'elle-même sans aucun recours à une raison transcendante ou mystique.

Nous ne nous arrêterons pas à montrer ce qu'il y a d'incomplet dans cette analyse, dont le double défaut est de subordonner le sentiment de la responsabilité à l'attente ou à la crainte des conséquences de nos actes, au calcul des chances que nous avons d'être appelés à en rendre compte, et de supprimer d'un seul coup et presque sans discussion, avec la distinction du bien et du mal inhérents à l'action, l'ensemble des sentiments moraux attachés au libre choix, en dehors de toute responsabilité sociale, comme la tristesse intérieure et le remords désintéressé. Nous avons hâte d'arriver à la question principale, qui, de l'aveu de M. Mill, est celle-ci : la légitimité du châtiment. Peut-il y avoir une seule peine qui soit juste, si le libre arbitre n'est plus là pour en fonder la moralité? Nous avons effleuré cette question avec MM. Moleschott et Littré ; le moment est venu de la discuter de plus près.

Assurément oui, répond M. Mill, il peut y avoir des peines légitimes, même en l'absence de toute liberté du choix. A défaut d'autres considérations, le profit qu'en retire le coupable lui-même suffirait pour justifier la peine. Il y a justice à le punir, si la crainte du châtiment le rend capable de s'empêcher de mal faire, et si c'est le seul moyen de lui en donner le pouvoir. Supposons une disposition vicieuse dans un homme persuadé qu'il peut y céder impunément : il n'y aura pas de contrepoids dans son esprit, et dès lors il ne pourra s'empêcher d'accomplir l'acte criminel. Si au contraire il a vivement empreinte en lui l'idée qu'une grave punition doit s'ensuivre, il peut être arrêté dans l'accomplissement de cet acte, et dans la plupart des cas en effet il s'arrête. Tel est le premier avantage de la peine : en contre-balançant l'influence des tentations présentes ou des mauvaises habitudes acquises, la peine rétablit dans l'esprit cette prépondérance normale de l'amour du bien que beaucoup de moralistes et de théologiens regardent comme la vraie définition de la liberté. Cette raison seule suffirait pour justifier le châtiment, parce que faire du bien à une personne, ce ne peut être lui faire du tort. La punir pour son propre bien, pourvu que celui qui inflige la peine ait un titre à se faire juge, n'est pas plus injuste que de lui faire prendre un remède, si elle est malade.

Il y a dans tout ce raisonnement un singulier malentendu. Ce n'est pas le coupable actuel qui retire le profit du châtiment appliqué à son crime, c'est le coupable éventuel, le malfaiteur possible, celui chez lequel germe une vague tentation de crime, et qui peut encore s'empêcher de l'accomplir en opposant à son désir la crainte du châtiment infligé à un autre. Or cette considération rentre dans l'idée de l'utilité sociale, que M. Mill a distinguée de celle-ci, et que nous aurons à examiner tout à l'heure. Il paraît bien qu'il se produit ici dans son esprit quelque confusion. S'agit-il des crimes futurs dont la pensée peut être réprimée dans l'esprit du coupable puni? Est-ce là le profit individuel que le coupable doit retirer de la peine infligée et qui, selon M. Mill, suffit pour la justifier? Mais dans ce cas même il y a des circonstances, et les plus graves, où le profit sera nul. Si la peine infligée au coupable est la plus terrible de toutes, la perte de la vie, il est trop clair que le temps manquera au malfaiteur pour en profiter. S'il s'agit d'une peine plus légère qui lui laisse le temps de vivre et la possibilité de mal faire encore après qu'il l'aura subie, il rentre dans la condition ordinaire des autres hommes, et pourra recevoir en effet du souvenir de sa punition une heureuse influence dont profitera sa conduite future; mais ce n'est encore là qu'un cas particulier de l'utilité sociale du châtiment. Or, il est certain que déjà avant son crime actuel le malfaiteur savait à quoi il s'exposait, puisqu'il y en a eu d'autres, en grand nombre, châtiés avant lui, — et pourtant l'idée d'un châtiment très probable ne l'a pas arrêté. Un autre groupe de motifs a été plus fort que ceux qui devaient l'empêcher de mal faire, et le crime a été irrésistiblement commis. Quelle raison avez-vous d'espérer que l'expérience de sa punition personnelle agira plus fortement sur ses déterminations que l'expérience accumulée de tous les châtiments infligés avant lui? Ici même les annales judiciaires sembleraient donner tort à M. Mill. Elles prouvent, en effet, par le nombre des récidives et leur proportion dans l'ensemble des crimes, que le souvenir du châtiment personnel n'est pas un motif plus déterminant que l'idée générale de la pénalité appliquée aux autres hommes, et que ce motif n'a pas une énergie particulière pour détourner de mal faire. D'ailleurs, pourrions-nous dire à M. Mill, en raisonnant comme vous le faites sur la conduite future de cet homme, vous supposez dans son avenir ce que vous supprimez dans son passé, la force de donner la prépondérance aux bons motifs en s'aidant du souvenir de son infortune, et cela ressemble, à s'y méprendre, à la liberté de choisir. Vous évitez en vain ce mot qui poursuit votre pensée; l'idée, sinon le mot, revient dans tous vos raisonnements, elle y est partout invisible et présente.

La peine ne pourrait être vraiment utile au malfaiteur et profitable à sa conduite future qu'à une condition que vous supprimez, à la condition qu'au moment où il est puni il sente qu'il reçoit une peine méritée, qu'il en reconnaisse la justice et qu'il l'accepte. A ce prix, il trouvera dans le châtiment une occasion naturelle de s'incliner devant les lois sociales qu'il a violées, de donner un autre cours à ses idées, de dissiper les ténèbres volontaires où il étouffait sa conscience et de prendre pour l'avenir des résolutions salutaires qui peuvent devenir le point de départ d'une destinée nouvelle. Dans le cas contraire, si vous châtiez un coupable qui l'a été sans le vouloir librement, s'il a le sentiment de la fatalité qu'il a subie et que vous poursuivez impitoyablement en lui, prenez garde, vous produirez chez lui une indignation, une fureur nouvelle, la haine implacable contre la société injuste qui le frappe. Vous aurez fait un révolté, l'ennemi irréconciliable d'un ordre social au profit duquel on le sacrifie. — Cela même peut servir de preuve très solide en faveur du libre arbitre, que les cas de révolte contre la peine soient extrêmement rares chez les malfaiteurs. Il n'arrive presque jamais qu'un coupable récuse la légitimité de la sentence prononcée, après que son crime est établi. Il nie le crime, il ne nie pas la justice de la peine, tant est forte la corrélation qui s'est établie dans sa conscience entre la peine et le forfait. Il ne lui vient pas naturellement à l'esprit de détruire cette corrélation et de la nier. Pour lui, l'unique question est d'échapper à la punition en échappant à la preuve du crime; tout le procès est là. S'il s'avoue coupable ou s'il est reconnu tel, il reconnaît implicitement que le reste découle de soi, comme une conséquence de son principe.

Reconnaître le châtiment légitime, telle est donc la condition préalable pour que le coupable en retire un profit quelconque. M. Mill a bien prévu l'objection; quelle objection n'a-t-il pas prévue dans cet essai étonnant de dialectique contre le libre arbitre? mais sa réponse ne nous satisfait guère. — Oui, sans doute, dit-il, un déterministe devrait sentir de l'injustice aux punitions qu'on lui inflige pour ses mauvaises actions, s'il ne pouvait réellement pas s'empêcher d'agir comme il l'a fait, s'il s'est trouvé sous le coup d'une contrainte physique ou d'un motif absolument irrésistible; mais s'il était hors de ces conditions exceptionnelles qui constituent des causes d'immunité; s'il se trouvait dans un état où la crainte du châtiment pouvait agir sur lui, il n'y a pas d'objection métaphysique qui puisse, à mon avis, lui faire trouver son châtiment injuste. Il est en tout cas responsable de ses dispositions mentales, — un amour insuffisant du bien et une aversion insuffisante du mal, — responsable de son caractère, qu'il n'a pas modifié dans le sens des bons sentiments. Cela seul justifie la peine, à ses yeux comme aux yeux des autres hommes. — Cette réponse semblera à tout juge impartial singulièrement faible. L'homme devient responsable de n'avoir pas donné la prépondérance à la crainte du châtiment sur les motifs qui le sollicitaient au crime. Il pouvait donc le faire : cela dépendait donc de lui? Mais quel autre sens peut-on donner raisonnablement à la liberté du choix? Ou cette réponse ne signifie pas grand'chose et ne prouve que l'embarras de M. Mill, ou bien elle prouve contre sa thèse. Ici encore il lui arrive ce qui arrive à tous les déterministes sans exception : quand ils ne sont pas surveillés par un adversaire qui les tient en éveil, ils s'abandonnent aux instincts, aux traditions de la langue et de l'opinion communes; ils parlent et pensent comme la conscience humaine, à laquelle leur théorie fait violence, et qui reprend en eux son cours dès qu'elle peut.

L'utilité personnelle du châtiment fût-elle aussi rigoureusement démontrée qu'elle l'est peu dans l'hypothèse déterministe, cela ne suffirait pas pour en établir la légitimité, et c'est ce qui reste encore à prouver, après tant d'efforts. A supposer qu'elle dût être décisive, l'influence salutaire à exercer sur les déterminations futures d'un homme est-elle un motif suffisant pour frapper une action criminelle qui n'a pas été libre? C'est toujours là qu'il en faut revenir. Nous ne pouvons admettre cette audacieuse justification de la thèse de M. Mill, à savoir que faire du bien à une personne, ce ne peut être lui faire du tort, et qu'on la punit pour son propre bien. On irait loin avec de pareils principes, qui pourraient servir d'excuse toute prête à toutes les entreprises contre la liberté individuelle. — Cet homme est malade, direz-vous? il ne veut pas se soigner, je le soigne de force, je le guéris malgré lui, ne suis-je pas son bienfaiteur? — Ou bien encore : Cet homme est adonné à l'ivrognerie ; je l'enferme, je vais à coup sûr le corriger. Et comme il devra m'en savoir gré! — Ou bien : Il est fou, sa folie va éclater bientôt à tous les yeux ; par précaution, je le place dans une maison de santé. — On se récriera sur ces exemples; mais n'est-ce pas absolument le raisonnement de M. Mill? « Cet homme a commis un acte grave, il n'était pas libre en le commettant; mais je le châtie pour son bien, afin que le souvenir de la peine s'associe dans son esprit à l'idée de l'acte et l'en détourne une autre fois. » Quel droit, dirons-nous au juge lui-même, avez-vous d'imposer à un être humain ce singulier bénéfice de la peine, s'il n'est pas vraiment responsable de la faute? Quel droit avez-vous de faire son bien contre son droit, de l'obliger malgré lui, et de l'obliger de cette singulière manière, en le frappant? C'est un nouveau et odieux despotisme que vous inventez là, celui de la charité.

Mais, répond M. Mill, c'est surtout dans l'intérêt social que j'agis ainsi. Voilà donc le grand mot prononcé. Nous l'attendions depuis longtemps, et de fait il n'y a pas d'autre argument décisif dans toute la discussion de M. Mill. Tout se réduit en effet à cette raison suprême, même l'intérêt individuel du coupable, qui, à vrai dire, n'est qu'un cas particulier de l'utilité sociale. C'est là l'élément intelligible, pratique, le milieu réel où se meut à l'aise la pensée de ce subtil dialecticien. « Le châtiment est une précaution que la société prend pour sa propre défense. Pour que le châtiment soit juste, il suffit que le but poursuivi par la société soit juste. Si la société s'en sert pour fouler aux pieds les justes droits des particuliers, le châtiment est injuste. Si elle s'en sert pour protéger les droits des citoyens contre une agression injuste et criminelle, il est juste. Si l'on a des droits, il ne peut être injuste de les défendre. Donc, *avec ou sans libre arbitre,* la punition est juste dans la mesure où elle est nécessaire pour atteindre le but social, de même qu'il est juste de mettre une bête féroce à mort (sans lui infliger des souffrances inutiles) pour se protéger contre elle. » Voilà le dernier mot de cette théorie, jusque-là si obscure et si péniblement déduite.

Ces considérations tranchantes et sommaires doivent se compléter par la lecture du traité de l'*Utilitarianisme*, où M. Mill expose les origines du sentiment et de l'idée de justice. Au début de la vie humaine ou de la vie sociale, ce sentiment n'est pas autre chose que le désir naturel et même animal de représailles qui nous porte à faire du mal à qui nous en fait soit dans notre personne, soit dans un objet qui nous intéresse. Ce sentiment naturel, qu'il soit instinctif ou acquis, n'a d'abord rien en soi de moral. Il se *moralise* à la longue par son alliance avec l'idée du bien général, qui le restreint, le limite, le définit; il devient alors notre sentiment moral de justice, et ainsi se marque la différence de la théorie matérialiste, qui n'invoque contre le coupable que la force, avec la théorie déterministe, qui élève un instinct à la hauteur d'un sentiment moral par l'intervention de l'utilité sociale. Cela suffit-il en effet? Sans doute on n'en est plus réduit, avec M. Mill comme avec M. Moleschott, à invoquer uniquement le besoin de la conservation de l'espèce, dans toute sa brutalité, contre de pauvres insensés qui la menacent. Nous voyons apparaître ici l'idée vague d'intérêts inviolables, transformés en droits personnels, bien que cette idée de droit ne puisse naître logiquement de l'utilité toute seule. Il s'y joint aussi l'idée de bien général, quoique cette idée même, la plus haute à laquelle puisse s'élever l'empirisme, soit insuffisante à créer un droit social.

De toutes parts éclate l'impuissance de l'hypothèse déterministe : elle ne pourra jamais rendre compte de ce grand fait, la responsabilité juridique. L'utilité de tous, moins un, ne sera jamais l'équivalent d'un droit. Elle ne peut conférer au genre humain tout entier la faculté de disposer de la vie ou de la liberté d'un homme, si l'on ne va puiser plus haut l'origine de cette faculté, si on ne la légitime soit par la justice, supérieure à l'utilité, soit par la responsabilité morale, condition de la pénalité légitime. Hors de ce principe et de cette condition, il est impossible d'arriver à l'idée d'un droit social quelconque, et, bien que puisse prétendre M. Mill, nous restons dans les expédients. A ne considérer que l'utilité, l'intérêt d'un seul est aussi sacré que celui d'un million d'hommes. Si on l'immole uniquement au bien public, ceux qui le sacrifient usurpent le nom de juges, ils sont des bourreaux.

Avec le livre de M. Fouillée sur la *Liberté* et le *Déterminisme*, nous entrons dans une tout autre sphère. Personne n'a mieux senti que cet auteur la faiblesse incurable du déterminisme dans tous les problèmes de l'ordre social, et cette nécessité où il est réduit, en l'absence de tout droit réel, d'employer la force contre des individus plutôt malheureux que coupables, de défendre l'intérêt de tous contre la violence de quelques-uns. Ce n'est pas à lui que peut suffire cette justification matérielle et physique de la peine, résultant des rapports sociaux tels qu'ils existent en fait.

La méthode de l'auteur est spécieuse et savante. Par une manœuvre hardie, il s'est placé au cœur même du déterminisme pour l'élever peu à peu à une doctrine supérieure, et forcer la nécessité elle-même à se convertir en liberté. Au moyen d'une série de concessions réciproques et nécessaires, exigées et obtenues des deux côtés, l'auteur s'efforce, avec plus de talent que de succès réel, d'amener les deux doctrines ennemies à une conciliation. Son instrument, son procédé dialectique est celui des moyens termes qu'il s'agit d'intercaler entre ces deux tendances de l'esprit, qui selon lui, ne divergent pas à l'infini. Cette tentative poussée jusqu'au bout avec un grand courage dialectique, présentée avec un art subtil et pénétrant, varié, inépuisable dans ses ressources, a été accueillie d'abord par la Sorbonne, devant laquelle elle se produisait sous forme de thèse, puis dans le monde philosophique, avec la plus sympathique curiosité. Et quelles que soient les destinées de cette méthode, qui a paru à d'excellents juges n'être pas exempte d'artifice, quels que soient surtout à cet égard les malentendus de l'opinion du dehors agitée par la question même, incompétente et mal informée sur le fond du débat, le nom du jeune philosophe est sorti avec honneur de cette difficile et délicate entreprise.

Le reproche le plus grave qu'on pourrait lui adresser, c'est qu'il est arrivé à M. Fouillée ce qui arrive souvent aux conciliateurs. Sûr de sa conscience et de la beauté du but qu'il poursuivait, peut-être a-t-il fait trop de concessions au déterminisme. Il a traité avec lui sur un pied d'égalité, de puissance à puissance, comme si cette direction de l'esprit était, dans le monde moral, aussi légitime que la direction contraire. Beaucoup de lecteurs ont pu s'y laisser prendre et rester sous le coup de ces premières impressions, qui affaiblissent la force de la démonstration, diminuent la portée des conclusions et laissent certainement du trouble dans la pensée. Nous ne prendrons dans ce vaste ensemble de discussions avec le déterminisme que celles qui se réfèrent à la question que nous examinons en ce moment, et encore une seule partie, celle qui touche à la pénalité sociale.

M. Fouillée fait, sur ce point comme sur beaucoup d'autres, de très larges concessions à la doctrine adverse, et je ne m'étonne pas que l'on s'y soit mépris. Il est d'accord avec les déterministes pour repousser absolument et sans réserve le nom et l'idée de l'expiation; il est d'accord aussi avec eux pour fonder la pénalité sur le principe de la conservation sociale. On peut le regretter; encore faut-il bien entendre sa pensée, dans son vrai sens et dans sa mesure. Le principe de l'expiation, dit-il, sur lequel on fondait autrefois la pénalité, suppose deux termes, le libre arbitre et le bien en soi, qui sont pour ainsi dire deux absolus. L'introduction de ces idées théologiques dans les lois sociales ne pouvait produire que les plus fâcheux résultats. Les juges humains, parlant au nom de Dieu, croyaient devoir pénétrer et dans l'absolu de la volonté individuelle, pour en mesurer la malignité, et dans l'absolu de la volonté divine, pour en appliquer les justes décrets; en outre l'expiation, et par suite la pénalité, devant être proportionnelle au crime, on était conduit à inventer des variétés de peines et des raffinements de supplice. Nous comprenons aujourd'hui que, si ces deux absolus existent, ils nous sont du moins inaccessibles. — Il n'y a donc pas d'autres raisons de la pénalité que des raisons de défense sociale; or ces raisons peuvent être admises, en apparence au moins, par les partisans comme par les adversaires du déterminisme. A vrai dire, la société n'a le droit ni de faire expier un crime par le coupable, ni même, dans la rigueur du mot, de le punir. Elle n'a le droit que de se défendre.

Nous verrons tout à l'heure s'il n'y a pas quelque chose

d'essentiel à modifier dans cette manière de poser la question et de la résoudre; mais ce qu'il faut bien constater à l'honneur de M. Fouillée, c'est que les concessions qu'il semble faire aux déterministes sont plutôt de forme que de fond. Il se distingue très nettement d'eux par l'idée du droit qu'il introduit dans le problème, et qui le renouvelle complètement. C'est là que se révèle la véritable attitude de l'auteur, à égale distance des théories transcendantes ou mystiques sur la pénalité et de l'empirisme impuissant à créer la notion du droit. — La pénalité ne se légitime pour les utilitaires et les matérialistes que par l'intérêt majeur de la défense sociale. M. Fouillée demande avec raison si cet intérêt majeur est juste, et c'est devant cette question qu'hésite et recule toute doctrine empirique. Quand on a montré et démontré cet intérêt de conservation ou de défense, reste à savoir s'il constitue un véritable droit. C'est précisément à ce point de divergence des deux routes que M. Fouillée se sépare de ses auxiliaires d'un moment. D'accord avec eux sur la question des faits et des intérêts sociaux, il déclare qu'il ne peut plus s'accorder au delà, les faits et les intérêts sociaux ne pouvant pas, même réunis, élaborés, combinés, donner naissance à un atome de moralité. Or l'ordre social tout entier repose sur l'idée du droit; les rapports sociaux ne sont explicables et vraiment justifiables que par les rapports moraux, comme la légalité par la légitimité. C'est ainsi que se rompt pour toujours l'accord provisoire, l'équivalence momentanée du déterminisme et du libre arbitre.

Non, le droit social n'est pas engendré et ne peut pas l'être par l'utilité, par l'intérêt du plus grand nombre, même par l'intérêt de tous; en dehors, il y a encore le droit, que rien de tout cela ne constitue. Telle est la ferme doctrine de M. Fouillée, et si elle est encore incomplète par ce qu'elle ne dit pas, elle est au moins irréprochable par ce qu'elle affirme. Le droit, c'est la reconnaissance et la garantie de l'inviolabilité de la liberté de chacun. La justice sociale, c'est l'accord réciproque de ces libertés De là se déduit sans effort la pénalité ; elle se résout dans le droit de défense appliqué à la garantie de la personne humaine. Il y a un droit, c'est celui de la personne. Donc il y a un droit de le défendre, puisque c'est défendre la personne même. Le droit social n'est pas autre chose que le transfèrement dans les mains de l'État de ce droit individuel que chacun possède naturellement de garantir sa personnalité contre les envahissements ou les entreprises d'autrui. Il reste le même en passant de l'individu à l'État ; il ne change pas de nature, il est toujours le droit, le même droit, seulement généralisé. Voilà bien, à ce qu'il me semble, les éléments de la théorie de M. Fouillée, dont il faut recueillir à travers le livre les fragments dispersés, comme les échos errants de la même voix.

Ainsi résumée, et je crois qu'elle l'est exactement, la théorie de M. Fouillée n'a plus autant à craindre des critiques qui ne lui ont pas été ménagées. Elle se distingue nettement de toutes les théories inférieures, qu'elle a l'air de n'accepter un instant que pour les traverser et les dépasser. Elle s'élève de la sphère extérieure et physique au monde intime de la conscience, où nous devons chercher les derniers fondements des droits ou des devoirs sociaux, et là, dans le sanctuaire de la personnalité libre, elle trouve la base inébranlable de la pénalité.

Reste à savoir s'il n'y a pas autre chose dans cette idée, et si l'auteur rend un compte suffisant de tous les éléments qu'elle contient. Nous ne le pensons pas. Que l'origine historique et logique de ce droit social se trouve dans le droit individuel, inhérent à chacun, de défendre sa personnalité, j'y consens; que ce droit de défense se distingue très nettement de celui qu'invoquent les déterministes par l'intervention de cet élément moral, qui en est la véritable justification et qui pour eux se réduit au besoin, je le reconnais volontiers; mais, une fois ce droit transféré à la société, il n'est pas douteux qu'il n'acquière dans ce passage des caractères nouveaux, une portée nouvelle, une dignité plus auguste, qui, jusqu'à un certain point, sans changer son essence, le transforment. Par cela que la société dure toujours, qu'à elle seule l'avenir des générations appartient, qu'elle doit par conséquent prévoir et autant que possible prévenir les crimes futurs, par cela aussi qu'elle est un être de raison, un être impersonnel, affranchi des rancunes et des passions, désintéressé dans le débat qu'elle juge et incapable d'entraînement dans l'application de la peine qu'elle arbitre, — par ce double fait considérable elle étend le droit social bien au delà des limites où le droit individuel se renferme. A ce droit qui, par sa définition même, s'exerce et s'épuise dans l'acte de se défendre contre l'entreprise hostile et qui ne survit pas au danger, la société ajoute le droit incontestable de prévenir le crime, de le réprimer d'avance, de l'empêcher de naître par l'intimidation, le droit de viser à l'amélioration du coupable en le frappant, et surtout le droit ou mieux le devoir, non pas, ce qui serait atroce, d'égaler la peine à la perversité, mais, ce qui est bien différent et hautement moral, de graduer les peines selon la criminalité des intentions.

C'est sur cette dernière considération que j'insisterai pour essayer de montrer à M. Fouillée ce qui manque à sa théorie, et ce sera une occasion naturelle de rappeler sommairement les divers éléments qui doivent entrer dans une théorie complète de la pénalité sociale. M. Fouillée a un tel respect pour la conscience humaine qu'il prétend refuser à la justice le droit de violer ce sanctuaire et d'y pénétrer pour mesurer la malignité de l'intention. C'est là une déduction fausse du principe du droit individuel. Sans doute l'individu qui se défend épuise son droit dans l'acte qui consiste à se mettre à l'abri des attaques. Il n'a pas à juger l'état de conscience de l'agresseur. La société qui le représente a le même droit, mais de plus, incontestablement, elle a le devoir et par conséquent le droit tout nouveau de graduer la peine qu'elle applique. M. Fouillée pourrait-il nier que le juge ait le devoir (et c'est la partie la plus délicate de ses redoutables fonctions) de mesurer aussi exactement que possible la perversité de l'acte qui a mis l'ordre social en péril, et cette mesure peut-elle se prendre autrement qu'en discernant les intentions, en jugeant l'état des consciences, en descendant au fond de l'âme du coupable, ce que l'on déclare vainement un acte d'usurpation sur la justice absolue? Non, la matérialité de l'acte ne suffit pas pour porter un jugement, elle n'épuise pas la compétence du juge. Il faut bien qu'il puisse pénétrer, d'une certaine manière, dans le secret des volontés, soit pour déclarer qu'elles n'étaient pas libres dans l'acte commis et qu'elles étaient placées dans un cas d'immunité, soit pour mesurer la criminalité du coupable selon les circonstances de passion, d'intelligence, de responsabilité plus ou moins grande. C'est une pure utopie de vouloir placer la conscience en dehors de la pénalité, sous prétexte qu'il n'appartient pas à un œil humain de pénétrer dans ses mystères. Outre qu'il y a une singulière exagération à le prétendre, si l'on développait cette idée dans ses dernières conséquences, on arriverait à d'étranges résultats, bien contraires assurément à la doctrine hautement spiritualiste de l'auteur. Ce serait la gravité de l'acte matériel et du dommage causé qui deviendrait l'étalon unique de la peine et le principe de la rétribution sociale. Or, il n'est pas douteux qu'on puisse causer un grand dommage sans être un grand criminel, tandis que des volontés perverses, paralysées par certains obstacles, ne produisent parfois qu'un mal insignifiant. — Ce serait la justice renversée.

Il faut donc bien avouer que l'autorité sociale, mandataire des droits individuels, tire du privilège de sa situation des éléments nouveaux par lesquels le droit individuel s'élargit et se transforme. Elle a plus que le droit de stricte défense. Sans doute son action se borne à ces actes qui violent le droit social : elle n'atteint ni ne recherche les crimes intérieurs, les crimes de la pensée, les délits secrets de la conscience; mais dans sa sphère elle punit incontestablement, en ce sens qu'elle réprime le mal, qu'elle essaye de corriger le coupable en le châtiant, qu'elle juge le mal moral et ses degrés en graduant la peine sur la culpabilité. Tout cela est assurément fort légitime, et tout cela, bien qu'en dise M. Fouillée, fait de la pénalité autre chose que le droit de défense généralisé ; tout cela enfin ressemble singulièrement à ce qu'on appelle dans le langage ordinaire le droit de punir.

C'est ce qu'avait très bien remarqué M. de Broglie dans un travail qui date d'un demi-siècle, et qui a gardé dans presque toutes ses parties la haute valeur du puissant esprit dont il a été une des plus belles manifestations[1]. Son argumentation vaut encore contre la théorie de M. Fouillée, et signale avec une rare précision la différence du droit de défense même généralisé et de la pénalité sociale. — Sans doute le droit de défense est un droit naturel, légitime, sacré. C'est le droit en action, c'est-à-dire l'emploi de la force pour assurer l'accomplissement de certains devoirs ou garantir une personnalité

---

[1] *Du Droit de punir. Ecrits et discours*, t. Ier, p. 139.

libre. Il commence là où commence une inquiétude sérieuse et bien fondée, il expire à l'instant où le but est atteint; mais quelle garantie impuissante, quelle ressource imparfaite et précaire! Le droit de défense ne protège efficacement que le fort; il livre le faible en proie à la violence. Il met en jeu la force, et la force se soumet rarement à la règle; elle dépasse presque toujours le but, la passion s'en mêle. Alors intervient un médiateur entre l'offenseur et l'offensé; qu'il tire ce droit d'intervention de l'obligation générale qui pèse sur tous les hommes de s'assister mutuellement dans la mesure du bien et de la justice, ou de quelque obligation spéciale contractée envers l'offensé, ou d'un pacte quelconque stipulé entre les hommes, ou d'un certain caractère public, officiel, peu importe, ce droit existe, il n'est pas contestable. Ce droit d'intervention vaut déjà beaucoup mieux : il protège le faible aussi bien que le fort; puis il est exercé par un être qui n'y porte aucune passion personnelle, ce qui rend encore plus probable que l'emploi de la force sera renfermé dans ses véritables limites. Toutefois ce droit lui-même, c'est toujours la guerre, et la guerre cesse contre un ennemi désarmé. Le droit de défense, réduit à lui-même, n'existe pour la société aussi bien que pour l'individu qu'aussi longtemps que la société ou l'individu ont à se défendre. — Tout autre et bien supérieur est le droit social de la pénalité. Il prend son point de départ dans le droit de défense, mais il le dépasse. Sans prétendre exercer une sanction absolue, il applique une sanction relative de la justice en tant que cela est nécessaire pour le maintien de la paix publique. Il se transforme en droit de punir. Le but de la punition est le même que celui du droit de défense; mais combien il a plus d'extension, plus de portée, plus d'efficacité! La punition commence quand l'acte est consommé; elle s'exerce pour prévenir non celui-là, mais d'autres semblables. Elle n'est pas personnelle à celui qui l'exerce, et qui n'est ici que le mandataire désintéressé de la justice sociale. Elle poursuit deux fins distinctes : en premier lieu, comme moyen d'éducation, elle doit tendre à l'amélioration du coupable; en second lieu, comme moyen de répression, elle doit tendre à maintenir la paix et le bon ordre, c'est-à-dire l'accord des libertés entre elles.

Voilà bien le droit de punir avec ses caractères authentiques, incontestables. Ainsi expliqué, qui donc pourrait ne pas le reconnaître comme aussi légitime que le droit de défense et de conservation sociale, dont il n'est d'ailleurs que la transformation? Dès lors pourquoi donc avoir peur d'un mot? Je trouve cette crainte, à mon avis, fort exagérée, dans tous les passages où M. Fouillée parle de la pénalité. Je retrouve, non sans étonnement, la même crainte dans l'excellent et substantiel petit traité de M. Franck sur la *Philosophie du droit pénal*. Le savant auteur de ce livre, plusieurs années avant M. Fouillée, avait entrepris de ramener la pénalité au droit de conservation sociale, la considérant comme un moyen de défendre la liberté individuelle et le développement des facultés de l'homme, et la réduisant dans ses dernières explications au droit de légitime défense; mais, comme il y fait entrer à titre d'éléments essentiels le droit de répression et celui d'intimidation (et je pense aussi le devoir pour le juge de graduer la peine selon la criminalité), je me demande, ici encore, en quoi un droit pareil diffère du droit de punir. M. Franck le repousse pour ce motif, que la punition ne lui paraît être au fond que l'expiation. Or l'expiation, c'est le mal rétribué par le mal dans l'intérêt de l'ordre universel, c'est l'harmonie que notre raison nous montre comme nécessaire entre le mal moral et la souffrance. On nie ce droit à la société;

on soutient que le principe d'expiation ne tombe pas sous la puissance humaine, sous la loi des hommes; mais quel est donc, parmi les défenseurs modernes du droit de punir, sauf Joseph de Maistre et à un autre point de vue Kant, celui qui a confondu ce droit avec l'expiation dans le sens antique et rigoureux du mot? Est-ce M. de Broglie, que l'on semble parfois accuser de cette confusion dans le beau travail que nous avons déjà cité? Personne au contraire n'a mieux signalé que cet auteur le danger de confondre l'expiation et la punition. « Bien qu'identiques en substance (par leur origine commune dans l'idée de justice), elles sont différentes dans le but. C'est pour avoir méconnu cette différence que les anciens législateurs faisaient intervenir la pénalité non point dans le dessein de prévenir le crime, mais dans celui d'égaler les souffrances à la perversité réelle ou prétendue de son action. Cette erreur est la cause des atrocités dont les anciennes législations sont pleines.... » Et revenant avec instance sur les caractères et la vraie portée de la punition, « elle n'est point chargée, dit-il, de régler le compte de l'homme avec la loi morale, ni d'égaler les souffrances à la perversité des actes. Qu'elle prévienne les plus importants de ces actes pervers, qu'elle les prévienne au degré suffisant pour le maintien de la paix, pour l'essor du perfectionnement individuel et social, voilà son œuvre. »

Est-ce M. Cousin par hasard qui aurait commis quelque confusion analogue entre ces deux choses qui doivent rester distinctes? Mais dans son admirable argument du *Gorgias*, malgré l'entraînement du génie de Platon, qu'il traduit et qu'il commente, il résiste et se borne à développer ce principe de tout spiritualisme social, que la justice est le fondement véritable de la peine, que l'utilité n'en est que la conséquence. Prenant à partie l'empirisme et le déterminisme de son temps, « les publicistes, s'écrie-t-il, cherchent encore le fondement de la pénalité. Ceux-ci, qui se croient de grands politiques, le trouvent dans l'utilité de la peine pour ceux qui en sont les témoins, et qu'elle détourne du crime par la terreur de sa menace. C'est bien là un des effets de la pénalité; mais ce n'est pas là son fondement, car la peine, en frappant l'innocent, produirait autant et plus de terreur et serait tout aussi préventive. — Ceux-là, dans leurs prétentions à l'humanité, ne veulent voir la légitimité de la peine que dans son utilité pour celui qui la subit, dans sa vertu corrective. C'est encore là, il est vrai, un des effets possibles de la peine, mais non pas son fondement, car pour que la peine corrige, il faut qu'elle soit acceptée comme juste. La société frappe le coupable; elle ne le peut que parce qu'elle le doit. Le droit ici n'a d'autre source que le devoir, sans quoi ce prétendu droit ne serait que celui de la force, c'est-à-dire une atroce injustice, quand même elle tournerait au profit moral de qui la subit et en spectacle salutaire pour le peuple, — ce qui ne serait point, car alors la peine ne trouverait aucune sympathie, aucun écho, ni dans la conscience publique, ni dans celle du condamné. » — C'est toute la théorie de M. Cousin. Nous demandons s'il y a rien là qui ressemble à l'idée de l'expiation, s'il y a autre chose que le plus ferme bon sens exprimé avec une rare éloquence.

Il résulte de ce rapide examen que, pour constituer une théorie exacte et complète de la pénalité, il faut renoncer à vouloir la fonder sur un principe unique et tout ramener à une raison élémentaire. Nous avons essayé de montrer le vice des solutions trop simples en sens contraires. Non, la pénalité sociale n'est pas un équivalent de l'expiation, bien que l'idée de la sanction n'en soit pas absente, et que le principe de la justice y préside. La pénalité diffère de l'expiation en ce qu'elle ne prétend pas rétribuer le mal par le mal, en ce qu'elle ne se donne pas comme une délégation de la justice absolue, enfin en ce qu'elle atteint non pas le crime intérieur des consciences, mais seulement le crime objectif, l'acte matériel, l'attentat social. Elle n'est pas davantage, elle est encore moins la vindicte publique, expression atroce qui dénature par l'idée de la passion la notion désintéressée de la justice et de la garantie. Contre ces théories mystiques de la peine, les nouvelles écoles naturalistes et utilitaires s'élèvent avec raison; mais à leur tour, quand elles veulent définir leur principe, elles ne sortent pas des expédients, qui ne font que déguiser sous des noms pompeux le droit de la force. Et comment en serait-il autrement, puisque ces écoles sont condamnées par leur méthode à ne pas s'élever au-dessus des notions empiriques du besoin individuel ou de l'intérêt du plus grand nombre? Rien de tout cela ne constitue et n'engendre un droit, pas même celui de la défense. Ce droit ne commence qu'avec l'idée des libertés individuelles et des personnalités inviolables à garantir contre la violence ou la ruse; mais ce droit lui-même, véritable origine de la justice, se généralise et se transforme en se transférant de l'individu à la société qui devient médiatrice entre l'offenseur et l'offensé, juge du délit, arbitre de la peine. Voilà le principe et l'origine vraie de la notion de pénalité. Elle va croître, étendre sa légitime influence, agrandir sa portée jusque sur l'avenir, graduer le châtiment d'après la perversité, améliorer l'administration de la justice en la rendant de plus en plus prévoyante, active, sagace, augmenter de jour en jour sa vertu corrective et sa puissance préventive, se modérer dans la mesure du progrès des mœurs et de l'extension des lumières, et sans désarmer jamais, se donner à elle-même comme sa fin la plus élevée de travailler à se rendre inutile. Chacun de ces progrès successifs de la pénalité sociale correspond exactement à une phase de la civilisation. Qu'est-ce en effet que la civilisation, sinon l'humanité arrivant à la conscience de plus en plus intime d'elle-même et de ses fins morales?

Ce sont précisément ces fins morales de l'homme que nient les écoles prétendues scientifiques. Elles ne voient dans l'homme qu'un moyen, un auxiliaire de l'intérêt général ou un obstacle qu'il faut écarter. Le péril qu'apportent avec elles ces nouvelles doctrines n'est pas seulement celui d'une erreur intellectuelle, c'est un péril social et des plus graves. Elles descendent des sphères de la science dans les différentes sphères sociales en s'adaptant à chacune d'elles par des procédés sommaires d'exposition et des formules appropriées. Partout où elles passent, elles laissent derrière elles un trouble profond dans les intelligences, un vide dans les consciences. Ce qu'il faut appréhender le plus dans cette influence néfaste, ce n'est pas qu'elle amène la société à douter de son droit, du droit qu'elle exerce en vertu d'une délégation supposée ou consentie des libertés individuelles dont elle s'est engagée à régler et garantir l'accord. La société sait bien que l'exercice de ce droit est pour elle une question de vie ou de mort, une de ces conditions de *sélection naturelle*, vraie pour les peuples comme pour les espèces, et ce qui doit rassurer à cet égard, c'est de voir que ni M. Mill, ni M. Littré, ni même M. Moleschott, en dépit de leurs principes, ne conseillent à la société de se dessaisir de ce droit redoutable et sauveur. Ce qui est vraiment à craindre, c'est que par toutes ces négations accumulées on n'arrive à ébranler l'idée de la responsabilité dans la conscience des individus. Le mal est déjà fait pour la conscience des masses. De terribles exemples nous ont montré que les crimes des foules semblent n'être pas des crimes, et que les responsabilités collectives ne paraissent pas lourdes à porter. Le mal serait irréparable, s'il venait à s'étendre aux responsabilités individuelles; un peuple serait bien près d'être perdu le jour où le plus grand nombre des citoyens qui le composent ne verraient plus dans la responsabilité morale qu'un reste de superstition, et dans la pénalité qu'un artifice légal, imaginé pour protéger des intérêts.

CHAPITRE X

LA PEINE DE MORT. COMMENT LA QUESTION DOIT ÊTRE POSÉE.

La société a le droit de punir, nous croyons l'avoir démontré. Mais jusqu'où va ce droit? A-t-il des limites? Assurément oui, et nous écartons immédiatement la question de la torture et en général de toute souffrance inutile aux fins que se propose la société et qui légitiment sa répression. Mais y a-t-il d'autres limites que celles-là? La société a le droit incontestable de supprimer une liberté qui devient une menace permanente contre sa sécurité. Son droit va-t-il jusqu'à la vie du malfaiteur, à supposer bien entendu qu'elle soit un obstacle si grave à l'ordre social, que cet ordre soit de quelque façon en péril si cette vie coupable se prolonge dans un perpétuel et intolérable conflit avec lui?

Chaque fois qu'un crime abominable et le sinistre dénouement qui le suit viennent agiter la conscience publique, cette question surgit irrésistiblement de l'émotion populaire : « La peine de mort doit-elle être conservée? Est-elle en harmonie avec nos mœurs? Ne faut-il pas la rejeter, comme la mutilation et la torture, parmi ces tristes legs du passé qu'une civilisation plus éclairée et plus humaine a répudiés à tout jamais? » Une grande enquête s'ouvre alors sur cette question dans les conversations, dans la presse, sous forme d'interpellations dans les Chambres, partout où l'opinion peut trouver son issue. Les plus généreux sentiments se donnent libre carrière; les plus nobles espérances s'expriment en faveur d'une prochaine réforme de nos codes. Chose étrange! Ou plutôt contradiction apparente, qui ne fait que traduire le même sentiment, profondément humain. A l'heure où le forfait vient d'être découvert, un cri de vengeance, terrible, irrésistible, sort de tous les cœurs. C'est à peine si l'on écoute alors ceux qui rappellent que la société punit et réprime, mais ne se venge pas, que son œuvre n'est pas œuvre de colère, mais de justice. Puis, lorsqu'a sonné l'heure du supplice, il passe comme un frisson dans la conscience publique. On dirait que la société, saisie d'un scrupule tardif ou d'un remords, doute du droit formidable qu'elle vient d'exercer. Un sentiment étrange de compassion mêlée d'horreur se répand instantanément dans l'âme électrique des foules, et la question de la peine de mort se dresse de nouveau dans les esprits avec toutes ses conséquences et ses responsabilités formidables.

Peut-être faut-il se tenir en garde contre ces surprises de la sensibilité, les plus excusables, à coup sûr, en même temps qu'elles sont les plus irrésistibles. La question n'est presque jamais abordée dans ces débats de la presse que sous le coup de l'émotion du moment, ce qui est une condition mauvaise pour bien juger. Or, dans cette question comme dans toute autre où se trouve en jeu un droit essentiel ou un intérêt vital de la société, la passion la plus généreuse ne suffit pas. Il faut joindre tout ce que la raison philosophique peut nous fournir de lumières sur les principes et les droits de l'association humaine, tout ce que l'expérience spéciale et compétente peut nous donner d'inductions probables sur la portée de telle ou telle réforme. On ne résout pas ces grands problèmes avec l'émotion seule, et je me défie un peu du jugement public, au lendemain de ces terribles scènes que la presse a rendues comme présentes à chacun de nous, et qui produisent dans nos imaginations un long ébranlement.

Essayons de nous abstraire de ces occasions trop pathétiques qui ne laissent pas à l'esprit tout son sang-froid; remontons aux principes mêmes de la question, en séparant, autant que possible, notre intelligence des souvenirs trop irritants ou trop sensibles qui, en dramatisant la question, courent risque de l'altérer. Nous croyons que ce problème si grave est de ceux qui gagnent à être présentés sous l'aspect le plus simple, qui est en même temps le point de vue le plus philosophique. Des innombrables controverses qui se sont émues sous toutes les formes possibles, poèmes, récits, mélodrames, thèses et discussions, j'ai retiré cette conviction qu'il n'y a vraiment que deux questions où se ramène inévitablement tout le sujet. La peine de mort est-elle légitime? Est-elle nécessaire? Tout le reste n'est qu'épisode ou déclamation pure.

Il est clair que si la première question est résolue négativement, elle emporte la seconde. Si la peine de mort n'est dans aucun cas un droit de la société, il la faut abolir immédiatement, non pas demain, mais aujourd'hui, fût-il démontré qu'elle est de la plus haute utilité sociale. Il n'y a donc lieu de poser la seconde question que si l'on admet que la peine de mort n'a en soi rien d'illégitime. Alors il restera à se demander, non pas seulement si elle est utile, mais si elle est nécessaire. L'utilité de cette peine ne suffirait pas pour la maintenir dans le code d'une nation civilisée. Pour que ce châtiment terrible y soit maintenu de l'aveu des honnêtes gens, il faut qu'il soit reconnu nécessaire. S'il n'est qu'utile sans être indispensable, fût-il légitime, la conscience le repousse au nom de l'humanité. L'appliquer, si elle pouvait s'en passer, ce serait pour la société une responsabilité trop grave.

C'est sur la première question que, depuis Beccaria, la controverse s'est particulièrement portée. Il y a eu, depuis près de cent ans, en Europe, une école sentimentale (je prends ce mot dans sa plus noble acception) de réformateurs et de publicistes, qui ont entrepris d'ébranler dans la conscience de la société le droit qu'elle s'est de tout temps arrogé d'ôter la vie à un de ses membres, dans des cas de criminalité exceptionnelle.

M. de Broglie, dans sa belle étude sur le *Droit de punir*, établit à l'encontre de ces réformateurs que, posée dans ces termes généraux, la question n'offre pas de difficultés invincibles. Bien qu'il incline visiblement à l'idée de voir un jour abolir la peine de mort, il déclare et il prouve qu'il n'y a pas ici de fin de non-recevoir absolue. Qu'on nous permette de rappeler brièvement quelques traits essentiels de cette remarquable discussion, qui garde encore aujourd'hui toute sa force et son à-propos. L'homme, dit-on, n'a pas droit sur sa propre vie ; le suicide est un crime. Ce qu'on n'a pas, on ne saurait l'aliéner ; en s'engageant à la société, l'homme n'a pu légitimement concéder au législateur un tel droit, puisque l'homme ne l'a pas pour lui-même ; donc c'est abusivement que le législateur a pris ce droit qu'on n'a pu lui transmettre. — Mais, répond M. de Broglie, ce raisonnement repose sur une idée très contestable, l'idée du contrat social. L'état de société est pour l'homme le véritable état de nature. Le droit du législateur ne résulte donc, en réalité, d'aucune concession qui lui ait été faite par chaque citoyen, à l'origine de la société ; c'est un droit naturel, indépendant du consentement de ceux sur qui il s'exerce, qui a ses limites sans doute, mais non pas là où l'on voudrait mal à propos les placer. Que l'homme ait ou n'ait pas le droit de disposer de sa vie, cela n'affecte en rien le droit du législateur.

On dit encore et plus simplement : La peine de mort est illégitime, attendu que la vie de l'homme est inviolable et sacrée. — Inviolable ! veut-on dire qu'elle le soit dans tous les cas indistinctement? Dès lors, plus de droit de défense, plus de droit de guerre, même défensive : c'est aller bien loin d'un seul coup. — Veut-on dire simplement que la vie de l'homme est inviolable, mais pour le législateur seulement? Cela reviendrait à dire que la peine de mort est illégitime, ce qui est une assertion pure et qui demande sa preuve. — La liberté aussi, comme la vie, est un don de Dieu. Est-elle pour cela inviolable dans tous les cas? — Les droits naturels ne sont pas tellement sacrés, qu'ils soient placés hors de l'atteinte du législateur, quand ils deviennent, par l'abus criminel qu'on en fait, un péril public.

M. Franck, dans sa *Philosophie du Droit pénal*, n'est pas moins explicite sur ce point si grave. Pour lui, non plus que pour M. de Broglie, il n'est pas exact de dire d'une manière absolue que la vie de l'homme soit inviolable. Elle ne l'est pas plus ni autrement que la liberté. « L'inviolabilité n'existe que dans les limites de nos droits ; elle cesse aussitôt que nous sortons de nos droits pour attaquer ceux d'autrui. La liberté, quand elle est devenue un danger pour la vie de l'innocent, peut être sacrifiée. » On le voit, ce sont des philosophes qui parlent ainsi, et même des philosophes peu favorables à la peine de mort. Il nous serait facile de confirmer ces témoignages par ceux de MM. Rossi, Faustin-Hélie et bien d'autres pour qui le droit du législateur ne saurait faire l'objet d'un doute sérieux. En dépit des nombreux adversaires de la peine de mort qui mettent au service de leur cause une éloquence passionnée et une popularité facile, nous persistons à croire que la question de droit est résolue. Ce droit de la société est établi, à une condition toutefois, c'est que la société n'ait pas à sa disposition d'autre moyen efficace de se défendre contre certains excès de la perversité humaine. Elle a le droit absolu de se conserver, comme l'individu a le droit de légitime défense. Ce droit n'a pas même pour limite la vie humaine, quand cette vie s'est déclarée en insurrection flagrante contre la sécurité sociale, et que toute autre garantie serait inefficace pour rétablir l'ordre, gravement compromis par une perversité incurable.

Ce droit de se conserver, pour la société, a même un caractère supérieur à celui qui revêt dans l'individu le droit de légitime défense. Pour s'en bien rendre compte, il faut comprendre ce que c'est que l'être social, être abstrait, perpétuel, qui est formé comme par une délégation naturelle et permanente des droits et des intérêts de chaque être individuel, présent et futur. Aussi, tandis que la défense légitime de l'agression a pour limite la durée même de l'agression violente, et qu'elle se mesure exactement sur la répression indispensable, immédiate, actuelle, il n'en est pas de même pour l'être social. Il a le droit de réprimer, sans doute; mais il a aussi le droit incontestable de prévenir, par l'exemple du châtiment, les crimes futurs. Il faut non seulement réduire à l'impuissance le criminel, mais imprimer une salutaire terreur à ceux qui seraient tentés de l'imiter. La sécurité sociale est à ce prix. Elle peut n'être pas assurée uniquement par des grilles ou des verrous; si ces sortes de moyens ne la garantissent que contre la récidive du coupable, ils sont insuffisants. C'est le devoir de la société de prolonger, au delà du crime actuel, l'influence intimidatrice du châtiment et d'atteindre par là, jusque dans les plus secrètes pensées, la première conception des crimes possibles. Le châtiment du coupable s'adresse à lui d'abord, mais aussi à tous les hommes vivants sous la même loi. Il ne regarde pas seulement le fait présent, il regarde tout le possible, l'avenir; voilà ce que ne veulent pas comprendre ceux qui assimilent d'une manière absolue le droit de conservation de la société au droit de défense de l'individu, prétendant que ce droit ne va, pour l'une comme pour l'autre, qu'à mettre le coupable dans l'impossibilité matérielle de nuire. Il y a là une source de malentendus perpétuels.

Ainsi la société, quoi qu'on en ait dit, a le droit absolu de se conserver dans le présent et dans l'avenir, même au prix d'une vie humaine, si cette vie s'est mise par le crime en dehors de l'ordre social, et si le sacrifice en est reconnu nécessaire. Mais est-il vrai qu'il y ait des cas où ce sacrifice soit nécessaire? Toute la question est là désormais. Non, il n'y a pas dans cette peine d'illégitimité fondamentale, radicale; il n'est pas de fin de non-recevoir absolue que l'on puisse invoquer contre elle, mais cela ne suffit pas. Le droit de mort que s'arroge la société en certains cas exceptionnels, n'est pas un droit chimérique, une usurpation de droit; mais il est d'une nature telle et tellement en contradiction avec tout un ordre d'instincts et de sentiments humains, que la société devra y renoncer le jour où elle pourra le faire sans mettre en péril les victimes. Si l'on peut s'en passer, on doit s'en passer. Ce que dit quelque part M. Jules Simon des peines en général, à savoir : « qu'elles ne sont légitimes qu'autant qu'elles sont nécessaires », s'applique surtout à la peine de mort. Encore faut-il comprendre cette proposition qui en elle-même n'est pas sans péril, puisqu'elle semble faire dépendre un droit d'un fait. Bien que cette peine ne soit pas illégitime dans son principe, il est certain que dans l'application elle doit se subordonner à la considération de la nécessité, elle doit durer autant qu'elle, cesser avec elle. Il ne suffit pas, pour être appliquée, qu'elle soit légitime en soi et utile, il faut qu'elle soit indispensable.

Voilà un point sur lequel tout le monde est à peu près d'accord. Là où l'accord n'existe plus, c'est dans l'appréciation des circonstances sociales qui rendent possible l'abolition de la peine de mort en cessant de la rendre nécessaire. Or, sommes-nous arrivés à un tel degré de civilisation?

C'est une question de fait extrêmement obscure, où il entre une grande part de relatif, d'hypothétique, d'éventuel. Il n'y a pas là, à vrai dire, matière à démonstration rigoureuse, mais seulement à inductions approximatives. Qui peut se flatter de saisir assez exactement les lois par lesquelles se règlent le niveau variable de la civilisation, les vicissitudes des esprits, l'action et la réaction des idées sur les mœurs et des mœurs sur les idées, pour décider avec assurance du moment où la société pourra se désarmer impunément de ce droit terrible?

Ici éclate un dissentiment profond entre les philosophes, juges du possible, et les magistrats, juges du réel. Les philosophes inclinent à rapprocher, par un optimisme bien honorable, l'époque où cette peine pourra disparaître de nos codes. Tout en soutenant qu'il n'y a aucune illégitimité absolue à invoquer contre elle, M. de Broglie nous montre à merveille que cette peine court risque à chaque instant de paraître illégitime, puisqu'elle peut cesser d'être nécessaire, qu'elle a contre elle la présomption dans la plupart des cas, que c'est par conséquent une peine vicieuse, funeste; et il presse le législateur de travailler constamment à en purger son œuvre. Dès 1826, il prétendait que le moment était venu où l'abolition de la peine de mort était une idée mûre, qu'il fallait l'établir définitivement sur le terrain des idées qui s'avouent et des choses qui peuvent se faire. De même, M. Franck termine son livre par ce noble vœu qu'une peine non garantie contre la faillibilité des jugements humains disparaisse de nos pratiques et n'épouvante plus la conscience par la possibilité d'erreurs irréparables.

Mais les magistrats ne se rendent pas encore, loin de là; ils reculent dans les âges lointains l'époque où l'échafaud pourra être impunément renversé. Et qu'on le sache bien, nous prenons ici nos témoins parmi les représentants les plus autorisés d'une magistrature éclairée, pénétrée de toutes parts des idées philosophiques, nullement réfractaire à un légitime progrès. A ces titres, de pareils témoignages doivent être pris en très sérieuse considération. Je sais ce qu'on dira : A force de vivre face à face avec les crimes, les juges finissent par en voir partout. — A quoi les magistrats répondent, non sans raison, que les philosophes, vivant dans leur cabinet, finissent par ne plus voir l'envers de la société, et que cet envers est bien laid. De part et d'autre, il peut y avoir une certaine part d'exagération et d'illusion en deux sens contraires.

Quoi qu'il en soit, les magistrats sont à peu près unanimes à déclarer, en France au moins et pour le temps où nous vivons, que ce serait une vraie calamité sociale d'abolir prématurément la peine de mort, qu'il serait fort dangereux de devancer à cet égard des idées et des mœurs qui ne sont nullement préparées, dans certaines classes, à cette funeste réforme, que c'est se payer de généreuses illusions que d'imaginer notre société comme portée si avant dans les voies du progrès, et de croire à la douceur absolue de nos mœurs, à la répugnance croissante pour le sang versé. Ils insistent sur ce fait, que la profonde connaissance qu'ils ont du personnel des prisons leur permet de certifier avec autorité, à savoir que la plupart des caractères pervertis ne s'arrêtent sur la limite qui sépare les délits du crime que par la crainte de la mort. A leur gré, c'est une singulière erreur de croire que les criminels ne redoutent pas l'échafaud. Les rares exemples, toujours les mêmes, de ceux qui ont mieux aimé la mort immédiate que l'emprisonnement à long terme, ne prouvent que la lassitude extrême de certaines volontés épuisées. Ce n'est pas la marque d'un sentiment général, mais le signe particulier d'un tempérament fatigué de lutte. Au contraire, le grand nombre des coupables ne redoutent que le dernier châtiment; seule, la crainte de mourir les empêche de transformer le vol en assassinat. Il n'y a que l'*irréparable* qui puisse encore agir sur ces imaginations brutes; en toute autre espèce de châtiment, indifférents à l'infamie, ils ne sont sensibles qu'à l'espoir qui leur reste, tant que la vie leur est laissée, même dans une prison perpétuelle. Les magistrats prétendent d'ailleurs avec quelque apparence de raison que c'est un étrange sentiment d'humanité que celui qui livre en proie des vies innocentes pour gagner la cause d'une vie criminelle; c'est un terrible enjeu, dans l'expérience à faire, qu'une seule existence risquée en faveur d'une thèse contestable,

Enfin, j'entendais un magistrat éloquent répondre à l'argument des philosophes qui croient pouvoir annoncer que l'instruction, répandue à flots comme la lumière, supprimera la violence et le crime, et que les instituteurs rendront inutiles, dans un prochain avenir, les bourreaux : « Ne croyez pas, nous disait-il, que l'instruction supprime les grands crimes, à mesure qu'elle se répandra; elle diminuera, cela est à espérer, le nombre des crimes ordinaires; mais ne voyez-vous pas que les plus raffinés ne viennent pas des classes illettrées? Voyez la Pommeraye. Une certaine culture, dans les natures perverses, ne fait qu'en aggraver, en aiguiser la perversité native, éveiller des appétits monstrueux, des passions et des idées sans nom. Et n'est-ce pas surtout pour ces crimes civilisés que la peine de mort semble faite, puisque c'est pour eux surtout que l'indulgence humaine peut le moins trouver d'excuses dans l'ignorance brute ou la misère?

Tel est l'état de la question posée aujourd'hui entre les philosophes et les magistrats. L'opinion participe à ces incertitudes, elle se partage, elle voudrait qu'on la mît d'accord avec elle-même en contentant la douceur de ses instincts et en la rassurant tout à la fois contre de trop justes alarmes. Elle a honte de voir se dresser en plein dix-neuvième siècle l'échafaud, et d'en faire encore l'appui sanglant de la sécurité publique. Et pourtant, de temps à autre, des forfaits si abominables surgissent que la civilisation recule consternée et se prend à douter encore; elle se demande s'il n'y a pas, sous la brillante surface des idées et des mœurs apparentes, une barbarie souterraine toujours prête à faire invasion, et s'il ne faut pas, hélas! se tenir encore, en face du crime, dans l'attitude du combat.

Du moins, si la peine de mort n'est pas destinée à disparaître immédiatement de nos codes, s'il y a péril à réformer en ce sens notre législation, il est une réforme immédiate que réclame impérieusement la moralité publique. Presque tout le monde semble d'accord sur ce point et des interpellations législatives ont réclamé cette réforme comme urgente. Les scandales d'une curiosité éhontée, qui ont éclaté plusieurs fois au pied des échafauds, ne doivent plus se renouveler. L'honneur de la civilisation et celui de la France exigent impérieusement que de pareilles scènes soient désormais impossibles. Dès le lendemain de ces exécutions trop célèbres, d'excellents esprits ont réclamé à grands cris le remède : c'est que l'exécution ne soit pas publique. Il faut refuser cette horrible pâture à la bête fauve qui sommeille en tout homme. Il faut priver de ce spectacle les yeux homicides, ivres de sang. Il faut refuser cette ignoble joie au libertinage nocturne qui vient terminer l'orgie en face d'un homme qui va mourir. — En Angleterre, aux États-Unis, dans quelques parties de l'Allemagne, cela se fait déjà et le grand progrès est accompli. La foule est soigneusement écartée. L'exécution n'a pas lieu cependant à huis clos; quelques citoyens désignés par la loi sont tenus d'y assister et d'en rendre témoignage.

On s'étonne qu'en France cet usage ne soit pas depuis longtemps adopté. — Croit-on que pour cela la peine cesserait d'être exemplaire et intimidatrice ? Elle le serait d'autant plus qu'elle s'accomplirait avec une sorte de solennité religieuse, dans le préau de la prison, en présence de quelques jurés, de quelques magistrats, de quelques mandataires de la presse et de la publicité du dehors, seuls spectateurs admis à ces funérailles sanglantes d'un homme vivant. L'heure du supplice serait connue au dehors. L'émotion serait d'autant plus profonde que l'appareil serait caché, le supplice certain, mais invisible. Ce serait la terreur encore, celle que l'on veut inspirer par le châtiment suprême, mais une terreur muette, sans scandales. Ce serait la mort, mais avec la dignité et le silence qui lui conviennent. Ce serait l'échafaud encore, si l'on ne croit pas l'heure venue de le renverser, mais l'échafaud sans la curée.

CHAPITRE XI

LA QUESTION DU PROGRÈS. — HISTOIRE DE L'IDÉE DU PROGRÈS JUSQU'AU DIX-NEUVIÈME SIÈCLE

Le progrès est un de ces mots vagues qui disent tout et ne disent rien, ce qui ne signifie pas que ce soient des mots innocents ; ils peuvent faire beaucoup de bien ou de mal dans le monde, selon l'interprétation qu'on leur donne. Nom sublime et profané, redoutable et fascinateur, doué d'un singulier prestige et d'une force d'entraînement presque irrésistible, le progrès est l'invocation suprême des sectes et des partis, le mot d'ordre de toutes les batailles d'idée ou de rue. Il a été le ferment des plus nobles passions, il est la parure et l'excuse des plus mauvaises ; on le voit également proclamé par les héros ou les martyrs et par des charlatans sinistres dont la carrière est d'exploiter la sottise humaine.

Mais d'abord, avant de se battre pour un mot, il est bon que l'on sache si ce mot répond à une idée réelle. Le progrès existe-t-il? Et s'il existe, qu'est-il? Est-ce cette force occulte, cette force des choses que l'on imagine souvent, qui grandit les individus et les nations avec leur concours, s'ils s'y prêtent, malgré eux et sans eux, s'ils refusent d'y concourir? Est-ce une sorte de fatalité du bien qui entraîne l'homme irresponsable dans des voies préparées d'avance par un indulgent destin vers un avenir de félicité indéfinie? N'est-ce au contraire que l'expression et le résultat des forces libres qui composent le monde moral, l'œuvre méritoire de l'activité appliquée au bien? La véritable, la seule ouvrière du progrès, ne serait-ce pas la liberté? Enfin, que dirait-on s'il était démontré que ce progrès lui-même, dont on parle tant et à tout propos, n'est qu'un ordre de choses chimérique, sans aucun rapport avec la réalité? Qui a raison de Condorcet et de son enthousiasme ou de Schopenhauer et de son implacable amertume? Parfois, quand on est fatigué des déclamations dont le progrès a été le prétexte depuis quatre-vingts ans, et dont il pourrait bien devenir la victime, on est tenté de se rallier à la fameuse boutade de Hartmann. Selon lui, l'humanité aurait déjà parcouru « deux stades d'illusion »; elle est en train d'achever le troisième. Au premier stade, qui correspond aux temps anciens, elle rêvait le bonheur pour l'individu, elle le poursuivait pour chaque homme sur cette terre et dans la vie actuelle. Au second stade, le moyen âge transféra « dans un ciel imaginaire » les promesses trompées de la terre; il rêva la félicité infinie, éternelle, dans une autre vie. L'homme moderne est parvenu au troisième stade de la même illusion : il rêve encore le bonheur ici-bas, mais pour l'espèce et dans un avenir indéterminé. Trois formes de l'éternelle chimère que l'humanité poursuit obstinément pour se consoler de la réalité qui l'accable!

Eh bien, non! N'en croyons pas ce désolant système. Malgré l'insupportable abus que l'on a fait de ce mot *progrès*, malgré les patronages odieux ou grotesques que cette idée a subis, ne la laissons ni périr dans l'âme humaine, ni tomber dans d'indignes mains. Il importe de préserver l'esprit public contre deux tentations également funestes : l'illusion, suivie de revendications terribles et de furieuses vengeances, et le découragement, qui produit l'égoïsme, quand il ne sert pas à l'excuser.

L'occasion nous est donnée de remettre à l'étude cette grande question : elle est à l'ordre du jour dans les publications les plus sérieuses de la philosophie anglaise contemporaine. Plusieurs théories du plus haut intérêt se sont produites dans ces derniers temps. Ceux qui les ont émises sont des écrivains considérables, habitués à se faire écouter d'un public d'élite en France, en Allemagne, en Amérique; ce sont des hommes tels que M. Herbert Spencer, M. W. Bagehot, M. Buckle. Peut-être le moment est-il venu de faire passer cette question de la sphère du lieu commun et de la polémique oratoire dans la sphère de la science, où tout se calme et se purifie. C'est aussi le moyen de renouveler le problème. On a tant déclamé sur ce sujet que le mot lui-même est devenu quelque chose comme une de ces monnaies jetées dans la circulation la plus vulgaire et dont l'effigie a fini par disparaître. Pourquoi n'essayerait-on pas de faire reluire de nouveau sur le métal avili l'effigie disparue, l'empreinte effacée de la vérité dont un jour il a porté l'image? Tâchons de lui rendre sa vraie valeur et son relief. La science est capable de ces miracles; soyons-lui fidèles, et le miracle s'accomplira. Nous aurons restitué ainsi à l'âme humaine une de ses plus nobles et de ses plus utiles croyances en l'affranchissant de l'idolâtrie qui la déshonore, en ne laissant subsister d'elle que la part de vérité et de vertu morale qu'elle contient. C'est l'œuvre de la philosophie de recueillir avec un soin pieux, dans l'histoire des idées, tout ce qui peut être une lumière ou une force pour l'homme; mais c'est aussi son devoir de soumettre chacune de ces idées à un examen qui sépare l'essence pure de tout alliage. Comment est née cette notion du progrès? Quels sont les éléments vérifiables, en dehors de toute chimère et de tout esprit de parti, qui composent le progrès réalisable ou déjà réalisé? Quelles sont les conditions et les lois auxquelles il obéit, quelles sont enfin les limites de son développement probable dans la nature humaine ou dans la durée? Ce sont là autant de questions entre lesquelles se partage le problème et qui déterminent tout naturellement, avec les principaux points de cette étude, l'ordre dans lequel ils viendront d'eux-mêmes se disposer sous notre plume. Le sujet d'ailleurs est tellement vaste que notre souci devra être de le restreindre aux éléments du problème plus spécialement mis en lumière par les théories récentes. Nous esquisserons d'abord l'histoire de l'idée du progrès en nous réservant d'insister sur les transformations qu'elle a subies dans la science contemporaine.

L'idée du progrès a en effet son histoire, et une histoire récente. Elle est née tard dans le monde. Ce n'est guère que vers la fin du dix-huitième siècle qu'elle s'est acclimatée parmi nous d'une manière définitive, et que la race des hommes a pris une conscience nette de cette action continue des générations dont chacune a son œuvre à faire et sa tâche à remplir, sous peine de manquer au devoir humain, imposé à chacune d'elles aussi bien qu'aux individus qui la composent. On s'est demandé pourquoi la croyance au progrès, qui nous paraît aujourd'hui si naturelle, s'est produite si tardivement dans l'humanité. Ce n'est pas répondre que de dire que cette croyance ne pouvait naître tant que régnait l'idée antagoniste qui domina toute l'antiquité et le moyen âge, l'idée de cet âge d'or que l'imagination des hommes a si longtemps placé derrière eux comme une sorte d'idéal rétrospectif dont chaque jour les éloigne. Sous quelque forme que l'humanité ait conçu cet âge d'or, mythe ou symbole, que ce soit la fiction d'une Atlantide ou la tradition du paradis terrestre, une pareille idée ne pouvait nuire en rien à celle du progrès, qui se serait présentée tout naturellement à l'imagination des peuples comme une revendication des trésors perdus, comme une compensation à conquérir dans l'avenir pour les générations déshéritées. L'idéal du progrès aurait pu naître de la nostalgie des paradis perdus, et l'on a même peine à comprendre qu'il n'en ait pas été ainsi.

Dira-t-on, avec les positivistes, que l'idée du progrès est le résultat de l'étude scientifique de l'histoire, et qu'elle dut nécessairement se produire très tard dans le monde, l'histoire ne s'étant constituée qu'après toutes les autres sciences? Cette théorie est en conformité parfaite avec la doctrine positiviste et n'en est qu'une conséquence. Tant que l'on se borna, nous dit-on, à l'étude de l'état statique des sociétés, c'est-à-dire au point de vue d'Aristote dans la *Politique*, ou même à celui de Montesquieu dans *l'Esprit des lois*, la science de l'histoire n'exista pas, puisqu'elle consiste essentiellement dans la connaissance de la loi de développement, dans la recherche et l'établissement des conditions qui font que les états sociaux succèdent les uns aux autres, selon un ordre déterminé. Si l'on s'étonne que cette loi de développement ait été si tardivement découverte, cela tient à la subordination où est la science de l'histoire par rapport aux autres sciences. Comme elle est la plus compliquée de toutes, elle a dû se constituer la dernière. Le rigoureux enchaînement des sciences, qui s'élèvent graduellement des plus simples aux plus complexes, montre comment la découverte de la science de l'histoire et, par suite, de la loi du progrès, qui en est la plus haute formule, a dû être ajournée à une date si récente et si voisine de nous[1]. Une pareille raison est loin de nous satisfaire. C'est une explication d'école, le produit d'une doctrine qui soumet la naissance de toutes les idées à une sorte de *processus* logique, inflexible, ordonné par la loi de la série qui va du simple au composé, marquant la date nécessaire de leur avènement, niant d'une manière absolue la spontanéité de l'esprit humain, les énergies intuitives et les anticipations du génie même. On trouvera toujours après coup des motifs ingénieux et même profonds pour expliquer l'ordre logique et la génération successive des idées dans le cerveau de l'humanité. Aucun de ces motifs ne nous semblerait suffisant à expliquer pourquoi Sénèque dans l'antiquité ou Roger Bacon au moyen âge, longtemps avant l'ère de la science positive, n'auraient pu pousser plus loin qu'ils ne l'ont fait, par un effort plus pénétrant et plus continu, cette conception du progrès dont ils ont eu un instant l'un et l'autre la rapide intuition, comme par une échappée de lumière et dans un coin d'horizon ouvert sur l'avenir.

Nous ne voyons qu'une raison toute simple, expérimentale, en dehors de tout esprit de système, qui rende compte d'une manière plausible de la tardive naissance de l'idée du progrès et de sa nouveauté relative dans l'histoire. C'est que cette idée est d'une nature rationnelle et abstraite, en contradiction apparente avec le spectacle habituel qui frappe notre imagination et nos sens. Ce spectacle est celui du déclin rapide et inévitable de toutes choses; ce qui s'impose à nous tout d'abord avec une force irrésistible, c'est l'idée de la mort universelle. La mort nous paraît être la loi de tout ce qui

---

[1] M. Littré, *la Science au point de vue philosophique*, leçon faite à l'École polytechnique de Bordeaux.

vit, le déclin, la loi de tout ce qui grandit; au terme de tous les changements, il semble que le changement suprême auquel nul être n'échappe, c'est de ne plus être. Telle est la première leçon que nous donne en caractères saisissants l'expérience de la mobile et vivante réalité, que cette réalité soit un individu, une famille, une nation. Par une induction naturelle, nos ancêtres étendaient à chaque phase de l'humanité et à l'humanité elle-même tout entière la même loi, la même nécessité de naître, de croître pour mourir, de s'élever pour tomber.

Cette impression, formée par le spectacle de la vie de chaque jour, se fortifiait dans leur imagination par les exemples que leur donnait périodiquement l'histoire de la grandeur d'une civilisation suivie infailliblement d'une irréparable décadence. C'était Athènes et son génie qui succombaient sous la main de fer de Sparte; c'était la Grèce et toutes ses splendeurs, qui, à un jour donné, subissaient l'éclipse fatale : l'heure arrivait où Rome faisait l'ombre sur tant de clartés; c'était Rome elle-même, la victorieuse Rome, la maîtresse des nations, qui tombait sous le glaive des barbares, et une nuit farouche descendait sur le monde. De ces ténèbres émergeait une faible lueur qui, grandissante, annonçait l'aurore d'un jour nouveau; mais ce jour lui-même, combien d'heures allait-il durer? Ce qui paraissait certain à l'homme de l'antiquité, à l'homme du moyen âge et même à celui du seizième siècle, c'est qu'il y avait dans le monde une alternative nécessaire de périodes de croissance et de déclin pour les sciences, pour les arts, pour les lettres comme pour les institutions, pour les États comme pour les individus.

Il fallut une longue expérience de la civilisation moderne pour que l'homme pût en constater la continuité

et la suite ininterrompue à travers les guerres les plus
effroyables, les catastrophes, les chocs des peuples, —
car c'est là l'éminent avantage de la civilisation moderne sur la civilisation antique. Elle survit à la décadence même des peuples qui en étaient les dépositaires;
elle ne s'abîme pas dans leur ruine. Ce qui la sauve de
ces naufrages périodiques où elle semblait autrefois
périr tout entière, c'est le caractère cosmopolite de la
culture moderne, portée plus ou moins haut dans les
diverses nations, mais à laquelle un grand nombre participe; c'est aussi le caractère des sciences positives, un
des principaux éléments de cette culture, qui est de
s'incorporer d'une manière inébranlable dans l'esprit
humain, de s'y fixer par l'exactitude des méthodes et la
précision des résultats, de telle sorte qu'elles ne puissent
plus périr qu'avec lui. A vrai dire, même dans les temps
anciens, ces naufrages de la civilisation n'étaient ni aussi
profonds, ni aussi complets qu'ils paraissaient l'être aux
contemporains ou aux successeurs immédiats de ces
grands cataclysmes. Une science plus profonde a retrouvé et démontré dans les ténèbres des plus bas siècles
de l'histoire la transmission des œuvres et des idées de
la civilisation, obstinée à vivre sous le trouble et la
violence de la surface et renouant à travers l'ignorance
même et la barbarie les fils de sa trame mystérieuse, si
bien qu'on a pu écrire des pages éloquentes et vraies
sous ce titre, qui n'est paradoxal qu'en apparence : « *Du
progrès dans les siècles de décadence* » ; mais c'est là le
dernier enseignement de l'expérience approfondie, comparée, raisonnée. Pour y parvenir, il a fallu traverser
longuement, lentement, des impressions toutes contraires. Voilà pourquoi, à ce qu'il nous semble, l'humanité est arrivée si tard à cette idée du progrès, qui,
réduite à ses éléments les plus simples, n'est rien autre

chose que l'idée de l'unité de l'espèce humaine, de l'identité originelle de ses facultés, et par conséquent de la solidarité des générations qui se succèdent à travers les temps et des nations qui se rejoignent à travers l'espace, unies par le même devoir et par la même loi, celle de transmettre à l'avenir, en l'accroissant, le trésor de lumières et de biens accumulés par leurs pères.

Nous ne suivrons pas dans le détail l'histoire de cette idée; elle a été retracée, pour la partie des origines, par de savants écrivains[1] qui nous dispensent du soin de recommencer leur œuvre. Nous marquerons seulement à grands traits les phases principales de cette histoire jusqu'à l'heure présente où des théories excessives, mais puissantes et hardies, ont complètement renouvelé la question.

Si nous voulions remonter jusqu'aux premières origines de l'idée du progrès, il n'est pas douteux que c'est par le christianisme que cette idée est entrée dans le monde. Sa métaphysique est une théorie transcendante du progrès. C'est le retour par le Christ à l'idéal perdu; c'est, comme dit saint Augustin, la reconstruction de la cité de Dieu en face de la cité des hommes par la double action de la grâce et de la liberté humaine réconciliées. Telle fut l'explication de l'histoire universelle depuis Paul Orose jusqu'à Bossuet, manifestant les conseils de la Providence, préparant la grandeur ou la chute des empires en vue d'un seul objet, le triomphe de la vérité divine, le salut de l'homme; mais ce n'est pas à ce point de vue du surnaturel dans l'histoire qu'il s'agit d'étudier la question; restons au point de vue naturel et social. C'est l'idée sécularisée du progrès que nous devons suivre dans l'esprit humain, le progrès conçu par

---

[1] Voyez M. Javary, *de l'Idée du progrès* et M. de Ferron, *Théorie du progrès.*

l'homme en vue de son habitation sur la terre, du perfectionnement de sa pensée, de son industrie, de sa vie en société.

Dans ce sens restreint, la première forme sous laquelle cette idée apparaît nettement à la raison de l'homme, c'est le progrès scientifique annoncé par le chancelier Bacon. Il a conçu comme une des fins de l'activité intellectuelle l'empire croissant de l'homme sur la nature, l'application progressive des forces physiques à la vie humaine, qu'elles affranchissent d'un rude labeur, dont elles améliorent les conditions matérielles, et par contrecoup les conditions morales. Le premier (si l'on ne tient pas compte de quelques singulières analogies d'expression que l'on retrouve dans son homonyme le vieux Roger Bacon), il énonce cette grande pensée, formule de la loi du progrès, « que l'antiquité du monde, c'est le temps même où nous vivons, et non celui où vivaient les anciens, lequel était la jeunesse du monde [1]. »

Pascal va venir, qui, reprenant cette pensée, peut-être même la découvrant une seconde fois et l'agrandissant à sa taille, tracera l'admirable peinture « de cet homme universel..., un même homme qui subsiste toujours et qui apprend continuellement ». — « Comme l'homme conserve ses connaissances une fois acquises, il peut aussi les augmenter facilement, de sorte que les hommes se trouvent aujourd'hui dans le même état où se trouveraient les anciens philosophes, s'ils pouvaient avoir vieilli jusqu'à présent, en ajoutant aux connaissances qu'ils avaient celles que leurs études auraient pu leur acquérir à la faveur de tant de siècles. »

Et qu'on ne dise pas que Pascal, au moment où il écrivait ces belles paroles, n'avait pas la conscience de

---

[1] Bacon revient deux fois sur cette pensée, dans le *De Dignitate et augmentis scientiarum* et dans le *Novum Organum*.

la portée et des conséquences qu'elles pouvaient avoir. Qu'on relise cette page immortelle, et l'on verra comment l'idée du progrès dans l'homme s'oppose tout naturellement, par le plus puissant des contrastes, à celle de l'immobilité dans les animaux. « La nature les instruit à mesure que la nécessité les presse; mais cette science fragile se perd avec les besoins qu'ils en ont; comme ils la reçoivent sans étude, ils n'ont pas le bonheur de la conserver, et, toutes les fois qu'elle leur est donnée, elle leur est nouvelle, puisque, la nature n'ayant pour objet que de maintenir les animaux dans un ordre de perfection bornée, elle leur inspire cette science nécessaire, toujours égale, de peur qu'ils ne tombent dans le dépérissement, et ne permet pas qu'ils y ajoutent, de peur qu'ils ne passent les limites qu'elle leur a prescrites. *Il n'en est pas de même de l'homme, qui n'est produit que pour l'infinité.* » Jamais on n'a traité plus magnifiquement la raison de l'homme, jamais on ne l'a plus dignement affranchie du parallèle, déjà fort à la mode alors, avec l'instinct des animaux. Remarquez cette définition de la vérité, qui doit toujours avoir l'avantage, même nouvellement découverte, puisqu'elle est toujours plus ancienne que toutes les opinions qu'on en a eues. Quel noble enthousiasme pour l'indépendance légitime de l'esprit humain, quel fier sentiment de sa grandeur, de sa fécondité inépuisable, de ses inventions, qui peuvent être tout ensemble sans fin et sans interruption ! Quoique restreinte « aux sujets qui tombent sous le sens ou le raisonnement », la théorie du progrès est déjà exprimée avec une hardiesse rare et une largeur d'intuition incomparable. Le germe, désormais impérissable, est déposé dans la conscience humaine. Nous verrons croître la moisson prochaine avec un mélange de bon grain et d'ivraie, d'utiles et grandes vérités confondues parmi des chimères funestes ou folles. Et plus tard, dans la suite des âges, en voyant des aspirations perverses usurper le nom du progrès et remplir de sang et de crimes le sillon entr'ouvert par la main d'un Pascal, nous penserons à l'indignation superbe qu'il aurait ressentie en voyant déshonorer son œuvre, à la colère de ce fier génie, à l'immortel stigmate qu'il aurait imprimé au front des histrions sanglants, profanateurs de son idée.

Le progrès scientifique n'est qu'une partie du progrès humain, mais c'en est peut-être la partie la plus incontestable, la plus authentique; il est tout naturel qu'elle ait été découverte et proclamée la première. On retrouverait dans Descartes plusieurs passages où se révèle clairement la même foi dans la perpétuité de l'œuvre humaine. Quant à Leibniz, on peut dire, sans qu'on trouve chez lui une théorie organique du progrès, que toute sa philosophie y conspire, soit par la doctrine de l'optimisme, soit par celle des monades et de leur vivante harmonie, où chaque activité a sa place marquée, sa collaboration définie, sa part à réaliser dans le mouvement universel d'ascension qui entraine le dernier des êtres comme le système entier des mondes vers la monade parfaite. — Fontenelle reprend la pensée de Pascal en y ajoutant un trait d'esprit : « Nous autres modernes, nous sommes supérieurs aux anciens, car, étant montés sur leurs épaules, nous voyons plus loin qu'eux. » Il y ajoute en même temps son scepticisme : cette idée est peut-être une illusion ; qu'importe, si c'est une illusion utile à l'activité des hommes ? On perdrait courage, si l'on n'était soutenu par des idées fausses. » Dans la *Querelle des anciens et des modernes*, la question n'avance guère, si l'on néglige quelques idées fortuites jetées en passant, et dont les auteurs eux-mêmes ont à peine eu conscience. On peut même dire que le problème, considéré dans l'ensemble de cette fameuse et trop longue querelle, a reculé. Au lieu de rester sur le vrai terrain où le progrès est visible et peut se marquer par des étapes certaines, définies, le terrain des sciences positives et des découvertes, le débat s'est transporté dans une région vague, inconsistante, celle des lettres et des arts, où le progrès, s'il existe, est d'une nature si ondoyante, si fluide, presque insaisissable, à coup sûr indémontrable. L'idée nouvelle, en se dépaysant ainsi, s'est compromise dans les esprits ; elle a éloigné d'elle, par les stériles agitations où elle s'est perdue, les premières générations du dix-huitième siècle. Il faut arriver jusqu'à la seconde moitié du siècle pour la voir renaître avec éclat, mais cette fois en s'étendant et, d'une certaine manière, se transformant.

Voici en effet une surprise que nous réserve l'étude de ce siècle dans ses noms les plus populaires : c'est l'éclipse presque complète de l'idée de progrès. Qui s'y serait attendu? Qui, en suivant le développement naturel et logique de l'esprit humain, n'aurait pensé retrouver cette idée dans son vrai milieu philosophique, acclimatée dans cet âge de critique universelle et d'espérances illimitées, comme la fille légitime de cette littérature hardie, de ces méthodes et de ces sciences rénovatrices, de cette philosophie politique et sociale, qui transformait les idées et les mœurs avant de transformer les institutions et les États? Eh bien! interrogez ces paroles ardentes ou graves qui s'appellent Voltaire, Rousseau, Diderot, Montesquieu, ces voix multiples de l'éloquence, du génie, de la passion, de la rhétorique enflammée ou du pamphlet ; nulle part vous ne recueillerez l'écho de ce mot de progrès, qu'a prononcé Pascal et que Voltaire même, en commentant ses *Pensées*, ne lui a pas renvoyé. Qu'un siècle si passionné, si agité, si sonore, n'ait pas vibré à un mot pareil, voilà un des étonnements de l'histoire. D'Alembert seul, dans le discours préliminaire placé en tête de l'*Encyclopédie*, amené par la nécessité de son sujet à retracer la genèse des sciences, a semblé reconnaître la grande loi de l'esprit humain dans la continuité de son œuvre intellectuelle; mais, comme on l'a très bien montré, ni Montesquieu lui-même, bien qu'il travaillât en étudiant l'esprit des lois à former dans la conscience humaine cet idéal de justice qui est un des éléments du progrès, ni Jean-Jacques Rousseau, qui mettait l'âge d'or dans l'état de nature, ni Diderot, qui dans l'*Encyclopédie* n'a fait aucune place au mot nouveau de *perfectibilité*, aucun d'eux n'a eu le pressentiment du grand rôle que cette idée allait remplir sur la scène du monde[1].

Voltaire n'a que des railleries contre elle, toutes les fois qu'il la rencontre sur sa route. « Cette scène du monde presque de tous les temps et de tous les lieux, écrit-il à M. de Bastide, vous voudriez la changer! Voilà votre folie, à vous autres moralistes; le monde ira toujours comme il va. » Son unique remède au mal, c'est un gouvernement fort « qui pourrait pourvoir à tout ». Sa théorie des grands siècles, qui s'élèvent comme des colonnes isolées au-dessus du niveau bas et commun de l'histoire, n'est pas autre chose que l'ancienne théorie de la grandeur et de la décadence des civilisations. Pourtant il reconnaît un certain progrès, mais à l'usage restreint des grands seigneurs éclairés et des bourgeois riches, c'est le progrès des lumières, l'affranchissement de toute foi positive et de tout joug religieux, bons à conserver pour les petites gens. « La raison triomphera, écrit-il à d'Alembert, au moins chez les honnêtes gens; la canaille

---

[1] M. Paul Janet, *Histoire de la science politique*, t. II.

n'est pas faite pour elle. » C'est aussi d'un progrès purement philosophique, dans le sens de l'émancipation religieuse, qu'il s'agit dans le livre d'un contemporain célèbre de Voltaire, le Voltaire et le Diderot de l'Allemagne, Lessing, qui dans son *Éducation du genre humain* trace les linéaments d'un christianisme raisonnable qui ne serait plus guère que ce minimum religieux qu'on a nommé la religion naturelle. L'œuvre de Voltaire et de Lessing, considérée dans ses plus hautes parties, est la défense et l'établissement de la tolérance dans les esprits et dans les institutions. Voilà leur objectif; mais ils ne se sont pas élevés aux principes supérieurs qui dominent cette question particulière, non plus qu'au point de vue vrai de l'histoire d'où l'on peut juger impartialement le passé. Cette cause ne se relie pas pour eux à celle, beaucoup plus haute et plus large, du progrès dont elle dépend.

C'est à Turgot, un des plus grands esprits qui honorent le dix-huitième siècle, le plus grand peut-être, si on lui avait laissé le temps de réaliser ses idées dans des actes durables, le seul qui aurait pu désarmer la révolution en la rendant inutile, c'est à lui que revient la gloire incontestée d'avoir établi l'idée du progrès dans sa compréhension tout entière, en ajoutant à la conception de Bacon et de Pascal celle du progrès social. C'est là une autre application de la raison, non moins étendue, non moins importante que la première, bien qu'elle soit infiniment plus délicate à saisir et plus difficile à constater. Cet objet si nouveau fait l'intérêt de deux célèbres discours qu'il prononça dès 1749 comme prieur de la Sorbonne : l'un consacré à démontrer la supériorité sociale du monde chrétien sur le monde antique, l'autre à tracer une esquisse de l'histoire du genre humain, non plus restreinte à une seule période, mais étendue à toute la suite des temps. Les deux discours se relient entre eux par l'idée de la perfectibilité, un mot nouveau par lequel Turgot voulait exprimer le caractère humain par excellence, l'aptitude au progrès.

Si la doctrine de la perfectibilité est vraie, il est utile de l'expérimenter sur cette période de temps que le dix-huitième siècle traitait si légèrement de barbarie, où le christianisme s'est établi et après une longue lutte a dominé. Or, Turgot n'a pas de peine à démontrer que, si la culture de l'antiquité grecque et romaine est plus brillante dans les surfaces de la société officielle, en revanche, le christianisme s'est préoccupé le premier d'étendre l'instruction au peuple, cette partie complètement oubliée et négligée dans le monde antique ; le premier, il a établi un corps régulier d'instituteurs populaires, il a créé l'égalité des hommes, des peuples et des races devant Dieu ; il a fait de l'amour pour les autres hommes le plus grand des devoirs ; il a transformé à la longue la vie civile, les lois et les institutions qui la régissent dans le sens du bien public, qui autrefois était borné à un petit nombre d'hommes. Voilà ce que Turgot établit dans un style simple et grave, inaugurant en plein dix-huitième siècle, en face d'une critique passionnée et négative, le principe d'une critique supérieure qui essaye de comprendre au lieu de railler, — principe qui d'ailleurs tend à prévaloir aujourd'hui parmi les esprits les plus indépendants, et qui, alors même qu'on reste en dehors d'une religion, permet d'en interpréter libéralement l'influence, d'en expliquer le succès et d'en reconnaître sinon la vérité doctrinale, au moins le rôle historique. Il est possible que ce soit là tout le christianisme de Turgot ; mais il importe de marquer cette attitude nouvelle et significative de la raison dans l'interprétation des grands phénomènes religieux de l'humanité.

Le second discours, qui a pour sujet « les progrès successifs de l'esprit humain », présente dans une vaste synthèse l'histoire du genre humain, expliquant les changements principaux et durables, montrant, par l'observation des peuplades actuelles encore retenues dans les degrés inférieurs de l'état social, que les hommes ont dû être d'abord chasseurs, puis pasteurs, enfin agriculteurs, traçant en quelques traits les causes qui ont déterminé l'élévation graduelle de chacun de ces groupes. La loi du progrès est pour la première fois, sinon devinée dans tous ses agents et ses ressorts moteurs, du moins nettement établie comme le principe organique de l'histoire. Rien n'est moins fataliste que le point de vue où se place Turgot. Sans doute, tous les âges sont enchaînés par une suite de causes et d'effets qui lient l'état présent du monde à ceux qui l'ont précédé ; mais ce sont les qualités morales et intellectuelles qui sont les principales de ces causes : c'est le courage, c'est l'intelligence qui assurent la supériorité aux peuples et aux hommes, sans exclure pour une certaine part l'action providentielle, qui, sans gêner l'action humaine, lui fait produire tous ses résultats. Par son intelligence et sa liberté, l'homme devient ainsi l'ouvrier de sa propre histoire, non sans l'aide de Dieu.

Grâce à cette action souveraine et bienfaisante, les passions tumultueuses, dangereuses même, sont devenues un principe de progrès. « Si la raison avait régné trop tôt, le genre humain serait resté à jamais dans la médiocrité…. Tout ce qui tire les hommes de leur état, tout ce qui met sous leurs yeux des scènes variées, étend leurs idées, les éclaircit, les anime et à la longue les conduit au bon et au vrai, où ils sont entraînés par leur pente naturelle. L'univers, ainsi envisagé en grand, dans tout l'enchaînement, dans toute l'étendue de ses progrès, est le spectacle le plus glorieux à la sagesse qui y préside. » C'est là le ton de cet optimisme religieux qui dictera quelques années plus tard les belles *Lettres sur la Tolérance,* où sera établi le principe vrai de la liberté des consciences, le droit pour chacun de chercher la vérité et d'adorer Dieu à sa manière.

— Telle est l'idée générale de ce discours d'un penseur de vingt-trois ans. Quelle largeur de vue et en même temps quelle fermeté de bon sens dans le voisinage des chimères de Rousseau, bientôt dépassées par celles de Condorcet! L'égalité des droits lui est chère, et il l'annonce comme une des plus précieuses conquêtes de l'esprit humain ; mais il ne confond pas cette question avec celle de l'inégalité sociale amenée par la division nécessaire des travaux. En ces délicates matières, il marque la mesure sans la dépasser. Les réformateurs viendront plus tard réclamer l'assimilation complète de la femme à l'homme, et même le partage pour elle des droits politiques ; Turgot se contente de réclamer en sa faveur les justes mesures qui peuvent améliorer sa condition. Tout ce qu'il y a de raisonnable dans cette question, si propice à la déclamation, vient se résumer dans cet aphorisme : « l'inégalité entre les sexes est en raison de la barbarie ; elle est extrême dans les États despotiques. »

— Ajoutez à cela quelques vues de détail neuves et profondes sur l'histoire de la science humaine, comme la distinction des trois attitudes successives que prend l'esprit humain en présence du monde physique, rapportant d'abord les phénomènes qu'il ne comprend pas à des volontés surnaturelles, puis à des causes occultes, jusqu'au jour où la science positive eut assigné à chacun d'eux ses conditions et ses lois, distinction que M. Auguste Comte a fait à Turgot l'honneur de lui emprunter.

On comprendra que ce discours marque une date dans l'histoire de l'esprit humain, en rendant à l'homme la conscience perdue ou troublée d'une de ses plus nobles prérogatives. Toutefois, en expliquant cette idée nouvelle et les grandes lois qui la régissent, Turgot n'a pas la prétention de déterminer d'avance les dernières formes que le progrès pourra prendre dans l'avenir : il lui suffit de marquer le but que doit poursuivre l'activité humaine. Cet objet est triple : il comprend le développement des lumières, l'adoucissement des mœurs, le perfectionnement des institutions. C'est vers ce but, avec la plus ferme et la plus clairvoyante raison, qu'il appelle tous les efforts des hommes d'État ; c'est dans la détermination exacte des différentes phases sociales par l'apparition et le progrès de chacun de ces éléments qu'il fait consister le plus haut objet de l'histoire. Du reste, à ses yeux, la science politique est moins difficile et moins compliquée qu'on ne l'a faite. « Il est si vrai, dit-il, que les intérêts des nations et le succès d'un bon gouvernement se réduisent au respect religieux pour la liberté des personnes et du travail, à la conservation inviolable des droits de propriété, à la justice envers tous, que l'on peut espérer qu'un jour la science du gouvernement deviendra facile…. Le tour du monde (politique) est encore à faire ; la vérité est sur la route, la gloire et le bonheur d'être utile sont au bout. »

Les historiens, les publicistes, les politiques du dix-neuvième siècle, n'ont pas été sourds à l'appel de ce noble esprit. Une des premières, Mme de Staël y répondit par d'admirables écrits où vibre avec plus d'éloquence l'écho de ces grandes pensées. C'est de lui que procède visiblement par sa foi au progrès raisonnable, par le sentiment de la dignité humaine, par sa tolérance et son impartialité scientifique à l'égard du passé, enfin par l'austère et viril amour de l'humanité, cette école vraiment française d'où est sortie l'*Histoire de la civilisation en France et en Europe*. C'est là aussi, c'est dans ce fonds solide d'espérances réfléchies, de fortes doctrines inaccessibles à l'empirisme violent ou au scepticisme frivole, que s'est formée cette race d'hommes d'État qui auraient fondé la liberté en France, si la fatalité révolutionnaire et l'incorrigible mobilité du tempérament national leur avaient fait crédit de quelques années de patience. Voilà ceux qui composent à Turgot, dans notre siècle, une illustre postérité ; il sont bien de sa race et de son sang.

Mais il semble que rien ne soit si difficile que de garder la mesure dès que l'on touche à ces grandes idées de liberté et de progrès, qui sont comme les ressorts de l'histoire et qui, selon qu'elles sont entre des mains sages ou violentes, deviennent les instruments heureux ou funestes de nos destinées. Cette conception de Turgot, nous allons la voir se dénaturer promptement et produire des résultats que Turgot aurait désavoués. Elle s'enfle démesurément, s'exagère hors de toute proportion et va se perdre avec Condorcet dans l'infatuation et la chimère. L'*Esquisse d'un tableau historique de l'esprit humain*, d'autant plus vantée qu'elle est moins lue, a tout au plus le mérite d'une amplification oratoire. Les trois premiers chapitres sur l'humanité primitive, depuis la réunion des hommes en peuplades jusqu'à l'invention de l'écriture alphabétique, sont au-dessous de la critique. On y apprend que « l'invention de l'arc fut l'ouvrage d'un homme de génie, et que la formation d'une langue fut celui de la société entière. » A dater de l'époque où la Grèce connut l'écriture et put nous laisser quelques monuments de son histoire et de sa pensée, Condorcet n'a plus rien à deviner ; il lui suffit « de rassembler, d'ordonner les faits et d'en tirer la suite non interrompue de l'histoire de l'espèce humaine, considérée uniquement dans les pays les plus éclairés de l'Europe. »

C'est ainsi que dans une série d'époques fort arbitrairement choisies nous voyons se dérouler le tableau du progrès depuis l'âge historique de la Grèce jusqu'à la république française, comme s'il s'agissait pour l'auteur d'un seul peuple, et que le reste de l'humanité ne comptât pas à ses yeux. Sauf la partie réservée au développement des sciences exactes où excellait Condorcet, ce n'est guère qu'une longue déclamation. La philosophie de l'*Esquisse* tient dans cette proposition : « que les lois générales, connues ou ignorées, qui règlent les phénomènes de l'univers, sont nécessaires et constantes. Or par quelle raison ce principe serait-il moins vrai pour le développement des facultés intellectuelles et morales de l'homme que pour les autres opérations de la nature? » Condorcet ne fait aucune distinction entre les éléments de la nature humaine qui sont susceptibles de progrès et ceux qui, ne pouvant ni s'accumuler ni se transmettre, restent stationnaires. De plus, il soumet le progrès social à des lois aussi fatales que celles qui régissent la nature. L'action personnelle de l'homme s'évanouit dans ce progrès qui s'opère comme le résultat forcé d'une loi mécanique. — Cela n'empêche pas Condorcet d'avoir des haines violentes et ce qui s'appellerait ailleurs des préjugés. Il a au plus haut point le fanatisme irréligieux et l'intolérance de la libre pensée. Le seul objectif dans ce récit des siècles passés, la seule loi apparente de cette démonstration historique, c'est l'alternative « du progrès ou de la décadence des lumières » mesurée d'après un fait unique, la prédominance ou l'affaiblissement du christianisme. Le jugement sur le moyen âge est caractéristique en ce genre. « Époque désastreuse où nous verrons l'esprit humain descendre rapidement de la hauteur où il s'était élevé, et l'ignorance traîner après elle, ici la férocité, ailleurs une cruauté raffinée, partout la corruption et la perfidie. A peine quelques éclairs de talent, quelques traits de grandeur d'âme ou de bonté, peuvent-ils percer à travers cette nuit profonde. Des rêveries théologiques, des impostures superstitieuses, sont le seul génie des hommes, l'intolérance religieuse leur seule morale, et l'Europe, comprimée entre la tyrannie sacerdotale et le despotisme militaire, attend dans le sang et les larmes le moment où de nouvelles lumières lui permettront de renaître *à la liberté, à l'humanité et aux vertus.* » C'est là du plus mauvais dix-huitième siècle, du Voltaire alourdi, du Diderot sans éclat. Que cette philosophie de l'histoire fait pauvre figure à côté de celle que Turgot avait inaugurée dans son discours sur le progrès par le christianisme!

Le dernier chapitre de l'*Esquisse* est consacré à une dixième époque annoncée et prévue par l'auteur, aux progrès futurs de l'esprit humain, que l'auteur réduit à ces trois points : égalité par le nivellement entre les nations dans l'humanité, entre les citoyens dans chaque nation, perfectionnement indéfini de l'homme, de sa nature et de ses facultés. C'est là qu'à travers quelques conceptions raisonnables l'imagination de l'auteur l'entraîne; ce n'est plus le philosophe, c'est l'illuminé du progrès. Rien ne compromet davantage une cause dans les esprits réfléchis. Ce mélange du possible et de l'impossible fatigue et irrite le lecteur, s'il a le malheur d'être quelque peu nerveux. Déjà on a souffert en voyant dérouler devant ses yeux les neuf époques du passé en traits si arbitraires et superficiels, sur un ton oratoire qui ne veut donner aucune relâche à l'admiration. Que sera-ce quand on arrivera à ce chapitre si pompeux et si chimérique? — Pour être juste à l'égard de ce livre, il faut se souvenir des circonstances où il a été composé. Poursuivi, traqué par la tyrannie jacobine, dont il avait contribué à préparer le triomphe, exalté par son péril même, l'auteur écrivait sous la dictée d'un sombre enthousiasme qui ne voulait pas s'être trompé. Sous le coup de la guillotine, il rêvait la prolongation indéfinie de l'existence humaine, le perfectionnement sans mesure de la raison de l'homme futur, l'âge d'or enfin. C'eût été mourir deux fois que de mourir pour une chimère.

Son livre est devenu l'évangile de toute une école qui s'en inspire encore et que l'on peut bien rappeler du nom dont elle se glorifie elle-même, l'école révolutionnaire, j'entends celle qui proclame la révolution comme une institution en permanence. C'est une des prétentions de cette école de s'approprier comme un monopole l'idée du progrès. Elle a refait, elle refait tous les jours le livre de Condorcet, en y ajoutant un chapitre sur la révolution, traitée dans le style même de l'auteur de l'*Esquisse*, honorée non pas seulement dans les inspirations de justice et de droit d'où est sortie la société moderne, mais célébrée en même temps dans ses plus tristes égarements, divinisée dans ses crimes. C'est là que l'on développe avec toute sorte de variantes cette thèse « que l'idée doit germer dans le sang, que le sang est la rosée fécondante du progrès ». Ce n'est plus sur le ton de l'histoire que l'on discute les hommes ou les événements de ce temps : c'est sur le ton de l'Apocalypse. La révolution devient un Sinaï. « Révolution, révélation! » a-t-on dit dans un style sibyllin. Les hommes de la Terreur ne sont plus des hommes, ce sont des éléments, des forces supérieures de la nature et de l'histoire, irresponsables comme la nécessité.

Sauf pour ce chapitre, que Condorcet n'a pas eu le temps

d'écrire, ses disciples répètent la leçon du maître en y ajoutant quelques vues nouvelles, quelques aperçus récents tirés des sciences positives. Ils ont pris au maître non seulement le goût de l'hyperbole et de la déclamation, son intolérance, sa prodigieuse inintelligence de l'histoire, mais sa doctrine philosophique, le développement illimité du progrès dans le temps et dans la nature de l'homme. L'irresponsabilité de l'homme et la nécessité du progrès sont devenues un dogme. Ce sont les lois générales qui font la grande œuvre, l'homme n'en est que l'ouvrier inconscient. La nature travaille pour lui; l'homme grandit, la société se transforme, comme grandissent le chêne et la forêt. Par le seul fait de vivre, l'humanité croît toujours, continûment, sans point d'arrêt, sans mouvement de recul, en raison, en science, en bien-être, en fraternité. Tout cela est le produit spontané de ces grandes lois « nécessaires et constantes » qui se chargent de la besogne. L'historien n'a qu'à enregistrer cet accroissement d'être et de bonheur dont le philosophe a déterminé le mouvement régulier, le rythme fatal. En même temps les inductions abondent sur l'avenir. L'esprit de prophétie se donne carrière à travers les civilisations futures dont nous ne pouvons ni fixer la mesure ni à peine concevoir l'image. C'est là le triomphe des illuminés qui se perpétuent dans l'école. On nous annonçait tout récemment encore pour le vingtième siècle l'ère de l'humanité transfigurée par l'amour. Plus de guerre, plus d'armée, plus de prisons, plus de geôliers; partout le fer disparu « sous la forme glaive » et reforgé « sous la forme charrue », le châtiment partout remplacé par l'enseignement, la fraternité universelle des peuples dans la cité idéale du monde, la fraternité des citoyens dans la cité que bâtira l'amour.... O poètes, ô prophètes! cela s'écrivait ou plutôt se chantait en 1867 : trois ans après, la France, surprise, tombait égorgée dans une effroyable guerre; quelques mois encore, et la Commune triomphait à Paris. Et jamais les nations n'ont été plus formidablement armées les unes contre les autres, avec des haines plus farouches au cœur! Et l'horizon s'est fermé pour longtemps sur cette aube de la paix universelle tant de fois annoncée, autant de fois disparue dans une tempête de fer et de feu. Tout cela ne rappelle-t-il pas Condorcet écrivant son idylle humanitaire quand déjà il pouvait entendre dans la campagne voisine le pas des émissaires jacobins, « noirs recruteurs des ombres », comme les appelait André Chénier, et qu'il préparait le poison par lequel il allait échapper à ses bourreaux? — C'est qu'il ne suffit pas d'invoquer en beau style l'égalité et la fusion des peuples, l'émancipation de tous les hommes par le travail et le bien-être. Il faut que chacun travaille au progrès en s'affranchissant de la haine, en répudiant la violence; il faut enseigner au peuple souverain à quel prix il peut être le coopérateur de cette grande œuvre, oser lui dire qu'il ne peut y travailler que par la justice. Or qu'y a-t-il de plus contradictoire à cet enseignement, à cet idéal de paix et d'amour universel, que la révolution décrétée pour un temps indéfini comme la guerre sainte? qu'y a-t-il de plus funeste à la conscience populaire que cette perpétuelle apothéose des crimes privilégiés et des hommes de 93?

L'école révolutionnaire trouve des auxiliaires bien compromettants dans les nombreuses sectes du socialisme armé en guerre contre la civilisation, — le collectivisme, le mutualisme, l'Internationale, — qui, elle aussi, s'appuie provisoirement sur la révolution, mais pour faire triompher un programme singulièrement plus net et plus pratique, dont le seul tort est que le jour de son triomphe sera le dernier jour de la société. — En dehors des théories radicales qui rêvent la transformation violente du monde s'est développée depuis le commencement de ce siècle une autre théorie du progrès, très différente et par le but et par les moyens. C'est le socialisme industriel et pacifique, celui des Saint-Simon et des Fourier. Le *Nouveau Christianisme*, le *Traité de l'association domestique agricole*, le livre de l'*Humanité* de Pierre Leroux, sont autant de révélations inspirées par un profond amour du peuple, mêlé à de prodigieuses illusions sur le passé et l'avenir du monde. Un sentiment vif des misères humaines s'y marque à chaque page, avec un désir sincère d'y porter remède. Malheureusement les remèdes à imaginer sont plus difficiles que le mal à constater, et c'est la partie la plus importante de leur tâche où ils ont tous échoué. — Plusieurs de ces réformateurs procèdent avec méthode. Ils étudient à leur manière la marche de l'humanité à travers les âges, les lois qui ont jusqu'ici réglé cette marche presque au hasard, les forces antagonistes qui en ont produit le mouvement incohérent; ils concluent à la nécessité de régulariser ces forces et de les diriger vers un but fixe en s'en emparant par la science. Tous ont la prétention, dont il faut leur savoir gré, de se distinguer du grossier empirisme jacobin, non seulement par la discussion pacifique et scientifique des problèmes, mais aussi par la conception d'une organisation rationnelle de l'humanité. Le malheur est que jusqu'à présent tous ces plans, qui s'ajustaient si bien entre eux et fondaient sur le papier l'ère de la félicité universelle, n'ont pu s'ajuster à la réalité, ni faire vivre une heure un embryon de société. L'industrie ou la passion, prises comme ressorts moteurs, ne peuvent remplacer les lois morales auxquelles dans tous ces systèmes elles prétendent se substituer.

Il n'en est pas moins juste de reconnaître que des

hommes comme Charles Fourier, par sa critique si vive, parfois si ingénieuse, si pénétrante, des vices et des contradictions de la civilisation, des penseurs tels que Saint-Simon, par la hardiesse de ses vues historiques, ont contribué à élargir la notion du progrès social et à la populariser en dehors du cercle des philosophes et des savants. Pour ne parler que de Saint-Simon, en tant que philosophe et théoricien du progrès, on ne peut oublier qu'il a le premier révélé avec une grande force l'importance du travail dans les sociétés, l'élévation des états sociaux en proportion du rôle du travail prédominant et glorifié. Le premier il a conçu l'ingénieuse méthode des *séries homogènes*, qui présentent une progression croissante ou décroissante des grands faits de l'histoire, tels que l'antagonisme, la guerre, la concurrence, l'industrie, la liberté, l'autorité, et nous permettent d'affirmer, d'après le tableau des différents siècles, si ces faits dominateurs vont en grandissant ou en s'effaçant de plus en plus, et d'en déduire quelques lois de l'avenir humain.

Enfin ce n'est pas la conception d'un esprit vulgaire que celle qui divise l'histoire en deux espèces d'époques : les époques organiques et les époques critiques, — les unes qui représentent le moment où les sociétés procèdent par synthèse, vivant dans l'unité d'une doctrine et d'une foi communes, — les autres qui expriment le travail contraire, l'analyse, à l'heure où la foi commune s'éteint et où la société que cette doctrine reliait dans ses idées, dans ses institutions et ses mœurs, se désagrège, se dissout en poussière d'individus, de croyances anarchiques ou d'incrédulités passionnées. Le règne alternatif d'un dogmatisme qui s'impose à l'ordre social tout entier et de la critique individuelle qui le détruit, — le travail obstiné de l'esprit humain à réparer les ruines qu'il a faites et à relever sur les débris de l'ancien un ordre nouveau qui durera jusqu'à l'heure où la doctrine nouvelle aura vieilli, deviendra stérile et tombera à son tour, — enfin le progrès s'accomplissant à travers ces alternatives de foi et d'incrédulité jusqu'au jour où une doctrine sociale sera trouvée, assez large pour contenir toutes les parties durables des croyances et des systèmes, synthèse définitive où se réconcilieront l'esprit dogmatique et l'esprit critique, où revivront, élargies, les époques organiques du passé, où les facultés de l'homme (intelligence, sentiment, activité matérielle) et les manifestations sociales correspondantes (science, religion, industrie) atteindront sans effort le plus haut degré de leur développement harmonieux, — si c'est là un rêve, le rêve a de la grandeur. L'intuition historique qui en a été le point de départ conserve, à travers les observations ultérieures de la pensée saint simonienne, sa justesse et sa vérité. Plusieurs écrivains et philosophes, même dans d'autres écoles, en ont ressenti le contrecoup. La trace de cette inspiration est visible dans les pages qui firent événement, il y a près d'un demi-siècle, sous ce titre : *Comment les Dogmes finissent*, et qui furent, en effet, à l'heure où elles parurent, le manifeste d'une de ces époques critiques annoncées par Saint-Simon.

CHAPITRE XII

LA QUESTION DU PROGRÈS (SUITE). — LES MÉTAMORPHOSES DE CETTE IDÉE AU DIX-NEUVIÈME SIÈCLE. — L'IDÉE DE L'ÉVOLUTION.

Nous touchons au moment où la conception du progrès va se transformer. Sous l'influence croissante des sciences positives, elle va se perdre dans une idée nouvelle, plus large et plus générale, l'idée de l'*évolution*[1]. Cette métamorphose a son importance et mérite d'être signalée; elle marque l'avènement des conceptions et du langage scientifiques dans le domaine de la philosophie et de l'histoire. Quelle fortune ce mot a faite depuis une trentaine d'années dans l'école anglaise contemporaine et dans le positivisme français! J'en ai trouvé l'origine inattendue et comme l'annonce prophétique au chapitre cent soixante et unième de *Tristram Shandy*. Le mot naquit d'un hasard un jour que le père Shandy était particulièrement en veine d'éloquence. « Les royaumes et les nations, disait-il, n'ont-ils pas leurs périodes? et

[1] Nous avons déjà parlé de la doctrine de l'évolution à propos de la théorie du droit naturel qu'elle tente d'établir. Mais cette doctrine prend une telle extension et des proportions si grandes dans les préoccupations du monde savant, que nous ne craignons pas d'y revenir à plusieurs reprises et de la faire connaître sous ses différents aspects.

ne viennent-ils pas eux-mêmes à décliner quand les principes et les pouvoirs qui au commencement les formèrent ont achevé leur évolution? — Frère Shandy! s'écria mon oncle Tobie, quittant sa pipe, *évolution*, qu'est-ce, ce mot? — Révolution, j'ai voulu dire, reprit mon père. Par le ciel! j'ai voulu dire révolution. Évolution n'a pas de sens. — Il a plus de sens que vous ne croyez, repartit mon oncle Tobie. » Ce mot, qui devait plus tard soulever l'orthodoxie de l'Église établie, éveillait-il par un secret pressentiment les scrupules de l'honnête et religieux capitaine? Cette fois encore l'oncle Tobie eut raison contre son frère. Il avait deviné le mot magique et l'idée maîtresse de la philosophie de ses compatriotes au siècle suivant.

C'est dans l'école positiviste que l'on rencontre la première application régulière, méthodique, de la loi d'évolution aux phénomènes humains et sociaux. C'est elle qui, la première, en déterminant l'ordre de subordination des sciences selon leur degré de complexité, a entrepris de faire de la *sociologie* une dépendance et comme la dernière province des sciences naturelles, et de la loi de progrès, qui est la loi des sociétés humaines, une simple dérivation de la loi universelle de la vie. « De quelque façon, nous dit-on, que l'on envisage les sociétés, soit dans leur groupement actuel sur la face du globe, soit dans leur enchaînement le long du passé, on y reconnaît un mouvement intérieur et spontané qui les porte d'un état inférieur à un état supérieur. Cela est vrai pour l'ensemble, quels que soient les accidents qui surviennent à des peuples particuliers, et quelques perturbations que subisse la trajectoire de la civilisation[1]. » Ce mouvement intérieur est précisément ce qu'en langage

---

[1] M. Littré, *la Science au point de vue philosophique.*

ordinaire on appelle le progrès; mais le mot d'évolution doit être préféré, nous dit-on, parce qu'il marque mieux le caractère de ce mouvement, qui est un phénomène naturel. L'histoire a pour théâtre les sociétés; les sociétés sont composées d'êtres humains, doués de vie, d'instincts, de facultés. Cette vie, ces instincts, ces facultés, se développent suivant une loi qui leur est inhérente. Et de même que dans chaque corps vivant réside une force évolutive qui le fait passer de la simplicité apparente de l'état embryonnaire à la forme de la vie la plus compliquée, revêtue de tous ses appareils distincts et subordonnés, ainsi dans le corps social réside une force analogue, mais infiniment plus complexe, composée de toutes les forces de la vie individuelle, physiques et mentales, qui produit le développement de chaque société et l'élève de l'état inférieur aux états supérieurs par un mouvement inhérent et continu.

C'est le déterminisme physiologique appliqué à l'histoire. La croissance du corps social est un effet de cette force évolutive qui émane de toutes les vies individuelles, éléments de la vie collective. L'histoire des sociétés offre une série cohérente d'enchaînements exactement liés entre eux et mesurables par une sorte d'échelle graduée, soit sur le développement des arts industriels, soit sur celui des connaissances positives. Ce développement lui-même est le produit nécessaire des facultés inhérentes à chaque individu; ces facultés ont leurs causes primordiales, leurs ressorts moteurs cachés dans les profondeurs de l'organisme, où la science positive a déjà plus d'une fois essayé de les saisir. Le progrès n'est donc, au fond, que la résultante des forces organiques et des conditions du milieu dans lequel elles se développent. Ainsi disparaît dans cette philosophie fataliste ce qui fait l'intérêt dramatique et passionné de l'histoire, le jeu des spontanéités libres, l'intervention des énergies héroïques et des inspirations sublimes, l'essor inattendu des initiatives qui coupent la série des phénomènes, et surtout l'action profonde, incessante, de la moralité publique ou privée sur le développement de la vie des peuples, le mérite humain de ces grands phénomènes du travail, de la discipline, de l'obéissance aux lois, qui sont bien, quoi qu'on dise, des phénomènes libres, et par lesquels chacun de nous prend une part directe aux destinées de l'humanité.

Le principe étant posé, une autre question surgit aussitôt. Quelle est la loi de la série sociologique? Quelle est la série des phases sociales que parcourt l'humanité dans son évolution? On nous dit que les générations successives dans les races les mieux douées font effort vers cette évolution, même à leur insu, qu'elles y vont comme l'enfance à la jeunesse, comme la jeunesse à la virilité. On nous dit qu'une même nécessité en est la cause, et, pour relever à nos yeux cette nécessité que nous subissons, on ajoute qu'il est beau de la concevoir, de la sentir, de s'y associer, et de prendre en main les rênes de ce coursier qui ne peut pas être arrêté. Mais enfin où nous mène-t-il, ce coursier? Par quelles étapes nous fait-il passer? Ici une assez grave divergence d'idées s'est produite entre le maître et le disciple. Auguste Comte définit la série sociologique par les diverses conceptions de l'univers. Empruntant une vue ingénieuse et profonde de Turgot, mais la dénaturant par l'extension qu'il lui donne, il établit entre ces conceptions la distinction célèbre des trois états successifs : l'état théologique, l'état métaphysique, l'état positif. M. Littré critique cette loi. Elle est empirique, dit-il, en ce sens qu'elle est seulement l'expression abstraite du fait lui-même. Une loi empirique rend d'incontestables services : souvent elle est le dernier terme auquel on puisse atteindre ; mais, à cause de la défectuosité qui lui est inhérente, elle est une excitation continuelle à trouver la loi rationnelle qui y correspond, la loi qui, non seulement généralise le fait, mais d'une certaine manière l'explique en prouvant que le fait est tel qu'il doit être. Or, M. Littré a pensé trouver cette loi rationnelle de l'histoire en la rapportant à la loi primordiale du développement individuel, à l'analyse mentale d'après la théorie de Gall. Il a été amené ainsi à noter quatre degrés successifs dans l'évolution humaine : le besoin, le sentiment affectif et moral, le sens et la culture du beau, la recherche scientifique de la liaison des effets et des causes. C'est l'histoire de chaque homme et c'est l'histoire de chaque groupe humain.

Suivez, nous dit-on, le mouvement d'une société qui se développe, vous voyez que ce qui fait la trame de son histoire, c'est d'abord la satisfaction des besoins et l'exploitation de l'utile, puis la religion et la morale, puis la culture esthétique et finalement la science[1]. Ainsi se succèdent les phases de la société humaine, créant d'abord les industries nécessaires qui assurent sa vie matérielle, puis les institutions civiles et religieuses qui assurent l'ordre et la satisfaction de certains instincts ; ensuite les arts naissent, la poésie chante et console les misères de cette existence encore si précaire et si pauvre ; enfin la raison, cessant de s'employer à l'accomplissement des trois fonctions précédentes, travaille pour elle-même et procède à la recherche de la vérité abstraite.

Voilà assurément un large cadre tracé au progrès du genre humain, et dans lequel chaque élément des grandes civilisations trouve sa place et son rang. Il n'en est pas

---

[1] *Paroles de philosophie positive.*

moins vrai que cette loi de l'évolution sociale, aussi bien que celle de M. Comte, est une vue toute personnelle à celui qui l'a posée. Il resterait à faire la preuve. M. Comte eût été tenu d'établir que l'ère de la science positive absorbera nécessairement les théologies et la métaphysique, ce qui est une espérance pour lui, non une certitude démontrable. M. Littré serait tenu de prouver, ce qu'il n'a pas fait, que tous les éléments de la division historique sont successifs, que, par exemple, les religions n'ont pas coexisté avec les arts ou les industries, et qu'elles ne se sont produites qu'au second moment de l'histoire. Cette loi n'a toute son importance qu'à la condition qu'elle représente une succession nécessaire des éléments du progrès, qu'elle marque leur ordre déterminé dans le temps, la date historique et logique de leur apparition. L'ordre chronologique de ces divers éléments dans l'humanité doit correspondre, dit-on, au développement des facultés dans l'individu d'après l'analyse mentale du docteur Gall. C'est, à ce qu'il nous a semblé, toute la démonstration de M. Littré; j'avoue qu'elle ne me suffit pas. La loi de M. Comte et celle de M. Littré devraient, d'après la méthode positive, sortir de l'étude des faits, au lieu de la précéder : or, toutes deux portent l'empreinte du système d'idées dans lequel elles ont été conçues. Ce sont des lois préalables, provisoires, c'est-à-dire des hypothèses. La philosophie positive n'en est pas plus exempte que les autres.

Le seul avantage de cette théorie du progrès est de se prêter facilement à l'explication de l'histoire et de la série des âges; elle admet la filiation, c'est-à-dire la production des états spéciaux les uns par les autres. Pour elle, l'avenir social n'est que le prolongement, graduellement modifié, du passé. MM. Auguste Comte et Littré doivent à cette théorie une supériorité marquée sur beaucoup d'autres de leurs contemporains; ils ont essayé de se rendre compte des états qui nous ont précédés, de la raison qui les fit prévaloir à un moment donné, de leur ordre logique et de leur mutuelle dépendance. Ils ont par là mérité ce privilège rare d'une tolérance relative pour le passé. Rien ne leur paraît plus inique et plus faux que de juger les civilisations évanouies avec les idées d'aujourd'hui, qui, appliquées à d'autres moments de l'histoire, deviennent des préjugés à rebours, des préjugés rétrospectifs. M. Littré se moque spirituellement de cette manie des publicistes ignorants d'importer, à tort et à travers, le présent dans le passé et le passé dans le présent. Il dénonce le point de vue étroit du dix-huitième siècle, qui est resté celui de plusieurs de nos historiens ou de nos critiques, d'après lequel on s'enorgueillit, comme d'un mérite, de la supériorité de ses lumières, condamnant les époques antérieures à l'ignorance et à la barbarie, sauf quelques siècles de l'antiquité grecque ou latine. Il raille l'école révolutionnaire, pleine de haine et de dédains si injustes pour le moyen âge, et qui ne pourra sortir de l'état polémique, stérile et négatif, où elle se débat aujourd'hui « qu'en honorant comme il convient la période de domination du catholicisme »; en essayant de comprendre les raisons qui ont rendu la féodalité nécessaire, les mêmes au fond que celles qui la rendent impossible aujourd'hui. C'est là un principe scientifique d'impartialité, un élément désormais acquis dans les théories sérieuses du progrès.

MM. Buckle et W. Bagehot se rattachent par plus d'un point à l'école positiviste. L'*Histoire de la civilisation en Angleterre* a marqué une ère importante dans son développement[1]. Les cinq premiers chapitres de l'ouvrage

---

[1] *Buckle's History of civilization in England*, chapters, I-VI, new edition, 1871.

contiennent toute la théorie philosophique de M. Buckle, et d'abord la démonstration de ce principe que la suite de l'histoire est soumise à des lois générales qu'il est possible de découvrir. Ce principe, nous le connaissons déjà, c'est le déterminisme. Les actions de l'homme se produisent avec la régularité des autres phénomènes, c'est-à-dire qu'elles sont des phénomènes naturels : sans cela, il faudrait admettre qu'elles procèdent du hasard ou d'une intervention surnaturelle, ou du libre arbitre, trois conceptions complètement condamnées, nous dit-on, et qui n'ont servi jusqu'à présent qu'à empêcher la science historique de se former. Les actions humaines, n'étant ni arbitraires, ni libres, ni asservies par un agent supérieur, ne dépendent que de leurs antécédents : dès lors elles doivent présenter ce caractère d'uniformité qui constitue précisément l'essence de la loi. Étant donné les mêmes circonstances, les mêmes résultats doivent se produire, — ce qui permet d'une part la détermination des lois historiques, que l'on déclare impossible sans cela, d'autre part la prévision certaine de l'avenir, qui deviendra possible quand toutes les circonstances seront connues, c'est-à-dire quand tous les éléments du calcul nous seront donnés.

Jusqu'ici, M. Buckle ne fait que se conformer à la tradition positiviste. Nous avons vraiment lieu de nous étonner que M. Stuart Mill signale cet ensemble d'idées comme ayant provoqué une sorte de révolution dans l'histoire. Tout ce premier chapitre n'est d'ailleurs que le développement pur et simple de l'*Idée d'une histoire universelle*, un opuscule très curieux où se révèle le déterminisme de Kant. C'est quand il vient à établir les lois de l'évolution humaine selon les divers pays que M. Buckle montre ses qualités d'invention ; il se sépare ainsi des positivistes français. Pour M. Auguste Comte, partout où il y a une évolution sociale, elle s'accomplit uniformément, sous la direction des mêmes lois, celle, par exemple, qui fait succéder l'état métaphysique à la théologie ou la science positive à la métaphysique. M. Buckle, plus docile aux faits, est beaucoup moins systématique. Il ne fait pas dépendre les progrès de chaque groupe humain de cette loi uniforme de succession entre les diverses conceptions de l'univers, ce qui est une théorie singulièrement abstraite; il se tient plus près de la réalité et de la vie. Toutes les actions humaines, selon lui, ont leurs antécédents; mais il peut y avoir deux sortes d'antécédents. Les variations dans les résultats, dont l'histoire est pleine, les progrès ou les décadences de la race humaine, ses misères ou ses prospérités, sont l'effet d'une double influence : l'une qui se produit du dehors sur l'esprit, — l'autre qui se produit de l'esprit sur le dehors. Ce sont là les matériaux nécessaires d'une histoire philosophique. D'un côté, nous avons l'esprit humain obéissant aux lois de sa propre existence, et, quand il ne rencontre pas de résistance au dehors, se développant selon les conditions de l'organisation qui lui est propre. D'autre part, nous avons ce qu'on appelle la nature, obéissant également à ses lois, mais entrant incessamment en contact avec l'esprit de l'homme, excitant ses passions, stimulant ou énervant son intelligence, donnant par là même à ses actes une direction qu'ils n'auraient pas prise sans cela. Ou l'homme modifiant la nature, ou la nature modifiant l'homme, telle est la double source qui alimente l'activité humaine.

Quelle est de ces deux influences la plus importante ? La question est complexe : dans les civilisations orientales, et généralement dans les civilisations placées en dehors du courant européen, M. Buckle établit, avec une richesse singulière de preuves et d'exemples, que le principal agent est l'imagination, laquelle est placée sous la dépendance immédiate de la nature. Dans l'Europe, au au contraire, c'est l'intelligence[1] qui prédomine et qui est le ressort moteur de notre grande civilisation occidentale. Ce sont donc ici les lois mentales qui sont les plus importantes à connaître et à établir ; mais il y a deux espèces de lois mentales : elles sont intellectuelles ou morales. Or, une comparaison scientifiquement instituée par l'auteur l'amène à conclure que les lois intellectuelles l'emportent de beaucoup dans l'œuvre de la civilisation sur les lois morales. La seule cause véritable du progrès humain, c'est la découverte des vérités scientifiques. C'est l'intelligence seule qui affranchit le genre humain de ses misères et de ses servitudes. C'est elle qui dompte la nature et tourne ses forces au bien-être de l'homme ; c'est elle qui a tué le monstre de l'intolérance et qui a déshonoré la persécution religieuse ; c'est elle qui tuera un jour le fléau de la guerre : elle l'a déjà, nous assure-t-on, fortement entamé par ces trois grands faits tout intellectuels : l'invention de la poudre à canon, l'économie politique, la vapeur. Les prétendues vérités morales ne sont pour rien dans ces progrès. Immobiles, invariables, fixées une fois pour toutes, comment pourraient-elles contribuer au progrès, quand elles-mêmes y sont, par nature, étrangères et en paraissent incapables pour leur propre compte ? Les religions, les littératures, les formes politiques, ne représentent également qu'une influence fort lointaine ; elles sont elles-mêmes des effets d'un état social déterminé, non des causes. L'intelligence

---

[1] « Two leading facts have been established, which broadly separate Europe from other parts of the world. The civilizations exterior to Europe are mainly influenced by the imagination, those in Europe by the understanding. » Chapter III.

seule, sous la forme de la science, est la maîtresse de l'histoire, parce qu'elle est la maîtresse de la nature. C'est le dernier mot de cette puissance dialectique qui a soulevé à travers l'Angleterre et l'Écosse des tempêtes de polémique, — et dont M. de Tocqueville avait le pressentiment exact quand il signalait dans sa correspondance cet inconnu qui passait du premier coup « à l'état de lion de première taille ». — Voilà un positivisme conséquent jusqu'au bout. Il élimine de la théorie et de l'histoire du progrès la liberté et la morale considérée soit comme sentiment, soit comme doctrine. La liberté est une chimère. On ne dit pas que la morale en soit une; mais son influence dans l'évolution des sociétés est nulle quand elle n'est pas prépondérante : elle est funeste quand elle domine.

M. Bagehot se rattache à l'école expérimentale de son pays, très voisine du positivisme, en ce sens qu'elle prétend appliquer à tous les problèmes de l'ordre moral les procédés et les méthodes de l'histoire naturelle. Ce caractère est bien marqué dans le titre même de son dernier ouvrage : *les Lois scientifiques du développement des nations dans leurs rapports avec les principes de la sélection et de l'hérédité.* Le savant auteur nous avait montré, dans une étude célèbre sur la constitution anglaise, un rare esprit d'observation exacte et de subtile discussion. Dans le livre que nous avons sous les yeux, il fait un pas de plus. C'est l'esprit d'observation réglé et dirigé par les théories les plus récentes des sciences positives. C'est l'application rigoureuse du darwinisme à l'histoire. Le premier chapitre résume en traits expressifs cette philosophie du progrès : de même que la science géologique essaye de retrouver dans chaque parcelle de terre la trace des forces qui y ont laissé leur empreinte et qui l'ont faite précisément telle qu'elle est, de même la science historique doit traiter l'homme lui-même comme une antiquité. Elle doit essayer de lire, elle commence à lire, dans l'ensemble de tous les éléments qui composent chaque homme, un résumé complet de l'histoire de sa vie entière, la résultante d'une foule d'actions et de modifications antérieures, accumulées dans les siècles écoulés.

La physiologie vient ici en aide à l'histoire. Elle a découvert ce pouvoir — sur lequel est fondée l'éducation — que possède le système nerveux de faire passer dans l'organisation des actions volontaires en les transformant en actions plus ou moins inconscientes, c'est-à-dire réflexes. Le corps de l'homme, après l'éducation, est rempli de propriétés qui y sont comme emmagasinées, et de facultés acquises qui s'exercent sans que la conscience y ait part. La même chose arrive pour la race. Il existe une tendance en vertu de laquelle les descendants de parents cultivés auront une plus grande aptitude à la culture que les descendants de parents non cultivés. Si l'on n'admet pas cette idée, on ne comprendra jamais le *tissu connectif de la civilisation*. Là réside la force toujours agissante qui relie les générations aux générations, qui assure à chacune d'elles, dès sa naissance, quelque progrès relativement à celle qui l'a précédée, si la précédente a elle-même fait quelques pas en avant. C'est une cause toute physique de perfectionnement dont les lois déjà connues de l'hérédité donnent un aperçu positif, et qui deviendra de plus en plus claire à mesure que ces lois se préciseront. A cette loi de l'hérédité ajoutez la loi de la sélection, et vous aurez la raison du développement des nations privilégiées au sein de la race. Imaginez que dans l'origine quelque heureux concours de circonstances ait procuré à un groupe humain l'avantage immense d'un gouvernement accepté, d'une obéissance collective à une autorité quelconque, et par là d'une supériorité militaire incontestable, assurée par la discipline, sur les fractions incohérentes qui composent les peuplades voisines : vous vous expliquerez sans peine comment certains groupes ont prévalu dans la concurrence vitale, comment pendant une certaine période de temps cette supériorité s'est fixée en eux, jusqu'au jour où des causes intérieures ou extérieures ont affaibli cette prédominance héréditaire. Ajoutez à cela, dans chacune de ces nations naissantes, l'influence d'un type attractif, celui d'un héros, par exemple, qui tend à prédominer par l'imitation de tous, par l'élimination des types contraires, et qui, transmis dans le tissu nerveux d'un peuple, tendra de plus en plus à devenir le caractère national, vous aurez les idées maîtresses de ce livre inégal, tantôt trop court et tantôt diffus, dont les parties s'enchaînent mal, comme des chapitres écrits à part les uns des autres, mais où éclatent par intervalles des observations ingénieuses et profondes qui éclairent d'un nouveau jour le côté physiologique de la question.

Dans cette revue des théories du progrès, nous devons faire une place à part à celle que M. Herbert Spencer a produite récemment au milieu d'une théorie plus vaste, qui n'est rien moins que l'esquisse d'une histoire *a priori* de l'univers. C'est avec ce penseur éminent, que l'on a pu appeler avec justesse, malgré son aversion pour la métaphysique, « le dernier des métaphysiciens anglais », que l'idée d'évolution a pris sa plus grande extension et touché les dernières bornes de son empire possible. Le traducteur français des *Premiers Principes* nous montre, dans son introduction, comment M. Spencer fut amené à cette dernière synthèse. Dans la *Statistique sociale*, publiée en 1850, M. Spencer s'était posé comme problème de rechercher la loi naturelle dont le progrès de l'humanité est la manifestation. Plein de confiance alors dans la perfectibilité indéfinie de l'espèce, l'étendant par ses vastes espérances jusqu'au rêve de la perfection, jusqu'à la suppression du mal sur la terre, il avait cru trouver la condition de ce progrès toujours croissant dans cette tendance de la vie qu'il appela *la tendance à l'individuation*. Plus tard, le mot *individuation* lui parut être trop étroit pour l'idée du développement des choses telle qu'il commençait à la concevoir. Il craignit qu'à la suite de ce mot, qui exprime la notion d'un être considéré en lui-même, l'idée de finalité ne s'introduisît dans l'esprit humain et n'y ramenât tout un ordre de spéculations métaphysiques et religieuses qu'il voulait à tout jamais éliminer de la science. Il substitua à la première loi naturelle qu'il avait trouvée une autre plus large et plus compréhensive ; mais il s'aperçut alors que le mot même de progrès ne convenait plus à la généralisation de sa pensée. Il y renonça tout à fait dans les *Premiers Principes* pour adopter le mot *évolution*, plus propre à exprimer à la fois l'universalité de son objet et la nature toute scientifique de sa théorie. C'est alors que s'accomplit définitivement la transformation du problème dans son esprit ; parti d'une question sociale, il aboutissait à un problème de physique générale. Sa théorie de l'évolution n'est rien autre chose, en effet, qu'une histoire, ou mieux une tentative d'explication du développement cosmique dans son ensemble et dans toutes ses parties, par des déductions d'une seule loi, la persistance de la force.

Même dans l'école positiviste, l'idée d'évolution ne s'était jamais élevée à une si audacieuse synthèse. M. Auguste Comte ne l'applique, à ce qu'il semble, qu'à deux ordres de phénomènes, aux développements parallèles de la vie et de l'organisme social, ou, pour parler comme l'école, à la biologie et à la sociologie. Pour retrouver l'analogie d'une pareille conception, il faudrait remonter jusqu'à Hegel et à la loi du *devenir* ; mais les procédés de construction sont complètement différents. Quand Hegel nous raconte dans *la Phénoménologie* l'odyssée de son absolu à la recherche de lui-même, sortant de soi et revenant à soi par une évolution qui n'est pas autre chose que la réalité de l'être et la vie du monde, ou lorsque dans de belles pages que l'on n'a pas oubliées[1] un brillant esprit, se plaisant à faire un rêve hégélien, nous décrit la marche ascendante des choses, sans interruption et sans retour, depuis les profondeurs muettes de l'éther, voisines du néant, jusqu'à la conquête de l'absolu, suivant le progrès de l'être depuis l'atome, à travers les mystères de l'affinité, de la vie, de la pensée, jusqu'à la conscience universelle où se réalise Dieu, ces divers essais de synthèse ne représentent qu'une conception toute personnelle, agrandie par quelques aperçus de géologie ou de physique, vivifiée par l'étude toute nouvelle des religions, des langues et des races. Au fond, cela ressemble fort à quelque beau poème transcendant. La méthode de Hegel reste toute métaphysique, toute subjective ; celle de M. Spencer prétend être entièrement objective, scientifique, elle se présente à nous comme un simple résultat des lois de l'univers. D'après cette prétention plus ou moins légitime, l'*évolution* de M. Spencer serait le *devenir* hégélien, mais transformé par la méthode positive, subordonné aux sciences de la nature dont il n'est que la dernière généralisation.

Dans cette vaste histoire de l'univers, le progrès humain disparaît comme une goutte d'eau dans l'océan. Pourtant nous avons dû l'en extraire, l'isoler artificiellement, pour l'étudier à part. Son vrai nom n'est plus pro-

[1] *Avenir des sciences naturelles*, par M. Renan, dans la *Revue des Deux Mondes* du 15 octobre 1863.

grès, car dans la théorie de M. Spencer la même loi s'applique rigoureusement à la société, à l'individu, à la vie organique, à la vie de la terre, au système solaire, à la vie cosmique tout entière. La loi doit être la même, puisque dans la théorie nouvelle il n'y a pas d'ordres distincts de réalités ou de phénomènes, pas de sphères d'existence incommunicables et fermées. Il n'y a qu'une loi parce qu'il n'y a qu'une vie; il n'y a qu'une vie parce qu'il n'y a qu'une force persistante, diversifiée par l'infinité des mouvements dont elle remplit l'infini de l'espace et du temps, par lesquels elle compose et dissout la variété incessante des formes, des êtres et des mondes.

Sous l'empire de la loi universelle, la persistance de la force, toutes les variétés de mouvements se transforment les unes dans les autres; les forces physico-chimiques font la vie; les forces biologiques font la sensibilité et la pensée; les forces individuelles font les forces sociales : la société n'est donc au fond qu'une des métamorphoses infiniment variées de la force universelle, un épisode peut-être très court dans le poème de la nature. L'originalité de M. Spencer ne consiste pas à faire des phénomènes humains et sociaux, de la vie et de l'histoire, une pure modalité du principe dynamique; elle est dans la témérité inouïe de mener de front, comme autant de développements parallèles, l'embryogénie des mondes, celle des individus et celle des sociétés. Dans les proportions d'une pareille synthèse, on comprend quelle place doit occuper l'humanité, accident insignifiant que produit ou retire le jeu des forces éternelles. Elle qui croyait autrefois être l'objet de la création et le centre des choses, la voilà réduite à je ne sais quel groupement d'atomes jeté pour un instant sur un des points de la circonférence infinie; mais l'atome participe un instant à la vie éternelle, il est une partie du tout. A ce titre, la vie de l'atome a son intérêt ; il doit avoir son histoire.

La science prend l'humanité au moment où dans le mystère de ses origines elle commence à être distincte, et la conduit jusqu'au moment où l'individualité du groupe humain se perd dans le Tout sans forme, principe et fin des choses. Ainsi procèdent l'astronomie, la géologie, la physiologie, qui ne sont au fond que des systèmes de mouvements variés et combinés à l'infini, donnant lieu à des successions d'êtres et de formes, toujours en fonction de naissance ou de mort. Qu'il soit question d'un seul objet ou de tout l'univers, une explication qui le prend avec sa forme concrète et qui le laisse avec une forme concrète est incomplète, puisqu'une époque de son existence connaissable reste sans histoire, c'est-à-dire sans explication. L'histoire universelle ne sera faite que lorsque la science aura suivi cette loi dans le passé, aussi loin que l'observation et le raisonnement nous le permettront, pour les faits qui constituent la naissance, la croissance et la vie des sociétés. On pourra même dire qu'elle ne sera complètement faite que quand la science aura suivi dans l'ordre inverse l'histoire du genre humain à travers ses transformations probables dans le plus lointain avenir et son acheminement vers la dissolution. Tout changement subi par une existence sensible se fait dans l'une ou l'autre de ces deux directions opposées : une de ces tendances est la suite naturelle de l'autre, elle en est le complément.

Suivons les trois grandes lois de l'évolution dans leur application aux sociétés. D'abord l'évolution sociale est, comme toute évolution, une intégration de plus en plus grande, un changement qui va d'un état diffus à un état cohérent, un mouvement marqué de concentration. De même que chaque plante grandit en concentrant en elle des éléments auparavant diffus à l'état gazeux, de même que chaque animal croît en concentrant ces mêmes éléments dispersés dans les plantes et les animaux à sa portée, de même la vie des sociétés se forme et se consolide « par l'unification » de plus en plus marquée et de plus en plus stable, depuis la première union des familles errantes en tribus jusqu'à l'idée d'une fédération européenne, qui n'est qu'une intégration beaucoup plus vaste. Le même mouvement s'opère en même temps dans les produits variés de l'activité humaine. Les progrès du langage, des arts industriels et esthétiques, deviennent « comme un procès-verbal objectif », comme une table d'enregistrement des changements qui s'opèrent dans l'intérieur de chaque groupe humain.

La seconde loi, c'est le changement allant d'un état homogène à un état hétérogène. Cette loi, qui règle le développement des phénomènes astronomiques et géologiques, se révèle clairement dans l'histoire des corps organisés par la distinction de plus en plus marquée des parties, par la division toujours croissante des organes et des fonctions. Elle se marque en traits également significatifs dans l'histoire de l'espèce humaine par la multiplication des races, dans chaque groupe par la distinction qui s'établit entre les facultés et les fonctions, entre les gouvernants et les gouvernés, entre l'Église et l'État, entre les classes ou ordres de travailleurs, qui sont autant d'organes du corps social.

Mais en même temps, et c'est la troisième loi, qui retient et limite les effets de la seconde, en même temps que dans une existence quelconque il s'opère un changement de l'homogène à l'hétérogène, il s'en opère un autre de l'indéfini au défini. A côté d'un progrès allant de la simplicité à la complexité, il se fait un progrès de la confusion à l'ordre. Non seulement les parties dissemblables se multiplient, mais on voit aussi s'accroître la netteté avec laquelle ces parties s'organisent en elles-mêmes et dans leur rapport avec l'ensemble. C'est la dernière formule de l'évolution physiologique, c'est aussi celle de l'évolution sociale, qui se caractérise par une localité fixe où cesse la vie nomade, par une limite territoriale qui distingue une nation d'une autre nation, par une distribution arrêtée de classes, de rangs, de fonctions, qui s'étaient d'abord multipliés au hasard, sans règle précise, sans objet bien défini. L'individualité nationale s'organise et se crée.

Nous ne suivrons pas plus loin M. Spencer dans le détail infini des harmonies ou plutôt des identités qu'il retrouve entre les moments du système solaire, l'histoire de la terre, le développement des composés organiques et les phases des sociétés, sans négliger dans cet immense parallèle les résultats organisés de l'action sociale, le développement des langues, des arts et des sciences. Encore moins devons-nous le suivre dans l'analyse des lois dynamiques les plus hautes, les plus générales, auxquelles se rapportent ces lois de l'évolution ; mais nous ne pouvons omettre la prétendue nécessité, principe de tout le système, suivant laquelle une force permanente et uniforme aboutit à créer des forces antagonistes en subissant une dispersion. Ces forces antagonistes déterminent en sens contraires, dans toute existence, des oscillations que règle la loi d'un rythme. Tous les mouvements alternent : ceux des planètes dans leurs orbites, comme ceux des molécules de l'éther dans leurs ondulations, comme ceux de la vie. Le rythme du mouvement produit forcément l'équilibre à un moment donné. C'est le dernier terme assignable à l'évolution.

L'évolution conduit toute société, comme tout corps organique, à l'équilibre. C'est le point fatal où commence un mouvement en sens inverse, le phénomène complémentaire et corrélatif de l'évolution, la dissolution. Il n'est pas douteux que ce ne soit là le dernier terme auquel aboutisse la pensée logique de M. Spencer. Les sociétés humaines mourront comme elles sont nées ; elles mourront comme meurt toute chose sensible, comme mourra le monde, comme meurt un ciron. La terre mourra comme l'humanité ; elle subira un jour l'action de forces assez puissantes pour causer sa désintégration complète. — Ici naissent dans l'épouvante de la pensée humaine une foule de questions singulièrement tragiques. L'évolution dans son ensemble marche-t-elle vers le repos complet comme elle y marche dans ses détails? L'état de privation absolue de mouvement, appelé mort, qui termine l'évolution dans les corps organiques, est-il le type de la mort universelle au sein de laquelle l'évolution universelle tend à s'engloutir? Enfin devons-nous considérer comme la fin des choses un espace infini peuplé de soleils éteints voués à l'immobilité éternelle? Ou bien cette fin apparente des choses ne sera-t-elle que le commencement d'une vie nouvelle, le signal de l'éclosion des mondes futurs dont rien dans les mondes passés ne peut nous faire concevoir l'idée? — Questions transcendantes auxquelles il ne peut être fait de réponse positive. M. Spencer nous laisse, à ce point de sa course, penchés sur le bord de l'éternité, interrogeant de la pensée l'infini ténébreux.

Nous n'essayerons pas de nous mettre à sa place et de répondre pour lui. Notre objet était de montrer à quelle hauteur de synthèse M. Spencer a élevé la question du progrès et comment il l'a transformée. Il ne s'agit plus pour lui de la conception humaine et sociale qui a servi de point de départ à ses recherches. Le problème historique s'est changé en un problème de dynamique. Ce qu'il étudie, ce n'est plus un fait humain, variable, contestable, renfermé dans les bornes étroites de l'histoire. Il repousse l'interprétation « vulgaire » de ce fait comme une hypothèse suspecte de mysticisme et convaincue de finalité. Il en transforme l'idée primordiale par les données les plus hardies des sciences de la nature ; il la fait entrer de gré ou de force dans le cadre le plus vaste des généralisations scientifiques, embrassant le monde inanimé, le monde vivant, le monde pensant, sous l'empire de la même loi. A quel prix ? En nous imposant ses exigences, qui sont bien fortes, et la plus forte de toutes, la réduction de la vie sociale à un système de mouvement qui se combine ou se dissout de la même façon que le mouvement atomique dans la dernière molécule d'éther, — en nous imposant en outre la plus rigoureuse exclusion de la spontanéité libre dans toutes les sphères de la vie, soumises à la même nécessité mécanique que le domaine des forces physiques ou chimiques. Malgré nos réserves absolues sur le principe et le fond du système, M. Spencer n'aura pas rendu un médiocre service à la philosophie du progrès, s'il a découvert certaines harmonies très belles et très curieuses entre les différentes régions de l'être et de la vie, et surtout s'il a contribué à nous délivrer de cette idolâtrie d'un progrès rectiligne, continu, illimité, dont l'apothéose insensée a égaré tant d'intelligences depuis un siècle. Aucune de ces grandes tentatives scientifiques n'est entièrement perdue pour l'esprit humain. Une théorie raisonnée, expérimentale du progrès, reste à faire, en mettant à profit ces théories récentes, en les affranchissant de leur point de vue trop systématique. Nous essayerons d'en tracer quelques linéaments, d'en esquisser au moins l'idée, de montrer ce qu'elle devrait être à de plus heureux qui la réaliseront un jour.

CHAPITRE XIII

LA QUESTION DU PROGRÈS (SUITE). — L'UTOPIE ET LA RÉALITÉ. — LES LOIS ET LES LIMITES DU PROGRÈS DANS LA SCIENCE, L'INDUSTRIE ET LES INSTITUTIONS.

Nous avons marqué les phases que l'idée du progrès a traversées dans l'esprit humain jusqu'aux dernières métamorphoses qu'elle a subies dans la science contemporaine. De toutes ces théories, et particulièrement des plus récentes qui ont passé devant nos yeux, sort, comme dernier résultat, un amas considérable de faits rangés sous un certain nombre de lois. Les théories et même les lois sont discutables en ce sens qu'elles reflètent plus ou moins fidèlement l'esprit de système ou de parti dans lequel chacune d'elles a été conçue ; mais les faits restent accumulés par le travail de deux ou trois générations de savants, recueilli dans la vie intellectuelle, esthétique, sociale, des différents peuples, et sur plusieurs points importants la question a été renouvelée.

Il importe tout d'abord de débrouiller ce chaos d'idées que l'on rassemble sous le même nom. Est-ce du progrès organique qu'il s'agit, de cette loi d'évolution qui fait de l'homme le dernier terme et comme l'épanouissement de l'arbre de la vie ? Évidemment non. Ce sont là des questions d'histoire naturelle et d'anatomie comparée qui n'appartiennent pas à la philosophie sociale. S'agira-t-il du progrès religieux de l'humanité? Pas davantage, si ce n'est incidemment et par occasion. Il y a là tout un ordre de problèmes transcendants entièrement différents de ceux dont nous allons nous occuper. Nous avons cru devoir circonscrire notre sujet à la sphère de l'activité humaine, scientifiquement étudiée sous sa triple manifestation, la science, la morale et l'art. Encore là notre tâche a dû se restreindre : le problème se partagerait naturellement en deux questions, celle des éléments du progrès et celle des lois de variation qui la régissent selon les différents âges et les différents peuples. Cette seconde question, qui assurément n'est pas la moins intéressante, nous avons dû nous abstenir de l'aborder. Elle ne comporte pas moins qu'un autre *Discours sur l'Histoire universelle*. Le problème, bien vaste déjà, que nous nous sommes proposé, est celui-ci : quelles sont les facultés de l'espèce humaine qui sont susceptibles de développement? Le progrès s'étend-il à tous les éléments de la vie sociale, et là où il se réalise peut-on le concevoir comme illimité?

Le progrès existe; mais dans quelle mesure? et tout d'abord qui peut déterminer cette mesure? C'est là une première et grosse difficulté à résoudre. Comme le remarque M. Bagehot, même dans le monde animal, il n'y a pas de règle absolue acceptée par les physiologistes qui nous permette d'affirmer que tel animal est plus ou moins élevé que tel autre; il y a encore bien des discussions à ce sujet. A plus forte raison, dans les combinaisons infiniment plus complexes des êtres humains, dans les sociétés, il sera probablement difficile de s'accorder sur un critérium qui nous permette de dire quelle race est en avance sur une autre, ou à quelle époque une nation marchait en avant, à quelle époque elle reculait. « L'archevêque Manning adopterait une règle de progrès et de décadence; le professeur Huxley, sur les points les plus importants, en prendrait une tout opposée : ce que l'un considérerait comme une marche en avant serait considéré par l'autre comme un recul. Chacun d'eux a un but distinct auquel il tend, un malheur déterminé qu'il redoute; mais ce que l'un désire n'est guère éloigné de ce que craint l'autre. » En mettant provisoirement de côté ces éléments de controverse éternelle, reste-t-il au moins quelque chose qui soit « comme un progrès vérifiable, c'est-à-dire un progrès qui soit admis comme tel par les quatre-vingts centièmes au moins du genre humain, contre lequel ne proteste aucune croyance établie ou organisée[1] ? » Eh bien! oui, ce quelque chose existe. Il y a des éléments du progrès susceptibles d'être définis et régulièrement constatés.

Certes, s'il y a un grand fait continu, toujours croissant, évident comme la lumière, c'est celui dont l'anthropologie a retrouvé les traces dans les profondeurs les plus reculées des âges, et que nous pouvons vérifier avec la plus grande régularité du jour où l'homme a pris conscience de lui-même dans l'histoire : c'est la nature de l'intelligence perfectible et de ses produits transmissibles à travers les âges. — Que de chemin parcouru depuis le grossier empirisme des premiers siècles jusqu'à l'éveil de l'esprit scientifique en Grèce, et depuis l'heure où la Renaissance a produit l'essor de l'intelligence moderne, où la vraie méthode est née, jusqu'à cette magnifique explosion d'inventions et de découvertes de tout genre dont les expositions universelles de Londres, de Paris et de Vienne ont donné depuis un

---

[1] Bagehot, *Lois scientifiques du développement des nations*, p. 225.

quart de siècle l'étonnant spectacle au monde! Au fond, c'est le même principe qui a travaillé sans relâche, depuis l'instant où l'homme errant et nu a créé la première arme et le premier vêtement : ce principe, c'est l'esprit. Quand il apparaît au plus loin des âges, c'est tout un ordre nouveau qui se révèle dans le monde, supérieur même au principe de la sélection naturelle, si l'on en croit M. Wallace, grand partisan de cette loi. Voici en quels traits saisissants ce fait est signalé dans un mémoire que M. Lubbock traite d'admirable. « Dès le moment où la première peau de bête a été employée comme vêtement, où la première lance grossière a été faite pour servir à la chasse, la première semence jetée dans le sol, la première pousse d'arbre plantée, dès ce moment une grande révolution a été accomplie, une révolution qui n'avait pas eu sa pareille dans tous les âges précédents de l'histoire du monde, car un être maintenant existait qui n'était plus nécessairement sujet à changer avec les changements de l'univers, un être qui était, dans un certain degré, supérieur à la nature, puisqu'il possédait les moyens de contrôler et de régler son action, et pouvait se maintenir en harmonie avec elle, non en modifiant sa forme corporelle, mais en perfectionnant son esprit[1]. » Ce jour-là, selon M. Wallace, l'homme s'affranchit de la loi de sélection, qui règle tout le reste de la nature. Les variations organiques devenaient inutiles à qui portait dans sa pensée le principe de ses progrès nécessaires et la mesure de sa souveraineté.

Ce n'était là toutefois qu'un art tout élémentaire, soumis dans ses progrès à la loi qui en mesure la lenteur à l'infériorité de l'état social. C'était une application presque inconsciente des forces mentales à la conquête des forces

[1] Wallace, *sur l'Origine des races humaines*, — *Revue anthropologique*, mai 1864.

physiques. Quand cet empirisme devint méthode, quand cet art grossier se fit science, d'abord au temps de Pythagore et de Démocrite, plus tard au temps de Galilée et de Newton, ce fut une révolution presque aussi grande que celle dont la terre avait été témoin le jour où l'intelligence de l'homme, même sous ses formes les plus simples, avait apparu pour la première fois au milieu de la nature aveugle et de l'animalité muette. — Assurément c'est le cas le plus simple de la question du progrès; mais il est d'une bonne méthode d'en finir avec ces cas simples du problème avant d'affronter les difficultés incomparablement plus embarrassantes de la morale ou de l'art.

Sans être aussi exclusif que M. Buckle, qui réduit tout à ce côté de la question, il n'y a pas un seul penseur qui n'ait reconnu et marqué la place prépondérante dans l'histoire de l'élément intellectuel, sous sa double forme théorique et pratique : la culture scientifique de l'esprit systématisant les lois du monde, et accroissant dans une proportion indéfinie les forces de l'homme. Contrairement à tous les autres éléments du progrès, par une prérogative qui tient à la précision rigoureuse des méthodes et au caractère impersonnel des résultats, depuis que l'esprit scientifique a pris conscience de lui-même, le développement de ce fait est continu, sans point d'arrêt, sans mouvement de recul.

On a même remarqué qu'il suit une accélération constante, mathématiquement déterminable. On a montré que dans cet ordre de phénomènes les progrès doivent être considérés non pas comme les nombres qui s'ajoutent, mais comme des nombres qui se multiplient. Dans ces voies nouvelles ouvertes depuis deux siècles à l'esprit humain, la rapidité de sa marche croit en raison de l'espace parcouru. Cette marche est si régulière et la loi des vitesses si rigoureuse, qu'on peut arriver à la formule précise des résultats obtenus ou espérés en les évaluant par la quantité des forces conquises par l'homme et des combinaisons de ces forces. Un ingénieux savant a conçu l'idée du *sociomètre*, dont le principe serait de prendre pour étalon du progrès d'un groupe humain le nombre des agents naturels à l'aide desquels ce groupe travaille et l'effet utile de ces agents. Pour en donner un exemple, les sociétés antiques travaillaient avec trois forces seulement, la pesanteur, la musculature humaine et animale, enfin le vent, la plus merveilleuse des conquêtes primitives de l'homme. Beaucoup de civilisations stationnaires se sont arrêtées à ce premier degré d'empirisme industriel. L'âge moderne y ajouta, au quinzième siècle, l'expansion des gaz, qui donna la poudre à canon, et le magnétisme terrestre, qui donna la boussole. Ce furent la quatrième et la cinquième force conquises. Enfin au dix-huitième et au dix-neuvième siècle, la vapeur et l'électricité ajoutèrent deux nouvelles forces d'une fécondité illimitée à l'empire de l'homme sur la nature[1]. Où s'arrêtera cet empire? Les savants nous montrent l'homme maître de ces forces graduellement conquises, au point de transformer la lumière en chaleur, la chaleur en lumière, l'électricité en magnétisme, toutes ces formes de l'activité en puissance mécanique, de convertir les uns dans les autres les procédés de la chimie, d'imiter les procédés de la nature morte et la plupart de ceux de la nature vivante, d'enlever ou de rendre à la terre le pouvoir de nourrir les plantes, de se servir même de forces dérivées que la nature ignore peut-être et de substances complexes qu'elle n'a probablement jamais produites[2]. « Savoir, c'est pouvoir, » a dit Bacon, *knowledge*

---

[1] M. Félix Foucou, *Théorie du mouvement*.
[2] Voyez l'esquisse des conquêtes de l'homme sur la nature dans le

is power. Ç'a été l'œuvre visible de l'humanité de transformer par sa pensée, qui est une force aussi, toutes les autres forces qui l'entourent, mais qui lui sont inférieures parce qu'elles sont aveugles, de les ajouter aux siennes et par là de produire, c'est-à-dire de susciter des mouvements dans un ordre nouveau et dans les directions déterminées en les appliquant au service de l'espèce humaine.

A ces forces empruntées à la nature, asservies par la science, accumulées dans le trésor toujours croissant des générations humaines, il faudrait joindre le tableau de ces autres forces d'un genre mixte qui participent de la régularité des mouvements physiques, bien qu'elles en diffèrent par leur origine, les forces sociales. L'économie politique s'en empare par l'observation; elle livre à l'homme civilisé le secret des lois qui règlent le jeu multiple de ces grands phénomènes; elle lui révèle le principe de la formation du capital par exemple, et la puissance d'action de cet élément, qui représente le travail et l'épargne du passé. Cette force devient prodigieuse par l'accumulation; c'est un des leviers les plus puissants qui soulèvent une nation quand elle sait l'appliquer où il faut, quand elle s'en sert soit pour augmenter la puissance de production par la construction ou le renouvellement de l'outillage industriel, soit pour perfectionner les facultés de l'espèce par l'instruction ou réaliser quelque grande idée qui deviendra elle-même la source de mille progrès nouveaux.

Ainsi se transforme peu à peu le sort de l'humanité. A l'accroissement de force correspond un gain presque assuré de bien-être; il s'établit une liaison nécessaire entre la conquête scientifique de la nature et l'améliora-

discours de M. Dumas, secrétaire perpétuel de l'Académie des sciences, à l'Association polytechnique, année 1866.

tion de la vie humaine. Les forces emmagasinées, utilisées, créent la richesse et la répandent; avec une répartition meilleure du capital s'élèvent progressivement les conditions de l'existence. Comparez la vie d'un ouvrier économe et laborieux de nos jours avec celle d'un artisan du dix-septième ou du dix-huitième siècle. Combien il est mieux nourri, plus chaudement vêtu, mieux logé ! Il trouve des auxiliaires puissants, qui font pour lui la grosse besogne; la machine est un commencement d'affranchissement du travail mécanique. Elle a renouvelé le régime industriel des sociétés; elle a donné à l'homme moderne infiniment plus de loisir pour la culture de son intelligence, ce qui a pour effet de doubler sa puissance physique en doublant ses forces mentales. Quelque effrayé que l'on puisse être, à certains points de vue, de ces prodigieuses transformations et de la rapidité avec laquelle elles s'accomplissent, au lieu d'enrayer ce grand mouvement qui emporte les sociétés modernes, il faut s'y associer vaillamment, s'en emparer, le soustraire à des passions mauvaises qui l'exploitent, le diriger au nom de la vraie science et de la justice. Chaque faculté qui s'accroît dans un individu est une chance de plus en sa faveur dans la bataille de la vie. Chaque faculté qui se développe dans une nation devient un organe nouveau du progrès général, un gage de son triomphe dans cette concurrence vitale dont les lois règlent aussi rigoureusement le sort des sociétés modernes qu'elles ont réglé celui des sociétés antiques.

En même temps que les forces de l'homme s'augmentent presque à l'infini et que ses facultés s'étendent, les conditions économiques de l'humanité se transforment presque à vue d'œil. On voit croître à la fois deux phénomènes qui sembleraient devoir être en raison inverse l'un de l'autre, et dont la conciliation invraisemblable, inespérée, est le plus grand triomphe de l'esprit : la quantité numérique de la population et les moyens d'existence. Tandis que l'existence des peuples sauvages décroît dans des proportions effrayantes, partout ailleurs la population s'accroît en raison même de la civilisation. Le Paraguay, avec cent mille milles carrés, compte au plus cinq cent mille habitants, c'est-à-dire environ cinq par mille carré. Sur la même surface, la Lombardie a deux cent quatre-vingts habitants, l'Angleterre autant, la Belgique trois cent vingt. Provisoirement au moins et jusqu'à ce qu'on ait atteint la limite de ce prodigieux accroissement, les moyens d'existence se multiplient plus rapidement que la population. C'est une remarque curieuse de Schoolcraft, dans son ouvrage sur les *Tribus indiennes*, que, chez une population qui vit de la chasse, chaque sauvage a besoin pour subsister d'une moyenne de cinquante mille acres ou soixante-dix-huit milles carrés. Il en est de même, bien que dans une moindre proportion, des Indiens qui habitent le territoire de la baie d'Hudson. Au contraire les pays les plus peuplés sont précisément ceux où la nourriture est de beaucoup le plus abondante. On a dit que quiconque fait pousser deux brins d'herbe, là où il n'en poussait qu'un auparavant, est un bienfaiteur de la race humaine : que dirons-nous donc, s'écrie M. Lubbock, de ce qui permet à un millier d'hommes de vivre plantureusement là où un sauvage trouverait à peine à subsister d'une façon misérable et précaire? N'oublions pas enfin de signaler cette conquête graduelle de la science sur la mort, à qui elle a disputé une part notable de la vie humaine. En moins d'un siècle, par une meilleure hygiène, par une meilleure nourriture, par l'allégement des gros travaux mécaniques où les machines le suppléent, par une moindre usure de ses forces et une réparation mieux entendue, l'homme a gagné près de onze ans sur les tables de mortalité. Entre 1790 et 1870, la vie moyenne s'est trouvée reportée en France de vingt-huit à trente-neuf ans. Est-ce donc une chimère de dire que la condition de l'homme sur la terre s'est sensiblement améliorée et que sa victoire sur la nature n'a pas été stérile? Et qui sait quelles nouvelles conquêtes sont réservées au génie de l'homme dans cette immensité des forces connues ou inconnues dont il est déjà en partie le maitre?

Mais n'y-t-il de progrès véritable que dans le domaine de l'activité scientifique, économique, industrielle? Nous ne le pensons pas, bien qu'à vrai dire ce soit la partie la plus apparente, la moins contestée du progrès. Malgré des controverses passionnées, qui peut douter que de siècle en siècle, dans la moyenne de l'humanité civilisée, les institutions politiques et les relations sociales n'aillent en s'améliorant? Pour mettre en lumière cette forme du progrès avec tout le relief qu'elle comporte, il ne faudrait pas moins qu'une enquête approfondie sur l'histoire universelle; mais l'expérience comparée sur la marche des peuples modernes et les inductions les plus probables sur les origines et les développements des nations ont établi cette loi, que le progrès des institutions est intimement lié au progrès scientifique et industriel. Sur ce point, l'histoire est d'accord avec la raison, et l'on peut dire que les faits n'ont été ici que de la logique réalisée. Dès que la vie humaine s'est sentie elle-même, elle a reconnu le besoin d'être garantie, et ce besoin est devenu de plus en plus impérieux. D'autre part et en même temps la conscience de l'homme s'est éveillée. La personne, une fois affranchie de la fatalité physique, crée le droit; le droit de chacun aboutit au même résultat par une autre route que le besoin : l'utilité impérative, la nécessité d'un système de garanties. De là l'institution politique ; de là ses formes multiples, variées, croissant en éfficacité, à mesure que la raison générale s'élève, que la conscience humaine se développe, que la vie économique et le régime industriel se compliquent.

Dès l'origine, comme le montre très bien M. Bagehot, le progrès le plus simple et le plus élémentaire de *l'homme* a eu besoin pour se développer de la coopération *des hommes*. Ce qu'un homme et une famille isolée peuvent inventer pour eux-mêmes est extrêmement limité. De plus ce qu'ils peuvent produire ne leur est pas assuré : ils ne peuvent en jouir avec sécurité. Aussi loin qu'on pénètre dans les profondeurs de la primitive histoire, on ne trouve nulle part trace de progrès isolés. La plus grossière ébauche de société, la tribu la plus élémentaire, le gouvernement le plus faible, ont eu une telle supériorité sur l'homme seul, que celui-ci a dû bien vite cesser de vivre dans la solitude. Le premier principe constaté par l'histoire des âges les plus lointains, c'est donc que l'homme n'a pu faire de progrès que dans des « groupes coopératifs ». Ces groupes eux-mêmes, tribus ou nations, n'ont pu triompher dans la lutte pour l'existence qu'à la condition d'une solide alliance de tous leurs membres et d'un commandement énergique qui leur permît de résister aux violences du dehors. La coopération établie par les plus forts liens, l'union sentie de cœur et d'esprit, une discipline obéie, leur ont assuré, avec la victoire sur les groupes voisins, la jouissance du fruit de leur travail. L'autorité incontestée d'un chef, l'autorité non moins forte de la coutume, la nécessité de l'isolement pour les sociétés primitives qui n'auraient pas résisté à l'exemple dissolvant des mœurs ou des institutions étrangères, voilà à quel prix se constituèrent les plus indispensables systèmes de garantie par lesquels fut assuré le premier fonds social, le patrimoine naissant de la civilisation.

L'instinct des âges primitifs fut pour leurs besoins un guide sûr. Le plus impérieux fut d'abord de se protéger contre l'oppression des tribus voisines au moyen d'un pouvoir fort, mandataire des intérêts du groupe tout entier ; mais dans la suite un autre ordre de besoins se révéla. Ce second âge est celui que M. Bagehot appelle « l'âge de la discussion ». Heureux les peuples qui ont pu y parvenir sans dépasser la mesure du bienfait que cet élément nouveau introduit dans l'histoire ! C'est le moment du libre arbitre, un ressort puissant du progrès, pourvu qu'il ne s'exagère pas jusqu'à dissoudre le groupe coopératif. C'est l'heure où tombe la tyrannie de la coutume, qui devient si facilement l'ennemie du progrès quand elle s'immobilise dans la routine, où l'individu humain se reconnaît lui-même dans la plénitude de sa conscience et de son droit. C'est l'âge enfin où il constate la nécessité de se protéger, non seulement contre la violence venue du dehors, mais contre l'autorité exagérée du pouvoir tutélaire chargé de le défendre dans l'origine. Pendant ces siècles de lutte extérieure et de silence intérieur, l'État a grandi d'une façon immodérée. Il a centralisé dans sa main tous les intérêts, absorbé dans son droit unique tous les droits. Maintenant que la sécurité extérieure est assurée, il faut pourvoir à cette autre sécurité qui est la liberté du citoyen. Plusieurs civilisations n'ont pu s'élever jusque-là ; elles se sont arrêtées dans l'empirisme et la servitude. — Dans les deux cas, on le voit, c'est la recherche des garanties qui a créé partout les institutions politiques, à l'origine contre les périls de la conquête, plus tard contre les tentations du despotisme.

Ce grand problème, qui était celui des sociétés naissantes, est encore celui des sociétés modernes qui s'approchent de plus en plus de la solution définitive, théoriquement au moins. Les innombrables discussions des publicistes, les livres des philosophes, les grandes expériences des politiques et des hommes d'État, permettent à la raison générale de mieux définir les termes du problème et de mesurer la part du progrès dans la transformation des institutions. Ne peut-on pas dire en effet qu'à peu d'exceptions près on est d'accord sur le but de l'organisation politique? Le but n'est-il pas que chaque homme possède en sécurité les biens auxquels il a droit, sa conscience, son foyer, son travail, les résultats de son travail, et n'est-ce pas précisément l'objet de la société civile et politique de lui garantir ces biens inaliénables, inhérents à sa qualité d'homme et dont la jouissance constitue l'exercice de son droit? Or comment l'État lui garantirait-il tout cela, si l'État se résume dans une volonté indiscutable et non contrôlée? De là naissent les droits politiques, qui ne sont pas autre chose que le droit des citoyens de participer soit à la création des pouvoirs publics, comme dans les républiques, soit au contrôle de ces pouvoirs, comme dans les monarchies tempérées. On dispute, on disputera longtemps encore sur la mesure de ces droits, sur la manière dont ils doivent s'exercer, sur la réciprocité des garanties entre le citoyen et l'État; mais l'objet est désormais fixé par la science politique, si l'on se divise encore sur la meilleure manière de le réaliser. L'ordre social est l'ensemble des droits et des garanties constituant une société organisée. Le progrès social est l'accès du plus grand nombre possible au partage de ces droits, et en même temps à la jouissance des biens qu'ils sont destinés à garantir, le bien-être, la science, le travail, la propriété. Il n'est pas douteux que c'est dans cette direction que s'élèvent les sociétés modernes, d'un pas inégal sans doute, à travers des voies ténébreuses, non sans arrêts parfois et sans retours apparents, mais d'un essor toujours prêt à reprendre la marche en avant quand la circonstance hostile a été vaincue et l'obstacle franchi. L'industrie, le commerce, l'agriculture, la science, toutes les manifestations de l'activité humaine, devenues libres et assurées par des lois, un ensemble d'institutions consolidant la propriété, améliorant les conditions du travail, multipliant les sources du bien-être, ouvrant le libre accès à la direction et au contrôle des affaires du pays, n'excluant personne du droit de veiller à ses destinées, éveillant en chacun le sentiment énergique et fier de la responsabilité personnelle, inspirant à tous la confiance et la sécurité du lendemain, n'est-ce pas le programme acepté par la raison moderne, poursuivi par elle à travers des résistances aveugles et bien des contradictions apparentes, nées de détestables passions? Ainsi l'on voit se réaliser dans ce grand fait historique l'alliance prévue, nécessaire, entre les diverses formes du progrès social, le progrès scientifique et industriel essentiellement lié à celui des institutions et au développement rationnel de l'organisation politique.

A ceux qui s'obstineraient à contester la marche parallèle de ces divers éléments ou à nier qu'elle soit vérifiable, nous pourrions opposer, en le complétant, l'exact tableau tracé par M. Bagehot des avantages toujours croissants qui assurent la supériorité de l'homme moderne, de l'Européen, sur les autres habitants du globe. Ce sera en même temps le thermomètre le plus précis du progrès. Prenons pour exemple, sur un point microscopique du globe, un village de colons anglais, et comparons-le à une tribu d'indigènes australiens qui errent autour d'eux. Premièrement, les Anglais ont un bien plus grand empire sur les forces de la nature : vingt Anglais produiront dans le monde matériel un changement incomparablement plus grand que mille Australiens. Secondement, ce pouvoir n'est pas uniquement extérieur, il est intérieur ; les Anglais ne possèdent pas seulement de meilleures machines, ils sont eux-mêmes de meilleures machines. Un grand avantage de la mécanique est non pas d'augmenter la force de l'homme, mais de l'emmagasiner et de la régler. Troisièmement, l'homme civilisé n'exerce pas seulement sur la nature un pouvoir plus étendu ; il sait aussi s'en servir mieux ; il en tire un meilleur parti pour la santé et le bien-être de son corps et en même temps de son esprit. Il peut économiser pour sa vieillesse, ce qui est impossible à un sauvage dépourvu de moyens durables de subsister ; il est disposé à le faire, parce qu'il prévoit distinctement l'avenir, ce qui est impossible à la pensée flottante du sauvage. Quatrièmement, il se sent libre, fils d'une noble race, laborieuse et vaillante, citoyen d'un grand pays qui lui doit la sécurité pour ses biens avec la garantie de ses droits, et lui en assure la jouissance au dehors par ses armes, au dedans par ses institutions.

Ainsi, accroissement régulier, continu de la vie, sinon dans sa durée, au moins dans son intensité, multiplication des forces, des lumières, du bien-être, amélioration des institutions politiques et des relations sociales, idéal de plus en plus élevé, de mieux en mieux réalisé de la justice, sauf les perturbations accidentelles dont nous aurons à étudier les causes, voilà bien, à ce qu'il semble, les éléments indiscutables du progrès social, en dehors des théories et des sectes intéressées à nier la lumière. Ce n'est pas à dire pourtant que tout soit gain dans ces transformations du monde moderne, et qu'il n'y ait pas plus d'un point noir à l'horizon. Il faut tenir compte assurément de ces faits négatifs et marquer avec soin leur place dans la statistique comparée des gains et des pertes. La liberté politique par exemple se produit souvent au milieu de tempêtes si fortes, qu'une nation peut y périr. M. Bagehot, qui marque l'ère de la discussion comme l'âge de virilité d'un peuple, en deçà duquel un peuple reste éternellement un vieil enfant, reconnaît lui-même que c'est là une crise organique dans laquelle les tempéraments faibles succombent. Aussitôt que la discussion commence dans un pays longtemps habitué au joug de la coutume, les tendances sauvages des hommes se déchaînent. Même dans les communautés modernes, où ces tendances ont été affaiblies par des siècles de culture, aussitôt qu'une question vitale est soumise à la discussion, ne voit-on pas éclater les passions les plus âpres et les plus violentes ? Alors apparaît dans les peuples ce phénomène que les physiologistes appellent l'*atavisme*, un retour partiel des hommes à la nature instable de leurs ancêtres barbares. On a pu dire des scènes de cruauté et d'horreur, comme celles qui se produisirent dans la Révolution française ou dans toute grande émeute, qu'elles mettent en lumière un côté secret et caché de la nature humaine. Ce sont vraiment là les explosions des passions héréditaires qui ont été longtemps réprimées par des coutumes fixes, mais qui reparaissent au jour quand une catastrophe brise ce frein. L'idéal de la justice et du droit, l'honneur et le juste orgueil de l'homme moderne, s'éclipse et se voile sous un nuage de sang. Dans le civilisé, le barbare reparaît soudain. D'autres fois, dans l'emportement de sa personnalité mal comprise et mal réglée, le citoyen, sous prétexte qu'il est libre, en vient à opprimer la liberté d'autrui et à supprimer la fonction de l'État. La chimère d'une fausse égalité l'enivre, il perd le sens du juste et du vrai. Cette exagération de l'individualisme, révolte ou anarchie, c'est la décadence irrémédiable d'un peuple, c'est au moins un temps d'arrêt indéfini imposé au progrès.

Tout cela est trop vrai. C'est la contre-partie presque inévitable dans la condition humaine, et je dirai presque la rançon douloureuse de cette noble prérogative que nous avons d'améliorer par la discussion et le contrôle, c'est-à-dire par la raison en acte, les institutions d'où dépendent nos biens les plus chers, et cela n'est pas spécial à la sphère politique. Voici des observateurs expérimentés comme M. Leplay qui nous conseillent de ne nous fier que modérément au mot progrès, même dans l'ordre des faits économiques. Sans doute, nous dit-on, les améliorations matérielles accumulées dans le régime du travail, l'invention qui crée un produit, celle qui diminue l'effort de la production, sont autant de symptômes d'une tendance continuelle vers le mieux. Ces perfectionnements ne sauraient être délaissés dès qu'une fois on en a constaté les avantages ; et, lorsqu'on les considère isolément, ils semblent justifier la prétendue loi du progrès ; mais il faut voir le revers du tableau : les tentations du bien-être mis en apparence à la portée de tous, la fascination des jouissances faciles. En même temps, il n'est guère douteux que la diminution des fatigues du travail, l'accroissement des jouissances, l'habitude du bien-être physique, ne tendent à énerver la force morale et la vigueur stoïque des peuples. Ces changements, que le cours naturel des choses amène dans l'existence d'un peuple civilisé, rappellent ceux que subirent fatalement certains peuples transportés des rudes contrées du Nord sous les fertiles climats du Midi. Les mâles vertus qu'entretenaient les privations et les luttes de chaque jour contre la nature ont été bientôt remplacées par la corruption et la mollesse, filles de l'abondance[1]. Le mot pro-

---

[1] *La Réforme sociale*, t. 1er, p. 17.—*L'Organisation du travail*, p. 345

grès exprimerait donc fort imparfaitement le mouvement plein de contraste auquel nous assistons : à l'entendre proclamer seul comme le dieu du jour, on en prendrait une idée positivement dangereuse et fausse.

D'autres économistes, d'une école toute contraire, signalent le progrès des machines comme une source nouvelle de paupérisme et même d'abrutissement pour les classes ouvrières. Toutes les critiques de Charles Fourier sur les antinomies de la civilisation et de l'industrie ne sont pas des déclamations. Toutes les observations sévères, pessimistes même, de Malthus et de Sismondi, ne sont pas des chimères. Des enquêtes multiples faites de nos jours en Angleterre et en France sur l'état moral et physique des ouvriers, depuis MM. Villermé et Blanqui jusqu'à M. Louis Reybaud, ressort un tableau navrant de l'extrême misère en face de l'extrême prospérité : contraste redoutable, qui, selon la prédiction sinistre de Sismondi, tendrait à susciter un antagonisme irréconciliable entre les capitalistes et les prolétaires. Les statistiques (particulièrement celles du ministère de la guerre sur les conscrits, relevées par M. Dufau) démontrent que c'est dans les parties du territoire où la population est le plus condensée, où l'industrie a le plus d'activité, qu'un plus grand nombre d'individus arrivent péniblement à la puberté et présentent à cette époque des formes grêles et sans vigueur. Ce mot même de prolétaires, un mot plein de haine, n'est-il pas un signe des temps, un symptôme du mal? Comme l'a très justement remarqué M. de Laveleye, les inconvénients de l'état industriel de l'ancien régime ont été abolis : un fait considérable s'est produit, la liberté du travail; mais dans la société moderne, née de ce nouvel état de choses, les inconvénients du passé ont disparu plutôt qu'ils n'ont été remplacés par un système régulier d'améliorations et de garanties. Aujourd'hui l'ouvrier est maître de son travail comme de sa volonté. Il est libre, mais isolé. Ces institutions d'autrefois, comme la commune ou la corporation, qui avec de réelles servitudes offraient au paysan ou à l'artisan une certaine tutelle, sont tombées sans qu'aucun abri, même provisoire, protège aujourd'hui ces infortunes solitaires et ces libertés errantes. Chacun peut monter au faîte ou descendre au dénuement absolu sans que personne s'en inquiète. Enfin la distance immense établie entre le maître et l'ouvrier par le régime de l'industrie moderne est devenue une cause permanente de défiance et d'hostilité. La vie presque commune d'autrefois, la familiarité de l'atelier, ont fait place à ces vastes usines où des multitudes travaillent sous la loi et sous l'œil d'un maître qui ne connaît plus ses ouvriers que comme des unités de force et des outils vivants.

Voilà ce qu'on dit, non sans raison. Il n'est pas jusqu'à l'instruction universelle, considérée comme un élément du progrès social, qui ne soulève de vives appréhensions, non pas qu'il y ait en France à l'heure qu'il est, dans aucun parti, personne qui revendique pour le peuple « le droit salutaire de l'ignorance et l'heureuse innocence de la brute ». On ne trouverait personne qui osât aujourd'hui s'approprier les maximes de Voltaire, quand il disait : « Il est à propos que le peuple soit guidé et non qu'il soit instruit, il n'est pas digne de l'être » ; — ou bien encore : « Il me paraît essentiel qu'il y ait des gueux ignorants, et, si vous faisiez valoir comme moi une terre, vous seriez de mon avis ». Le temps de ces belles impertinences est à jamais passé ; mais enfin il n'est pas difficile de prévoir que plus d'un péril peut naître de cette force nouvelle, l'instruction populaire, si elle n'est tempérée par un sentiment croissant de justice sociale et de moralité. Plus d'un esprit éclairé, plus d'un cœur généreux a pu applaudir aux éloquentes déclarations de M. Lowe s'écriant dans le parlement anglais, il y a trois ans, lors de la discussion du *ballot-bill* : « Vous demandez le vote universel? Moi alors, je demande l'instruction obligatoire. Certes je n'en voulais pas, Dieu m'en est témoin! Je repoussais de toutes mes forces cette attaque violente à la liberté, cette misérable prime à l'orgueil humain et à l'ignorance prétentieuse; mais maintenant je la réclame, car il faut au moins apprendre à lire à ceux qui seront nos maîtres demain. » Une prime à l'orgueil humain et à la demi-science prétentieuse, c'est bien là le péril; cependant qui hésiterait à choisir entre ce péril, que l'on peut conjurer à force de justice et de bonne volonté, et un état d'ignorance systématique imposée au peuple comme une diminution d'énergie et une dernière forme de la servitude?

Ce peuple, il a senti sa force : ce n'est pas à comprimer cette force par des moyens artificiels que doit tendre aujourd'hui l'homme d'État, c'est à l'élever jusqu'à l'idée du droit. « Il faut apprendre à lire à ceux qui sont devenus nos maîtres »; cette belle parole de M. Lowe résume toute la question politique. Quant au côté social et religieux, j'engage tous ceux qui voudraient se tenir dans une mortelle indécision à méditer un aphorisme de M. de Tocqueville, un démocrate sage et tempéré à coup sûr, mais qui aimait mieux aborder de face les périls nécessaires nés des situations nouvelles que de louvoyer autour de l'écueil : quelque opinion qu'on puise avoir sur l'instruction du peuple, elle est nécessaire, disait-il. « Quand une fois les croyances religieuses s'ébranlent chez un peuple, il n'y a plus à hésiter, et il faut à tout prix le pousser vers les lumières; car, si un peuple éclairé et sceptique présente un triste spectacle, il n'y en a pas de plus affreux que celui qu'offre une nation tout à la fois ignorante, grossière et incroyante[1]. » D'ailleurs il dépend peut-être de nous, il dépend des classes éclairées, plus qu'elles ne semblent le croire, de leurs exemples et de leurs doctrines, que cette instruction populaire devienne un élément de moralité et de paix publique. Les barbaries lettrées dont nous avons vu récemment le scandale étaient aussi bien, et pour une part au moins égale, l'œuvre d'une corruption élégante et du scepticisme bourgeois que l'explosion des convoitises populaires.

Ainsi se révèle à nous de toutes parts, au sein de la civilisation croissante, une force antagoniste qui détruit partiellement et contre-balance la tendance de tout être et de tout groupe humain à rendre sa condition meilleure. Cette loi de la contradiction semble être inhérente au progrès, qu'on l'explique d'ailleurs par des considérations dynamiques, comme M. Spencer, ou par des raisons tirées de l'ordre moral, telles que les variations et les écarts que produit la liberté. — Quoi qu'il en soit de l'explication, le fait n'est pas contestable; la sagesse est de ne pas l'exagérer et de le restreindre à sa juste mesure. Un certain nombre d'esprits, des bouddhistes de la métaphysique à la façon de Schopenhauer, des politiques incompris, des économistes de parti ou de secte, opposent à l'idolâtrie insensée du progrès le dogme non moins faux de la décadence fatale des nations après une courte époque de prospérité. Il faut se défier de ce pessimisme, qui est une école de découragement où s'enseignent le mépris de l'humanité et l'inutilité de l'effort individuel. Gardons-nous d'incliner notre raison et notre liberté devant le fatalisme du mal; pas plus que nous ne

---

[1] Alexis de Tocqueville, *Œuvres et correspondances inédites.*

devons les incliner devant le fatalisme du bien. Ne préparons pas cette lâche excuse à notre paresse ou à nos défaillances. Quoi qu'en disent tous ces sceptiques, et malgré les justes restrictions à faire, il reste encore une très large part de progrès parfaitement vérifiable, régulier, continu, à moins de perturbations accidentelles ou de cataclysmes que la science devra de plus en plus prévoir, que la politique devra de mieux en mieux conjurer. Et ce progrès, il n'est pas seulement cher à ceux qui l'admirent ou qui s'y dévouent, il l'est aussi, pratiquement au moins, à ceux qui s'en servent sans y penser ni s'en étonner ; il l'est même à ceux qui font profession de le mépriser. Il est devenu partie intégrante de leur vie, de ce bonheur même qu'ils craindraient de troubler par un effort ou un soupir vers le mieux.

CHAPITRE XIV

LA QUESTION DU PROGRÈS (SUITE). — LES LOIS ET LES LIMITES
DU PROGRÈS DANS LA MORALE ET DANS L'ART.

Nous avons classé à part certains éléments incontestables du progrès comme une portion réservée du trésor humain à peu près garantie, sinon contre toutes les controverses possibles, du moins contre les revendications raisonnables; nous allons pénétrer maintenant dans de nouvelles sphères de l'activité humaine où le progrès est contesté, soit qu'il n'existe réellement pas là, soit qu'existant en fait, il échappe à une rigoureuse détermination, en raison de l'essence mobile des éléments dont il se compose, du libre caprice qui s'y joue, peut-être même en raison de la nature supérieure des facultés qui s'y déploient.

Et d'abord y a-t-il un progrès en morale? De nos jours ce problème est rentré dans la controverse avec un éclat nouveau; on peut même dire qu'il a singulièrement avancé vers l'une ou l'autre de ces deux solutions, par la vigoureuse impulsion que lui a donnée dans un sens M. Buckle, aussi bien que par les solides réponses qui lui ont été faites. A l'heure qu'il est, les principaux arguments semblent épuisés. Il ne reste plus guère à chacun qu'à faire son choix.

M. Buckle déclare, on le sait, que le seul agent du progrès, c'est l'intelligence ; la moralité n'y est pour rien. Si l'on demande pourquoi, M. Buckle vous répondra que les vérités de l'ordre moral, étant invariables, ne peuvent agir sur l'élément mobile et progressif de l'histoire ; c'est l'axiome fondamental de son système. Tandis que les vérités intellectuelles sont dans un mouvement perpétuel qui est le signe même et la condition du progrès, à quoi se réduit le fonds de morale sur lequel vit le genre humain depuis des milliers d'années? A quelques préceptes, toujours les mêmes : « faire du bien aux autres, — sacrifier nos propres désirs pour obliger autrui, — aimer notre prochain comme nous-même, — pardonner à nos ennemis, — réprimer nos passions, — honorer nos parents, — respecter ceux qui sont établis au-dessus de nous. » Ces préceptes et quelques autres de ce genre composent tout l'essentiel de la morale. Ils ont été connus de temps immémorial ; pas un iota n'a été ajouté par tous les sermons, les homélies ou les manuels que les moralistes et les théologiens ont été capables de produire[1]. La doctrine est stationnaire. Voilà un premier point que M. Buckle pose comme étant hors de contestation. — Une seconde preuve de l'inactivité de la morale, c'est que tous les progrès obtenus dans la sphère des faits sociaux, et qu'on serait tenté d'attribuer à des influences morales, comme la liberté de conscience, la diminution des persécutions religieuses, l'affaiblissement de l'esprit militaire, sont dus uniquement à des causes intellectuelles, la science et la discussion. La dernière raison invoquée par M. Buckle est que

---

[1] Buckle, *History of civilization*, vol. I, chapter IV.

le sentiment moral agit sur l'individu, mais n'exerce aucune action sur la société, d'où l'on conclut qu'il n'y a pas de progrès moral, puisqu'il n'y a de progrès que là où se produit une action collective. L'histoire des développements individuels est très curieuse pour le romancier ; elle n'intéresse pas l'historien, qui étudie l'espèce et les lois de l'espèce, non les accidents et les particularités. Or, c'est le cas des bonnes actions et des sentiments vertueux : ils honorent la personne dans laquelle ils se produisent, mais ils ne se transmettent pas ; ils ne sortent pas de la sphère individuelle de la conscience où ils sont nés et où ils sont condamnés à mourir sans laisser de postérité.

Parmi les polémiques soulevées par cette thèse en Angleterre et en France, nous en signalerons une tout spécialement. Dans un livre fort remarquable intitulé *De la Conscience en psychologie et en morale*[1], M. Francisque Bouillier a pris à partie l'auteur anglais. Avec un art très ingénieux de discussion, une psychologie fine et pénétrante, le philosophe français a produit contre M. Buckle, et d'une manière plus générale contre ceux qui nient toute espèce de progrès en morale, une argumentation qui nous a paru sur plusieurs points péremptoire. Nous reprendrons quelques-uns de ses arguments, tout en nous réservant d'en agir très librement avec eux, pour l'ordre et la disposition à leur donner comme pour la mesure de vérité qu'ils nous paraissent contenir.

Un point très important, c'est la nécessité de distinguer là où M. Buckle ne distingue pas. Pour lui, la morale, c'est indistinctement le sentiment, la doctrine, la vertu, la moralité publique ou privée, et c'est de tout cela qu'il affirme d'une manière générale qu'il n'y a pas

[1] Complété et développé dans un livre plus récent, *Morale et Progrès*.

de progrès. Rien de plus vague et de plus confus qu'un pareil mode de raisonnement. Certains éléments de la morale peuvent être et sont réellement en progrès; sans que les autres suivent, au moins d'une manière appréciable, la même loi d'évolution. Pour résoudre avec méthode cette question, il faut chercher d'abord, parmi les éléments très différents, s'il y en a de telle nature que le progrès ne soit pas incompatible avec eux. Or, le progrès, par sa définition même, suppose une accumulation, une transmission de forces ou de lumières incessamment croissantes, qui s'ajoutent aux forces ou aux lumières individuelles. C'est l'effort des générations antérieures capitalisé, si je puis dire, ajouté à celui des générations nouvelles. C'est la vie actuelle mettant à profit la vitesse acquise des existences antérieures, et, pour tout résumer d'un mot, l'espèce ajoutée à l'individu. Ce point de vue fournit tout naturellement un critérium pour distinguer, parmi les faits humains, ceux qui sont susceptibles de progrès ou ceux qui le sont moins. D'après cette règle, s'il y a, dans la compréhension très large de la morale, des éléments qui semblent dépendre principalement de l'œuvre et du don individuels, le progrès peut et doit y être presque insensible. S'il y en a d'autres au contraire où la part de l'espèce soit considérable, le progrès s'accomplit tout naturellement, et s'il n'est pas aussi facile à constater qu'ailleurs, c'est que dans cette sphère supérieure de l'activité humaine les forces et leurs effets ne se mesurent pas de la même manière que dans la mécanique ou la dynamique, soumise au calcul.

Cette distinction éclaire et domine toute la question. M. Buckle pourrait avoir raison pour certains éléments de la morale, qui en effet paraissent plus ou moins stationnaires ou identiques dans toutes les générations, sans avoir raison pour la morale tout entière. Prenons pour exemple la vertu. Y a-t-il plus de vertu, dans le sens rigoureux du mot, à mesure que le progrès social s'accomplit? La moyenne du bien et du mal moral varie-t-elle sensiblement dans le cours des générations, et n'est-on pas amené à conclure avec Chateaubriand, au premier coup d'œil jeté sur le monde, « que le vice et la vertu paraissent une somme donnée qui n'augmente ni ne diminue? » D'après la règle que nous avons posée, il paraîtrait qu'il doit en être ainsi. La vertu en effet est bien une de ces manifestations de l'activité humaine où l'individu a plus de part que l'espèce ou la race: elle a sa mesure tout intérieure; elle est l'œuvre toute personnelle et comme le fruit d'une bonne conscience, et l'on ne voit pas trop au premier abord quel rapport le progrès social pourrait avoir avec elle. Le perfectionnement des sociétés apporte, il est vrai, plus de facilités extérieures pour bien faire, et surtout plus d'empêchements pour faire le mal, soit par la contrainte physique des lois, soit par la contrainte morale des opinions et des coutumes; mais tout cela ne touche pas à la sphère de la vertu, qui est plus intime et plus profonde. Seule, la bonne volonté, l'intention fait le mérite. La pureté et l'énergie de la volonté, voilà l'unique mesure de la vertu. La tâche de la vertu est essentiellement individuelle; à chacun de l'accomplir tout entière pour son propre compte et par ses seules forces. L'homme vertueux produit seul son œuvre, il l'emporte tout entière avec lui dans la tombe. Ces facilités extérieures de mieux faire qu'apporte le progrès de la civilisation n'enlèvent rien à cette égalité permanente de la vertu. Le mérite diminue à proportion même de ces facilités, et à chaque génération le niveau croissant d'un côté, décroissant de l'autre, la somme de a bonne volonté reste égale.

M. Bouillier développe avec une singulière insistance, et non sans profondeur, la convenance providentielle de cette égalité dans les conditions du mérite et du démérite au regard de toutes les générations et de tous les individus. — Irons-nous aussi loin que lui? irons-nous jusqu'à dire que dans l'ordre de la vertu tout progrès est impossible, sous peine de choquer l'idée de la justice distributive; sous peine d'arriver en dernière conséquence à décerner l'excellence morale comme un privilège inique aux générations les dernières venues? C'est là une crainte vaine, et nous ne redoutons guère l'avènement de nos derniers descendants à ce magnifique privilège, dont nous serions d'ailleurs loin de nous plaindre, quand bien même il ne serait pas la plus irréalisable des chimères; mais, sans pousser les choses à de pareilles conséquences, est-il exact de dire que la moyenne de la vertu reste absolument la même à toutes les époques de l'histoire?

Nous ne le pensons pas. A supposer que la quantité de vertu reste à peu près identique à travers toutes les générations, la qualité de la vertu peut varier, et cela seul suffirait pour introduire d'une certaine manière le progrès dans ce domaine des consciences dont M. Bouillier l'a peut-être trop rigoureusement exclu. Je prendrai deux exemples pour mieux faire saisir ma pensée. Imagine-t-on qu'un fait aussi extraordinaire que l'avènement du christianisme et le spectacle qu'il a donné au monde pendant les premiers siècles n'aient pas pu élever d'une manière sensible le niveau de la vertu individuelle ? J'accorde volontiers à Montesquieu que, « pour juger les hommes, il faut leur passer les préjugés de leur temps ». Je reconnais qu'il y aurait une souveraine injustice à soumettre à la même mesure les anciens et les modernes, comme il serait inique de le faire pour les barbares et les civilisés. On ne doit pas juger les hommes d'après ce qu'il n'a pas dépendu d'eux de connaître et de faire, et d'ailleurs l'unique mesure de ce que vaut un homme au point de vue moral absolu est dans l'intention plus ou moins pure, dans le degré plus ou moins grand de l'effort et de la difficulté vaincue. Tout cela étant accordé, je reviens aux termes précis de la question : peut-on croire que le spectacle de tant de morts héroïques et de vies plus héroïques encore, de tant d'âmes chastes, pures, détachées de tout égoïsme et de toute convoitise, n'ait pas donné une impulsion bien profonde et bien vive au cœur de l'humanité, à la conscience morale, à sa fécondité pour produire de belles et bonnes actions ? Et si trop souvent, dans le désordre des guerres et des invasions, au milieu de la violence des temps et des mœurs, cet idéal de la vertu nouvelle a disparu ou s'est voilé dans la tempête, n'a-t-il pas chaque fois reparu, plus brillant et plus pur, non seulement attirant à lui un plus grand nombre de consciences, mais les rendant plus belles, les élevant plus haut ? Proposer à l'humanité un nouvel idéal d'héroïsme religieux, de pureté, de dévouement au devoir, créer de nouvelles formes, des formes supérieures de vertu, n'est-ce pas introduire un progrès même dans cette sphère réservée des consciences ?

Laissons, si l'on veut, cet exemple emprunté à l'histoire religieuse. Prenons-en un autre dans l'histoire purement laïque et séculière de l'humanité. Est-il vrai de dire d'une manière si rigoureuse que les lumières ne changent et n'ajoutent absolument rien à la vertu, et que, pour être plus éclairée, une action n'en vaut pas mieux pour cela ? Je sais bien que par là on veut réserver pour tous le droit égal à la vertu, le garantir aux générations les plus déshéritées de l'histoire, aux peuplades les moins favorisées dans la vie sauvage, ou même au sein de notre société aux individus les moins éclairés ;

les plus ignorants et les plus misérables. On veut assurer, au moins dans cette sphère des faits humains, quelque chose qui échappe à l'action du progrès social, pour laisser l'accès libre à ceux mêmes que le malheur de leur destinée soustrait à cette influence. On veut faire ce que je pourrais appeler la part du pauvre dans le monde moral. J'approuve le sentiment, je n'accepte pas la conséquence. La vertu n'est pas seulement un instinct, elle est même d'autant plus la vertu qu'elle est moins un instinct, — ce qui revient à dire qu'elle est d'autant plus la vertu qu'elle est plus éclairée, qu'elle connaît mieux son but et ses forces. Savoir où elle doit tendre, comment elle doit s'employer, de quelles ressources elle dispose, tout cela ne change-t-il rien à la qualité de la vertu? Or, tout cela est le produit de la science humaine, de plus en plus précise, délicate, approfondie, c'est-à-dire l'œuvre de la civilisation. Sans doute, même au plus bas degré de l'histoire ou dans les régions les plus ténébreuses de la société, le fonds de la nature humaine persiste, et de ce fonds il peut s'élever, il s'élève des élans d'héroïsme, de désintéressement, des traits admirables de dévouement ou même tout simplement d'obéissance résignée au devoir de chaque jour et à la loi si dure de la vie; mais enfin prétendez-vous que la lumière, en pénétrant dans ces magnifiques instincts ou dans ces belles inspirations, n'y changera pas quelque chose? Elle n'y apportera pas plus de mérite, si vous voulez; elle y apportera plus de vérité connue, plus de beauté morale, une beauté moins instinctive, plus raisonnée et plus voulue. Et n'est-ce pas là un progrès?

Même dans ce domaine tout intérieur de la conscience, nous ne pouvons être complètement d'accord avec M. Bouillier, ni faire à Thomas Buckle cette importante concession, que la vertu ne comporte aucun progrès.

Que ce progrès échappe à toute détermination rigoureuse, que la mesure en soit trop souvent une affaire d'appréciation variant selon les préférences historiques de chacun, affaire d'opinion plutôt que de science exacte, on est bien obligé d'en convenir; mais qu'il n'y ait aucun changement apporté par les grands événements de la religion ou de la science dans le domaine de la bonne volonté, qu'il n'y ait là progrès d'aucune sorte, c'est ce qui ne nous paraît pas démontré; même là, selon nous, il reste une part de progrès possible, j'ajoute de progrès réalisé.

Si la thèse de M. Buckle se trouve au moins incertaine et sujette à controverse quand il s'agit de vertu, à plus forte raison se trouvera-t-elle en défaut, s'il s'agit de la moralité extérieure de nos actes. Ici le doute n'est plus permis, et je m'étonne que M. Buckle, qui a tant insisté sur les lois générales que lui fournit la statistique de la criminalité pour déclarer qu'il n'y a pas de libre arbitre, n'ait pas insisté davantage sur cette loi de décroissance des crimes qui prouve bien l'existence d'un certain progrès moral. On dira, je le sais, on a dit que ce n'est pas là de la moralité dans sa pure et délicate essence, que ce n'en est qu'une partie et la plus grossière. Ce que l'on estime de cette manière, c'est uniquement le nombre des actions légalement mauvaises, c'est-à-dire contraires à la loi pénale, frappées par elle, intimidées par elle; d'ailleurs ces statistiques n'ont pas la prétention de déterminer l'état des consciences, elles regardent seulement le dehors des actions. M. Buckle ajoutera que c'est là non pas un progrès de moralité, mais d'intelligence, que c'est une conquête de la science, non de la bonne volonté, que l'effet des lumières (ce qu'il appelle les lois mentales) est de nous rendre moins criminels, sinon plus vertueux. Soit, j'admettrai cela volontiers; cette raison est vraie, quoiqu'elle ne soit qu'une partie de la vérité; mais que ce soit le progrès intellectuel qui diminue la criminalité ou l'organisation perfectionnée de la justice qui diminue pour les criminels les chances d'impunité et restreigne d'autant les tentations de mal faire, encore est-il qu'il se produit par là un changement sensible dans la moralité publique. Quelle qu'en soit la raison, il y a là un élément de variation et de progrès qui réagit à son tour sur les mœurs en supprimant une partie des mauvais exemples et des contagions scélérates, et qui, effet lui-même de causes multiples, devient cause à son tour en produisant un perfectionnement dans les habitudes et les sentiments d'un peuple. Comme nous devons rester dans les lois les plus générales de l'évolution sociale et pour ainsi dire sur les hauteurs du sujet, nous ne tiendrons pas compte des causes perturbatrices de cette évolution normale, de la propagande des doctrines qui viennent affaiblir le sentiment et l'idée de la responsabilité dans la conscience populaire, ou encore du prosélytisme des sectes antisociales qui préparent de temps en temps des explosions de barbarie au milieu du progrès normal des sociétés civilisées. Ces grands cataclysmes de l'ordre moral peuvent arrêter l'histoire, ils ne la détruisent pas; ils en suspendent les lois sans y contredire.

Parlerons-nous enfin de la morale sociale proprement dite et de la morale scientifique, que M. Buckle réduit à l'état stationnaire depuis plusieurs siècles? Est-il exact, comme il le prétend, que les vérités morales aient été fixées une fois pour toutes, je devrais dire immobilisées, qu'elles soient acquises de temps immémorial au genre humain et fassent partie de la conscience d'une société, partout où il y en a une, enfin que l'histoire de ces vieux préceptes ne soit que le morne et stérile tableau de leur immobilité à travers les générations successives et les races variées? On s'étonne de rencontrer dans un penseur tel que M. Buckle une thèse aussi superficielle et aussi fausse.

Si peu qu'on étudie l'histoire de l'esprit humain, ce qui frappe le regard le moins pénétrant, ce n'est pas l'unité et la fixité des doctrines morales, c'est leur étrange et insaisissable variété, leur dispersion, souvent même leur contradiction apparente sur les divers points de l'espace et du temps, en tout cas leur évolution continue; argument par excellence des positivistes, dont M. Buckle oublie ici les leçons. Il aurait fallu que M. Mackintosh, sur lequel il s'appuie, eût établi d'une manière péremptoire, ce qu'il ne fait qu'affirmer, l'impossibilité du progrès de la morale dans le passé et dans l'avenir, l'absence de toute découverte dans la science des devoirs, l'identité de la morale dans le Pentateuque, dans les lois de Manou, dans le paganisme tout entier, dans l'Évangile, enfin la simplicité élémentaire de ces préceptes aussi accessibles, aussi ouverts, nous dit-il, à l'esprit du dernier barbare qu'à celui du philosophe le plus éclairé. Ce sont là des assertions énormes, hors de toute science sérieuse. Les esprits les moins favorables au christianisme, ceux qui s'efforcent de démontrer qu'il a eu en morale moins d'originalité inventive et de fécondité nouvelle qu'on ne lui en attribue, ceux-là même qui recherchent dans les philosophes antiques le pressentiment des lois d'amour et de charité que promulguera la religion nouvelle, reconnaissent que le christianisme a donné à ces grands sentiments une vertu d'expansion, une force de propagande et un accent qui ont changé en partie la conscience du genre humain. Quant à l'identité de ces lois morales dans l'esprit de Kant ou dans celui du dernier sauvage, renvoyons une pareille fantaisie à M. Lubbock, l'homme qui connaît le mieux les sauvages, et demandons-lui ce qu'il pense d'une thèse en contradiction manifeste avec celle qu'il a établie en vingt années de travaux.

Est-ce donc la même chose, en effet, de poser un précepte moral d'une manière générale et abstraite ou d'en déduire tout ce qu'il contient? Quand même Caton aurait défini la justice aussi bien que Kant, cela suffit-il pour dire qu'il l'a comprise de la même manière et dans toute son étendue? Quand même on trouverait dans Sénèque le conseil de traiter humainement les esclaves, cela signifie-t-il qu'il comprit à la façon d'un Channing le devoir d'aimer ces malheureux et de les affranchir? Les préceptes moraux sont d'une fécondité incalculable. Ils résument sous une forme brève des trésors de justice et d'humanité que n'a pas toujours calculés celui qui les déposa pour la première fois dans l'âme humaine. On répète vainement qu'il n'y a jamais une vérité morale absolument neuve. Quand même cela serait, ce qui n'est pas, chacune d'elles, interprétée, commentée par les hommes et par les événements, peut produire tout un monde de conséquences inattendues. N'est-ce donc pas de la morale en un sens que toutes ces conquêtes successives du droit sur la force qui constituent l'évolution des peuples dans la justice et dans la paix sociale? On a conçu le droit de très bonne heure dans le monde; mais combien a-t-il fallu de siècles pour en révéler les applications? L'esclavage était implicitement condamné par le christianisme, qui, en créant l'égalité morale et religieuse des hommes, en déclarant qu'une âme en vaut une autre devant Dieu, avait posé le principe; combien de temps cependant a-t-il fallu que pour la première conséquence passât dans les faits! Or, chaque application, chaque conséquence nouvelle d'un principe moral, est une véritable découverte. C'est le droit qui a triomphé de la force dans la reconnaissance officielle de l'égalité devant la loi, dans la répudiation des privilèges, dans la proclamation de la liberté des consciences et des cultes, dans les transformations sociales qui mirent fin à l'exploitation des populations par les seigneurs, par le clergé, par le roi, aux guerres privées, permanentes, aux combats en champ clos, aux procédures secrètes, aux pénalités arbitraires, à la question, à la torture, aux supplices, tout cela remplacé par des instructions régulières et des pénalités mesurées[1]. C'est le droit de mieux en mieux reconnu et constaté qui assure à chaque citoyen la liberté de sa conscience, celle de son commerce, de son industrie, de son travail. Voilà les grands principes successivement élaborés par les siècles, consacrés par la raison générale, fixés comme les éléments nécessaires du progrès social. Certes, tout n'est pas fini ; bien des dangers nouveaux surgissent à l'horizon. Le droit est menacé aujourd'hui, non pas tant par des tyrannies individuelles, que par celle du nombre anonyme et irresponsable. Il n'en est pas moins vrai que la voie est désormais tracée, le but fixé. L'humanité peut bien être entravée dans sa marche, mais elle sait maintenant où elle doit tendre, et quelque trouble que puissent causer dans le monde des passions détestables, quelque obscurité qui nous menace, nous n'avons pas à craindre une nuit éternelle. M. Buckle nous dira que tout cela est l'œuvre de la science toute seule. C'est une erreur. La science n'a été ici qu'une ouvrière intelligente au service d'une maîtresse plus grande qu'elle, la conscience. N'est-il pas visible qu'il se fait dans la suite des siècles une éducation de la raison générale sous l'influence des sentiments moraux de plus

[1] Voyez l'éloquent tableau des conquêtes du droit dans le discours de rentrée de M. Renouard, procureur général à la Cour de cassation, novembre 1872.

en plus épurés, délicats, celui de la dignité humaine, de la liberté responsable, du droit des faibles devant la force? Il s'est formé parmi les peuples civilisés, à travers et en dépit d'étranges retours à la férocité primitive, un accord de jour en jour plus étendu sur les principales question d'équité et d'humanité. Théoriquement au moins, les nations les plus civilisées s'entendent et se comprennent sur ces questions. Qu'est-ce donc que tout cela, sinon la conscience humaine en progrès? C'est elle qui s'est exprimée dans les œuvres des jurisconsultes, dans les plus grandes voix religieuses, dans quelques beaux écrits de réformateurs et de philosophes, et qui a préparé ces prodigieuses transformations du monde. Or, bien qu'en puisse dire M. Buckle, la conception grandissante et affermie du droit n'est pas une pure découverte de l'intelligence, un théorème dont le géomètre d'une justice abstraite déduirait froidement les corollaires. Ici, pour découvrir les applications et les faire passer dans les faits, il faut plus et mieux qu'une perception d'identité ou d'égalité entre deux termes où même d'un rapport d'utilité entre les hommes; il a fallu un vif amour de l'humanité, un sentiment sincère de ce qu'elle vaut et de ce qu'on lui doit. La raison n'aurait pas suffi à cette tâche : il s'y est joint cette grande chose, vrai principe de tout progrès social, le respect de l'homme reconnu par l'homme son égal devant Dieu.

Nous avons touché les dernières limites du progrès. Au delà, il n'est plus perceptible, ou du moins, si on le rencontre encore dans quelqu'une des sphères de l'activité humaine, ce n'est pas sur la valeur ou la qualité des œuvres de l'homme qu'il agit, c'est uniquement sur les conditions extérieures de ces œuvres. Nous voulons parler de l'art, en prenant ce mot dans sa plus large extension en y comprenant toutes les manifestations de l'activité humaine qui ne sont ni la science, ni l'industrie, ni la morale, c'est-à-dire toutes les formes de la création idéale, de la production dans la beauté, comme parle Platon, τόκος ἐν τῷ καλῷ. Ici l'élément personnel prévaut sur tous les autres; rien ne le remplace; tout au plus les facilités qu'on lui fournit pour se produire peuvent le stimuler à l'action, mais sans pouvoir faire autre chose qu'alléger son effort. C'est quelque chose assurément; mais ce quelque chose sans l'inspiration n'est rien, et l'inspiration peut se passer de presque tout le reste.

Il ne faut pourtant rien exagérer; on doit tenir compte, dans tout art, d'un certain nombre de données premières, absolument indispensables; c'est un minimum de conditions dont le génie même ne dispense pas le poète ou l'artiste. Macaulay a dit avec raison qu'Homère, réduit au langage d'une tribu sauvage, n'aurait pu se manifester à nous et que Phidias n'aurait pas fait sa Minerve avec un tronc d'arbre et une arête de poisson. « L'objet de l'art, disait Joubert, est d'unir la matière aux formes, qui sont ce que la nature a de plus vrai, de plus beau et de plus pur. » Il y a donc un élément matériel dans tout art; mais cet élément se spiritualise de plus en plus selon que l'on s'élève dans l'échelle des arts. « Que fait le poète? *Il purge et vide les formes de matière.* » Pourtant il reste encore, même dans la plus haute poésie, une dernière goutte de matière, le son. Il faut que le poète s'efforce de faire briller la pensée à travers le son spiritualisé. « Plus une pensée est semblable à une âme et plus une parole est semblable à une pensée, plus tout cela est beau. »

Aucun art, même le plus intellectuel, ne peut s'affranchir de ces données que lui fournit la matière. Par là on peut dire qu'il dépend dans une certaine mesure du progrès qui s'opère, non dans l'art lui-même, mais dans les facilités qui lui sont offertes pour dompter la matière et lui imposer les formes de son idée. C'est là que le perfectionnement est possible, c'est-à-dire dans telle science spéciale qui apporte son contingent au peintre ou au sculpteur, dans la partie technique des procédés, qui se perfectionnent, dans les instruments, qui deviennent de plus en plus délicats et sûrs. Toutefois la part même de ce progrès n'est pas indéfinie. Quand une certaine mesure a été atteinte, les progrès ultérieurs de la science ou les inventions nouvelles dans les procédés n'intéressent presque plus l'art. La peinture a gagné évidemment quelque chose au progrès de la géométrie, qui lui a donné la perspective, de l'anatomie, qui lui a donné une science plus exacte du corps humain, de l'industrie, qui lui a donné le moyen de mieux fixer les couleurs avec l'huile. On ne voit pas trop ce qu'elle pourrait gagner à d'autres progrès des sciences. C'est à l'artiste de se perfectionner lui-même pour le reste; on peut même dire pour certains arts que, dès qu'ils ont à leur service les éléments suffisants, ce qu'on pourrait appeler le strict nécessaire, c'est assez; plus, ce serait trop. Il y aurait à craindre au delà une facilité mécanique et pour ainsi dire une souplesse des instruments, une docilité matérielle des procédés, qui pourraient égarer l'inspiration. C'est encore une pensée très fine de Joubert que la perfection d'un idiome n'est pas nécessairement favorable à la force ou à la beauté du style. Lorsque les langues sont formées, la facilité même de s'exprimer nuit à l'esprit, parce qu'aucun obstacle ne l'arrête, ne le contient, ne le rend circonspect, et ne le force à choisir entre ses pensées. Dans les langues encore nouvelles, il est contraint de faire ce choix par le retardement que lui impose la nécessité de chercher dans son esprit pour trouver les mots dont il a besoin. « On enrichit les langues en les fouillant, il faut les traiter comme les champs : pour les rendre fécondes quand elles ne sont plus nouvelles, il faut les remuer à de grandes profondeurs. »

En tout art, il pourrait bien en être de même. Il y a un premier perfectionnement dans les instruments et les procédés que l'on doit obtenir pour affranchir l'inspiration ; il y en a dans les méthodes qui s'enseignent : il ne faut pas aller au delà, sous peine de supprimer l'effort qui excite l'inspiration et la soutient. Parmi ces données nécessaires de l'art, on ne saurait omettre les données historiques de la race, du milieu, et surtout celles de l'école, mais comme conditions, non comme principes. Il est trop clair qu'il faut faire la part, dans le développement extraordinaire et l'éclosion de l'art à certaines époques, comme de la peinture en Italie au quinzième siècle, à une certaine préparation générale, à l'aptitude d'un peuple ou au moins d'une élite, enfin à une certaine élaboration de l'idéal dans les écoles. Un Raphaël ne peut paraître tout d'un coup comme un phénomène de génération spontanée au milieu de la barbarie, un Michel-Ange est invraisemblable chez les Lapons ; mais, ces conditions étant posées, qui expliquera pourquoi de longs siècles de haute culture intellectuelle sont stériles, quand d'autres périodes semblent avoir la magnifique prérogative de produire des chefs-d'œuvre ? Dans le même milieu, dans la même race, dans la même école, il n'y a pas production continue d'œuvres d'art. L'inspiration procède par jets spontanés : elle s'épuise bientôt là où elle a brillé de tout son éclat, et se déplace sans cesse. La marche de l'art est une ligne montante et descendante, perpétuellement brisée. Les géomètres de l'histoire qui ont voulu soumettre au compas ces capricieuses évolutions n'ont abouti qu'à des résultats de fantaisie.

La loi du progrès n'atteint, on le voit, que les données matérielles et scientifiques, les instruments et les méthodes, cette partie extérieure de l'art qui peut s'enseigner et se transmettre; elle laisse en dehors l'art lui-même dans sa pure et libre essence, dans ses conditions intérieures, qui sont la sincérité de l'émotion et l'invention. Or il n'y a ni recette empirique ni formule savante qui contienne ce grand secret, qui puisse l'expliquer et le transmettre à d'autres. Dans la sphère de l'art, passé un certain degré nécessaire, plus de science ne fera pas plus d'invention, plus de lumière ne fera pas plus de génie. Le moindre élève du Conservatoire sait mieux orchestrer un opéra que ne l'eût fait Haendel ou Pergolèse. Qu'importe? Cela donne-t-il la seule chose qui compte, l'idée? Les moyens de l'art font des progrès, le génie de l'art n'en fait pas. Pourquoi cela?. se demande l'écrivain célèbre qui a introduit avec le plus d'éclat, bien que sous une forme épisodique, cette grande question[1]. C'est que tandis que la science est le résultat du calcul et de l'expérience, qui multiplient sans fin leurs sommes, l'art est le résultat du sentiment et de l'imagination, qui ne s'accumulent pas et ne se transmettent pas; en ce sens, il est quelque chose d'absolu, de non perfectible par conséquent. « En tous lieux, en tout temps où les données premières ne font pas défaut, l'art a pu atteindre sa perfection intrinsèque, et n'est-ce pas pour l'artiste une magnifique grandeur que d'appartenir à cette race où chacun fait sa noblesse soi-même, sans espoir de dépasser ses aïeux, mais avec la certitude de n'être pas dépassé par ses descendants? » — A cette hauteur de vues, comme la trop fameuse querelle des anciens et des modernes paraît insignifiante, médiocre, mal engagée! On voudrait

[1] Voyez les premières pages de la *Lettre d'un voyageur* dans la *Revue des Deux Mondes* du 15 mai 1864.

supposer quel effet eût produit au milieu des subtilités laborieuses de Lamotte ou de Terrasson une sentence énoncée dans ces termes, où resplendit la raison : « Tous sont égaux dans la région où la grandeur existe. Dante ne détrône pas Eschyle, ni Corneille, Shakspeare ; Molière n'anéantit pas Aristophane ; Beethoven ne fait aucun tort à Mozart. L'idéal est l'idéal dans tous les milieux, dans toutes les langues. Là où il n'y eut pas d'idéal, il n'y eut pas de grandeur réelle. Là où l'idéal trouva l'expression digne de lui, il n'y eut pas d'hiérarchie pour ce poète : il entra dans le cercle des égaux. Quiconque aura une grande somme de facultés équivalentes, quelque différentes qu'elles soient, peut y entrer à son tour... Par l'aile de la pensée, par l'instrument, quel qu'il soit, littérature ou musique, sculpture ou peinture, l'action de s'élever, c'est l'art, et quiconque s'élève réellement fait tout ce que l'homme peut faire à lui seul. »

Cette puissance de l'art est l'éclatant témoignage de la virtualité humaine, mais en même temps (et c'est là le prodige) ce qui révèle l'espèce à son plus haut degré se manifeste dans une personnalité, celle du poète et de l'artiste, en un sens la plus inaccessible et la plus incommunicable des personnalités humaines. « L'artiste seul, le poète, peuvent dire *moi*, le savant doit dire *nous*. » Ce qui est au savant est aux autres, il donne tout ce qu'il a. Le poète garde tout pour lui seul, il ne peut rien communiquer de sa force ; mais aussi on n'y peut rien ajouter, tandis que toutes les générations antérieures ont travaillé pour augmenter celle du savant. « Isaïe, Eschyle, Homère, Dante, Shakspeare sont de grands solitaires dont nous relevons tous, mais qui ne relèvent de personne. Ils sont nos souverains ; les savants sont nos frères. Ceux-ci peuvent nous rendre savants comme eux-mêmes, il ne s'agit que de les étudier ; vous étudierez en vain les grands artistes, vous pourrez les copier, vous ne leur prendrez rien pour cela. » Oui, cela est vrai d'une éternelle vérité : le savant, c'est l'initiateur ; l'artiste, c'est l'initiative. Le savant représente l'humanité au point où l'humanité peut s'élever sur ses traces ; l'artiste la représente à un point où lui seul a pu s'élever : il est l'individu humain à sa plus haute puissance.

Voilà l'élément inaccessible de l'art, et, en généralisant notre pensée, du génie, — car le génie, même appliqué à la science, suppose une force d'invention et un élan personnel par où il ressemble à l'art. Aussi, quelque goût que l'on ait pour les raisons d'ordre positif, doit-on reconnaître que jusqu'à l'heure présente ces hautes parties de l'humanité ont défié les explications de ce genre, et tout fait supposer qu'elles les défieront éternellement. Les uns ont pensé trouver le secret du génie dans le développement plus ou moins parfait des circonvolutions cérébrales, ou même dans un état morbide résultant d'une lésion, comme la folie. D'autres ont tenté de l'expliquer par l'accumulation de force et de lumières dans une race privilégiée, par une conjonction propice de l'évolution organique, du milieu intellectuel, du moment historique. Les derniers venus, comme M. Galton en Angleterre, M. Ribot en France[1], ont prétendu faire cette belle conquête au profit de l'hérédité en serrant la question du génie de plus près que leurs devanciers. Au fond de toutes ces théories s'agite obscurément la question du progrès dans l'art. En effet, du jour où l'on mettrait la main sur la loi certaine de ces grands phénomènes, sur l'antécédent physiologique qui les détermine, la science, en tenant la cause, deviendrait maîtresse des effets. Le génie ne serait plus qu'une affaire de combi-

[1] *Galton's Hereditary genius.* — *L'Hérédité au point de vue psychologique*, par M. Ribot.

naison bien préparée, d'accumulation d'éléments, une œuvre de chimie mentale, de progrès dans l'art, un fait curieux du laboratoire physiologique, un cas particulier de sélection artificielle. Pure chimère! les savants peuvent avoir comme les poètes leurs songes éveillés; eux aussi parfois rêvent d'atteindre l'inaccessible.

Non, le génie n'est pas une résultante, à moins que vous ne mettiez dans la somme des principes composants une force centrale et dominante, quelque ressort intérieur, un élément de spontanéité, un *primum movens*, tout à fait distinct du tempérament, du milieu, de l'évolution ou de l'hérédité, quelque chose enfin qui échappe à vos formules et qui les dépasse infiniment. Le génie, comme l'héroïsme, restera une des formes les plus éclatantes de la personnalité, les plus indépendantes de l'espèce. A l'origine de ces grandes manifestations de l'homme, l'art, l'originalité inventive, il y a une donnée initiale dont le scalpel ni le compas ne peuvent mesurer la grandeur. C'est le vol de l'aigle, ce sont ses ailes et sa force, contenus dans un germe semblable à tant d'autres, avec un élément de plus que nous ne saisissons pas et qui fait l'aigle. Le génie n'est pas une résultante de la race, il n'est pas non plus l'expression d'une époque : il la domine et la devance; même dans la science, où la préparation et la part du travail intérieur sont considérables, il y a l'éclair qui vient on ne sait d'où, mais de plus haut assurément que cet amas de matériaux accumulés. Cet éclair qui illuminait l'âme guerrière de Condé sur le champ de bataille, il est de la même essence que celui qui tombe sur les calculs du grand géomètre au fond de son cabinet d'étude ou sur les expériences du physicien dans son laboratoire, et qui, en illuminant tout en eux et autour d'eux, leur découvre des horizons inaperçus. Cet éclair, c'est une idée d'une fécondité infinie, implicitement contenue dans une foule d'autres, qui jaillit tout d'un coup, comme d'un foyer intérieur frappé par le choc d'une intuition plus directe et plus forte. Voir plus haut ou plus profond, voir plus loin et plus juste, voilà bien l'inspiration dans la science, comme dans la poésie et dans l'art; mais qui ne sent en même temps que ces grandes originalités ne doivent pas laisser d'héritiers, que cette vertu inventive passe sur la terre sans dire son secret, sans même le savoir, que tous ces dons merveilleux et incommunicables augmentent le patrimoine des générations sans rien ajouter à leurs organes ni à leurs forces? Les résultats du génie et de l'art s'accumulent et se transmettent; mais l'art et le génie eux-mêmes naissent et meurent dans leur superbe solitude, sans passer dans le sang des familles ou des races, sans rien changer aux facultés de l'espèce.

S'il est un fait historiquement démontré, c'est celui-là. L'inspiration ne se développe nulle part, en aucun temps, en aucun lieu, en raison des autres éléments du progrès; elle reste indépendante du développement général de l'espèce, et l'on pourrait trouver des exemples d'une indépendance qui va jusqu'à une sorte de contradiction. S'il est vrai que certaines sociétés, comme la démocratie américaine, expriment le dernier terme du progrès social, l'égalité de tous devant la loi, devant l'opinion, devant les mœurs, la culture intellectuelle et scientifique la plus étendue, la participation de tous à la création et au contrôle des pouvoirs publics, il a semblé en même temps à plusieurs témoins, très éclairés et très sympathiques d'ailleurs, qu'il s'y produisait des phénomènes inquiétants, la décroissance de la haute culture en raison même de la diffusion des lumières, l'absence complète de production esthétique, la diminution sensible de la grande originalité, la tendance manifeste à un certain niveau de médiocrité collective. M. de Tocqueville a écrit un chapitre bien curieux sous ce titre : « Pourquoi un Pascal est impossible dans une démocratie ». On pourrait en écrire un autre sur ce sujet : « Pourquoi le grand art baisse-t-il dans nos sociétés modernes à mesure que la science s'étend, que le bien-être se généralise, que l'égalité civile et politique pénètre de plus en plus dans les institutions et dans les mœurs ? » N'y a-t-il pas quelque loi qui règle ou explique ces coïncidences? Ne serait-ce pas que les sociétés modernes, pressées de produire parce qu'elles sont pressées de vivre, sont portées d'instinct à préférer l'utile au beau, à sacrifier la perfection à l'abondance de la production? Il semble bien que le bon marché dans l'art et dans l'industrie soit la loi démocratique par excellence, à laquelle tout se subordonne. Faire vite et beaucoup l'emporte sur le souci de faire bien. Une activité fiévreuse est l'instrument de cette production à outrance. La quantité illimitée des bénéfices faciles en est le stimulant. En même temps et sous le coup des mêmes influences se perdent ou se troublent les parties exquises et délicates du sentiment et de l'intelligence esthétique, le goût s'émousse, l'invention se répète et s'affaiblit, l'art baisse et confine de plus en plus à l'industrie. La science théorique elle-même, la science désintéressée, la culture abstraite de l'esprit à la recherche des lois de la nature, tout cela est abandonné pour les applications immédiates et positives. Le nombre de ceux qui savent s'étend chaque jour ; la qualité des savants baisse. Serait-ce donc qu'il n'y a qu'une certaine somme d'intelligence inscrite par la nature au budget de chaque groupe humain, et que cette somme, répartie entre tous dans les sociétés démocratiques, ne peut plus se concentrer, se capitaliser, si je puis dire, en quelques cerveaux privilégiés? On dirait vraiment que l'espèce entre en lutte avec l'individu, et que l'une ne peut s'élever sans que les hautes personnalités décroissent. L'idéal du progrès serait l'ascension simultanée de l'espèce et de l'individu, de l'espèce dans le bien-être, dans la science, dans la justice, et de l'individu dans l'inspiration ou dans l'art : idéal sans doute, si ce n'est pas une chimère !

Le progrès social expire là où commencent les plus hautes manifestations de la personne humaine, les élans de l'héroïsme, les inspirations fécondes, le génie, l'art. Voilà qui semble acquis à une théorie expérimentale, ne se payant pas d'illusions ou de mots ; mais cette question en amène une autre : dans cette sphère, où la loi du progrès opère régulièrement, où chacun de ses effets peut être constaté, son action est-elle indéfinie ? Le perfectionnement de l'espèce humaine est-il illimité dans ses facultés susceptibles de progrès ?

Il semble bien qu'il n'y ait pas de terme assignable pour l'application des forces mentales aux forces physiques et l'accroissement régulier des sciences positives, sauf le terme qu'y peuvent mettre les catastrophes de l'histoire future ou les cataclysmes du globe que nous habitons ; l'expérience du passé justifie les plus hardies espérances pour l'avenir. En réalité, nous ne sommes qu'au seuil de la civilisation industrielle. Loin de montrer par quelque symptôme qu'elle est arrivée à sa fin, la tendance au progrès semble depuis un demi-siècle s'être révélée par un redoublement d'audace et une accélération de vitesse[1]. Nous sommes loin d'avoir épuisé soit les facultés scientifiques de l'homme, soit les facultés dynamiques de la nature. La grande pensée de Newton reste toujours vraie : « nous n'avons été jusqu'ici que

---

[1] Lubbock, *l'Homme avant l'histoire*, p. 504.

comme des enfants jouant sur le rivage de la mer et ramassant çà et là un caillou plus lisse ou un coquillage plus joli que les autres, tandis que le grand océan de la vérité s'étend mystérieux devant nous. » Le domaine des forces physiques qui agissent ou qui dorment au sein de la nature est un autre océan qui n'est pas même mesuré pour nous. C'est l'œuvre et la tâche du savant de le conquérir et de le dompter. — On a calculé qu'en l'année 1860 toutes les machines travaillant dans la Grande-Bretagne au profit de l'industrie représentaient une somme d'activité égale à celle de 1 milliard 200 millions d'hommes valides[1]. C'est beaucoup plus que la force collective de l'humanité tout entière. Que sera-ce quand toutes les nations civilisées travailleront dans les mêmes proportions, que sera-ce surtout quand ces proportions de travail seront changées par la découverte de nouveaux agents ou la multiplication des forces déjà connues? Sommes-nous même assez avancés aujourd'hui pour nous faire une idée de ce que sera la surface de la terre quand l'homme l'aura recréée à son gré, quand il aura, comme on l'a dit, transformé la planète qu'il habite en un immense organisme travaillant sans relâche, pour son compte, par les vents, les courants, la vapeur d'eau, l'électricité?

La raison se confond, l'imagination se trouble dans ces splendeurs de l'avenir dévoilé; mais enfin, quoi qu'on fasse, ce prodigieux développement des forces physiques humanisées à notre service, cette science illimitée, créatrice d'un bien-être illimité, tout cela changera-t-il les conditions de la vie humaine dans l'ordre moral? Nous ne le pensons pas. On assure que nos plaisirs s'ac-

---

[1] Le nombre des machines pour le coton filé représente 90 millions d'hommes, selon l'estimation de M. Jules Simon Voir son *Rapport sur l'Exposition universelle.*

croîtront dans une proportion indéterminée et que nos souffrances diminueront. La faculté de souffrir, nous dit-on, en tant qu'elle peut servir d'avertissement, gardera toute sa force, mais la nécessité de souffrir diminuera infiniment. Enfin, par une meilleure coordination de nos actions, nous arriverons à une vie plus complète. Acceptons-en l'augure, sinon pour nous, du moins pour nos descendants; mais un doute me harcèle: tous ces plaisirs accrus, ces occasions de jouir multipliées, ces occasions de souffrir devenues plus rares, cette intensité croissante de la sensation, tout cela fera-t-il plus de bonheur? Qui peut le savoir ou le deviner dans les conditions nouvelles que créera cette transformation de notre vie?

M. de Tocqueville écrivait un jour à l'un de ses amis que, s'il était chargé de classer les misères humaines, il le ferait dans cet ordre : les maladies, la mort, le doute. Lequel de ces éléments disparaîtra dans la *vita nuova* rêvée par nos poètes de la science, par les utopistes de la toute-puissance de l'homme? Est-ce le doute? Mais les vérités positives ont-elles jamais dissipé les ténèbres de l'*au delà*? La tendance des savants semble être de les redoubler, de les épaissir, en déclarant que notre faculté de connaître expire aux frontières du monde visible, et que le progrès, dans cet ordre d'idées, consiste à savoir ignorer scientifiquement. On nous conduit aux bords de l'immensité pour nous donner le vertige des abîmes et l'on nous ramène brusquement en arrière. — Est-ce la maladie qui cédera devant les précautions de l'hygiène future ou les inventions de la médecine? Mais quand on découvrirait tous les jours des palliatifs de la souffrance mille fois plus actifs que le chloroforme ou des agents infaillibles contre la peste, cela empêchera-t-il l'hérédité physiologique des principes de la douleur, le trouble apporté dans l'organisme par les vices et l'intempérance, l'altération des organes sous le choc de mille causes extérieures, enfin la plus grave et la plus incurable maladie, l'usure de la vie, la mort enfin ? A moins d'étendre au delà de toute borne l'existence humaine, comme l'a rêvé Condorcet, il faudra bien, même alors, que l'homme meure. Et s'il est triste de mourir dans la condition actuelle de la vie, si nous disputons avec tant d'acharnement à la mort ce droit misérable et précaire de vivre qui n'est bien souvent que le droit de souffrir, si nous sommes tous comme le bûcheron de La Fontaine, demandant à reprendre notre fardeau dès que la mort veut nous en débarrasser, si lourde que soit cette corvée de jours sans joie, de nuits sans sommeil, de labeurs sans trêve et sans récompense, de deuils sans consolations, que sera-ce donc dans ce paradis terrestre reconquis par l'industrie de l'homme, où tant de bien-être abondera, où nos sensations seront comme multipliées par les occasions de plaisir, où toutes les forces physiques travailleront à notre félicité, où il faudra un jour quitter tout cela, tout ce qu'on a possédé, tout ce qu'on a aimé ? Quelle nécessité plus dure que jamais, quelle loi mille fois plus âpre qu'autrefois ! Quel désespoir de mourir, quand la vie aura été si pleine, si facile, comblée de tant de joies !

Tous ces biens terrestres, cet idéal du globe transfiguré, augmenteront indéfiniment le bien-être de l'homme ; ils n'ajouteront guère à son bonheur, n'ajoutant rien à sa sécurité. L'homme aura autant à craindre de la mort ; il aura de même à vivre toujours avec la passion. Or, s'il y a des découvertes possibles pour la souffrance physique, imagine-t-on qu'il y en aura dans les laboratoires de l'avenir pour la souffrance morale ? Toutes ces félicités matérielles, j'en ai peur, ne feront que multiplier les

tentations de toute sorte, et par là les occasions d'envier
et de haïr. Il y aura toujours des misères, même dans
ces Edens espérés ou promis, parce qu'il y aura encore
des vices. Il y aura des haines et des envies farouches,
parce qu'il y aura des inégalités de condition et de fortune qui survivront par la force des choses aux inégalités artificielles du droit à jamais détruites. La paresse,
l'égoïsme, l'imprévoyance, la prodigalité, n'abandonne-
ront pas ce monde. S'imagine-t-on ce dernier miracle de
l'industrie, d'élever tous les hommes indistinctement au
même degré d'initiative, de capacité, de moralité et de
travail ? — Et si les passions persistent entre les hommes
d'une même nation, comment espérer qu'elles disparaissent entièrement entre les peuples ? Les peuples sont de
l'étoffe dont les hommes sont faits, toujours prêts à
l'emploi et à l'abus de la force. Que de fois l'humanité a
recommencé ce beau rêve d'une civilisation universelle
et pacifique ! Que de fois et combien cruellement ce rêve
a été interrompu ! Les États-Unis de l'Europe pour pré-
luder aux États-Unis du monde, l'état juridique com-
mençant pour les nations, que de fois nous avons cru y
toucher ! Ce que nous avons vu de nos jours, l'humanité
le reverra souvent : des explosions de barbarie au milieu
d'une ère de civilisation, de paix, d'industrie ; des guerres atroces succédant brusquement à des hymnes de fraternité universelle ; l'impossibilité, non seulement de
garder la paix, mais de garder dans la guerre une certaine mesure d'humanité et de montrer au monde ce que
c'est que cette chose, la plus belle après la paix, une
victoire civilisée.

L'humanité restera ce qu'elle est au fond malgré tous
les perfectionnements que la science et l'industrie apportent à la surface du globe qu'elle habite. — Est-ce un
motif pour se décourager ? A Dieu ne plaise ! L'homme

sera toujours l'homme : ce sera la passion, c'est-à-dire l'amour et la haine ; ce sera la raison avec la misère incurable de ses doutes ; ce sera la liberté avec ses épreuves, ses grandeurs et ses défaillances. — Et pourtant, si nous ne pouvons changer le cœur de l'homme et ses penchants, la pensée de l'homme et ses lois, nous pouvons modifier, dans une certaine mesure et sans tomber dans la chimère, non-seulement le milieu physique, mais le milieu moral où ces éléments vivent et se développent. Par nos exemples, par nos doctrines, il dépend de nous d'élever le niveau des âmes. Bien des fois encore l'œuvre sera menacée par les catastrophes de l'histoire, par les scandales de la force ; bien des fois on croira que la civilisation morale va périr. Qu'importe? Renouons d'une main infatigable la trame sacrée, à chaque instant rompue par la violence. Quoi qu'il arrive, travaillons sans relâche à l'expansion, au progrès de cette conscience du genre humain, que nommait déjà Tacite, mais qui ne s'est vraiment reconnue elle-même que dans le monde moderne. Supérieure aux victoires passagères de la violence ou de la ruse, elle s'en venge en les jugeant, proclame à travers l'histoire le droit, même quand il est vaincu ; son triomphe sera de persuader à l'humanité que c'est la force qui a tort, que c'est la justice qui a raison. Voilà le vrai progrès, celui qui ne trompe pas ; pour y travailler, pour cela seul, c'est la peine de vivre.

CHAPITRE XV

LA DESTINÉE HUMAINE D'APRÈS LES NOUVELLES ÉCOLES SCIENTIFIQUES.
LA POÉSIE NATURALISTE.

Le grand mouvement qui se poursuit si activement dans les sphères de la science doit avoir son contre-coup ailleurs. Sous la pression ou la menace des événements intellectuels qui se préparent, il n'est pas possible que les esprits demeurent en repos, et que la paix même des antiques croyances ne soit pas profondément troublée. Les nouvelles théories, diverses par les explications qu'elles proposent, unanimes par les négations qu'elles imposent, les systèmes qui généralisent si hardiment les résultats des sciences positives et les groupent sous certaines vues d'ensemble, se sont emparés de l'attention publique dans les régions où l'on pense; on a eu bientôt fait d'en déduire toutes les conséquences, d'en mesurer la portée, d'en déterminer l'influence pratique. De là dans les idées un grand ébranlement qui se propage et s'étend. Quelque chose de solennel s'annonce, comme à la veille des crises de l'esprit humain.

Chaque conception philosophique a pour effet de modifier, non seulement la conscience, mais l'imagination des hommes d'une époque, en changeant leur manièr de sentir la vie et de comprendre la mort. Or la vie et la mort, n'est-ce pas le tout de l'homme, le problème où tous les autres aboutissent? Du même coup se modifient le sentiment religieux et le sentiment poétique, associés aux mêmes fortunes. Je parle de ce sentiment religieux tel qu'il se rencontre souvent dans le monde et dans le temps où nous vivons, vague, indéfini, et qui, n'étant astreint à aucun dogme précis, suit presque sans résistance le triomphe alternatif des doctrines contraires, s'élevant ou s'abaissant avec elles, se consolidant sous certaines influences, s'évaporant et se subtilisant sous d'autres, changeant de nature et de forme, selon les perturbations atmosphériques qu'il subit, dans les divers climats d'idées qu'il traverse. Le sentiment poétique subit les mêmes variations; il porte l'empreinte plus ou moins troublée de ces révolutions intellectuelles qui modifient l'aspect des choses divines et humaines. Et cela doit être. Qu'est-ce au fond que la poésie? Quel en est le thème éternel? Qu'exprime-t-elle sous les formes les plus variées? M. Jouffroy le disait, il y a quarante ans, dans une de ces pages où revit ce grand esprit avec sa grandeur inquiète : « L'âge d'innocence a sa poésie, l'âge mûr a la sienne, et telle est la supériorité de celle-ci qu'en se révélant à nous, elle flétrit, elle décolore, elle anéantit le charme de la première. Il est singulier d'appeler poésie cette superficielle inspiration qui s'amuse à célébrer les joies frivoles, à déplorer les douleurs éphémères des passions. La vraie poésie n'exprime qu'une chose, les tourments de l'âme humaine devant la question de sa destinée. C'est là de quoi parle la lyre des grands poètes, celle qui vibre avec une monotonie si mélancolique dans les poésies de Byron, dans les vers de Lamartine. Ceux qui n'ont pas assez vécu ne comprennent qu'à moitié ces sourds accents, traduction sublime d'une plainte éternelle, mais ils retentissent profondément dans les âmes mûres en qui les grands problèmes ont développé le véritable sentiment poétique. A elles seules, il est donné de comprendre la haute poésie lyrique, à elles seules, pour mieux dire, il est donné de sentir la poésie, car la poésie lyrique est toute la poésie; le reste n'en est que la forme. » Ou les doutes mélancoliques qu'inspirent ces questions, ou les rêves tantôt sombres et brillants par lesquels on s'est efforcé de les résoudre, voilà ce qui attire irrésistiblement les poètes dignes de ce nom. Et si cela est vrai de tous les temps, combien cela doit être plus vrai encore d'un temps comme le nôtre, livré à de si dramatiques perplexités de conscience!

Dans quelle agitation doivent être les grandes imaginations poétiques, s'il en est qui, détachées de toute croyance positive, s'abandonnent au souffle des idées nouvelles! Jamais la situation des esprits n'a été, en un certain sens, plus pathétique qu'aujourd'hui. C'est l'heure de la crise suprême où il faut faire son choix entre deux directions contraires, et, si l'on a fait son choix, renoncer à toutes les anciennes doctrines, les vieilles institutrices et les consolatrices de l'humanité, sur le commencement et la fin des choses, la destinée de l'homme, le caractère indélébile et sacré de la personnalité qu'il crée par la souffrance et la vertu, sous le regard de Dieu. Il n'est pas possible qu'un poète vivant dans un temps pareil au nôtre, où tout est remis en question, l'avenir et le passé du monde, le mystère de la vie et de la mort, ne ressente pas profondément dans son âme l'émotion de ces problèmes si violemment agités, et ne s'en fasse pas à un jour donné l'interprète dans les vers qui resteront comme l'expression inspirée d'un moment vraiment tragique dans l'histoire de l'humanité.

Ce poète s'est rencontré. Au milieu des frivolités galantes, des jeux plastiques, des ciselures où s'amuse la poésie contemporaine, au-dessus des mièvreries sentimentales où elle s'attarde, voici qu'un grand cri a retenti, impie et désespéré. Je l'ai recueilli. C'est l'accent authentique d'un vrai poète, supérieur à la plupart de ceux que l'on cite aujourd'hui, indépendant des petits groupes des pléiades et des coteries, bien digne d'attention par le sentiment des problèmes, par l'ardeur qu'il apporte à les étudier, par la profondeur des émotions qu'il en reçoit et qu'il nous communique dans une langue parfois étrange, incorrecte, mais puissante, imagée, forte jusqu'à l'âpreté, lyrique, où circule une âme de feu. On ne s'y trompera pas cette fois : c'est la révélation d'une intelligence remuée jusque dans ses profondeurs par les philosophies nouvelles, soit celle de M. Auguste Comte, soit celle de M. Darwin ou de M. Herbert Spencer. Cette poésie ardente mérite d'être retenue comme le témoignage d'une crise morale et religieuse, l'expression momentanée de l'esprit humain à cette heure de lutte et de trouble. A ce titre, elle appartient à la philosophie; elle nous apporte l'écho des souffrances et des luttes d'une génération dans une conscience profonde et grave. Que nous voici loin, soit de l'éclectisme railleur de Voltaire nous racontant gaiement les contradictions des *Systèmes*, soit de la sérénité de Gœthe luttant de calme et de splendeur poétiques avec l'indifférence et la magnificence de la nature! Ici nous sommes dans une tout autre région de sentiment et d'idée, et pour ainsi dire dans un autre climat moral. C'est la révolte contre les vieilles croyances qui domine dans cette sombre poésie; mais c'est aussi la tristesse des nouvelles doctrines, c'est l'effroi devant le vide entrevu, parfois le désespoir et quelque chose comme l'hallucination du néant.

Ce petit livre, composé d'une douzaine de morceaux,

qui n'était pas dans l'origine destiné par son auteur à la publicité[1], il est né d'une inspiration de colère, on le sent. On assure que l'auteur est une femme ; on ne s'en douterait pas à la virilité presque excessive de la pensée. Tout cela d'ailleurs n'importe guère ; c'est une partie de l'âme moderne que nous voyons à découvert dans ce livre, avec ses agitations morales, ses emportements, ses découragements. Cela seul nous intéresse. Ses protestations contre le Dieu que le poète abandonne, voilà ce qui frappe l'esprit dès que l'on ouvre ces pages. Le lecteur est saisi par la violence des anathèmes contre toutes les formes et les manifestations du divin, que le poète répudie avec trop de haine pour n'y pas croire un peu. On n'injurie ainsi que ce qu'on est habitué à craindre et ce qu'on redoute encore.

Lisons quelques vers de ce *Prométhée* qui a su être original même après Byron, après Shelley, après Gœthe. C'est un des sujets favoris de la poésie moderne et l'un de ceux qui se prêtent le mieux à l'inspiration philosophique. Byron, dans le transparent symbole qu'il emprunte au vieil Eschyle, montre l'homme en lutte avec la destinée, rompant cette trame artificielle du sort dans laquelle les faibles seuls restent captifs. Gœthe crée un Prométhée spinoziste, s'écriant qu'il est le maître même de la nature par son activité, et qu'en dehors de la nature et de l'homme il ne pourrait y avoir que des pouvoirs *vassaux du destin*, ce qui les placerait au-dessous de l'homme. Le drame de Shelley, c'est la délivrance du prisonnier de Jupiter par l'avènement d'une foi nouvelle, la foi à la puissance de la nature, la seule divinité ; il célèbre la chute des idoles, la ruine des vieilles tyrannies qui tombent devant la science. C'est

---

[1] *Poésies philosophiques*, par L. Ackermann

évidemment de la pensée de Shelley que se rapproche le hardi Prométhée de Mme Ackermann. La pièce s'ouvre par des imprécations :

> Frappe encor, Jupiter, accable-moi, mutile
> L'ennemi terrassé que tu sais impuissant ;
> Écraser n'est pas vaincre, et ta foudre inutile
> S'éteindra dans mon sang.

Quel est son crime ? Il a voulu relever l'homme, jeter l'étincelle de la pensée dans l'obscur limon dont cette pauvre et tremblante créature était pétrie ; il a tenté de le faire croire à des dieux cléments, il a voulu inaugurer une ère d'amour sur cette terre cruelle, abreuvée de sang :

> O mes désirs trompés ! ô songe évanoui !
> Des splendeurs d'un tel rêve encor l'œil ébloui,
> Me retrouver devant l'iniquité céleste,
> Devant un dieu jaloux qui frappe et qui déteste,
> Et dans mon désespoir me dire avec horreur :
> « Celui qui pouvait tout a voulu la douleur ! »

Mais la vengeance est là qui s'apprête. Un esprit de révolte, descendu de ce rocher expiatoire, va transformer la terre. Le vieux captif du Caucase a choisi son héritier. Déjà, grâce à lui, la raison s'est affermie, le doute va naître. Bientôt les mortels s'enhardiront au point de citer le tyran divin à leur tribunal. « Pourquoi nos maux ? s'écrieront-ils ; pourquoi le caprice et la haine d'un dieu ? » Et alors s'élèvera contre ce dieu un juge, la conscience humaine ; elle ne pourra l'absoudre, elle le rejettera. Ce sera le vengeur promis à la détresse de Prométhée :

> Délivré de la foi comme d'un mauvais rêve,
> L'homme répudiera les tyrans immortels,
> Et n'ira plus, en proie à des terreurs sans trêve,
> Se courber lâchement au pied de tes autels.
> Las de le trouver sourd, il croira le ciel vide,
> Jetant sur toi son voile éternel et splendide,
> La nature déjà te cache à son regard ;

Il ne découvrira dans l'univers sans borne
Pour tout dieu désormais qu'un couple aveugle et morne,
    La Force et le Hasard.

Montre-toi, Jupiter, éclate alors, fulmine
Contre ce fugitif à ton joug échappé.
Refusant dans ses maux de voir ta main divine,
Par un pouvoir fatal il se dira frappé.
Il tombera sans peur, sans plainte, sans prière,
Et quand tu donnerais ton aigle et ton tonnerre
Pour l'entendre pousser au fort de son tourment
Un seul cri qui t'atteste, une injure, un blasphème,
Il restera muet ; ce silence suprême
    Sera ton châtiment.

Prométhée n'est qu'une belle imprécation ; mais c'est tout un drame lyrique, en quatre parties, que Mme Ackermann a consacré à la grande figure et au grand nom de Pascal. *Le Sphinx, la Croix, l'Inconnue, le Dernier Mot*, voilà les divisions de cette œuvre, la plus étendue et l'une des plus audacieuses du livre. Ici les anathèmes redoublent : ils ne s'adressent plus à un dieu mythologique, à un dieu de convention, au vainqueur des titans ; ce ne sont plus des foudres inoffensives que le poète va provoquer. Ses coups portent plus haut ; c'est jusqu'au Dieu de l'Évangile que remontent les apostrophes de son impiété et les sacriléges fureurs de sa poésie. C'est la croix qu'il veut abattre, la croix libératrice qui s'élève à ce sommet sublime où se fait le partage des deux mondes, le monde antique avec l'esclavage et la haine, le monde moderne avec l'égalité des âmes et la loi de l'amour. Toutes les fois que le poète touche à l'idée chrétienne, c'est avec une émotion particulière qui justifie ce mot profond de Joubert : « On ne peut ni parler contre le Christianisme sans colère, ni parler de lui sans amour. » S'il faut accepter la sombre alternative posée par Pascal, croire ou désespérer, eh bien ! le poëte aime mieux désespérer ; mais d'abord il décrit la lutte de Pascal avec le sphinx. Dans ce pâle et frêle chrétien qui l'a défié, le sphinx est tout surpris de trouver un athlète héroïque.

> Quels assauts! quels élans! Jamais lutte pareille
> Ne s'était engagée à la clarté des cieux!
> . . . .
> Parfois le sphinx, outré d'une telle assurance,
> Tentait de t'arracher un rêve, une espérance,
> Tu ne lâchais pas prise, et l'animal ailé
> De ses ongles en vain labourait ta poitrine ;
> Tu regardais couler ton sang avec transport,
> Dans tes bras déchirés pressant la foi divine,
> Et tu livrais tes flancs pour sauver ton trésor.

Pascal est vainqueur. Que va-t-il faire de sa victoire? Un hommage à la terreur insensée qui va tout prendre : sa force, sa volonté, sa raison. Cette vie cependant si pleine de luttes terribles et de dévorantes austérités, elle eut son heure d'enchantement. La légende d'un amour profond et délicat est venue jusqu'à nous. Quelle était cette femme assez belle, assez noble, pour avoir un instant soumis ce cœur si fier? Les hommes ont à peine murmuré un nom :

> L'image fugitive à peine se dessine;
> C'est un fantôme, une ombre, et la forme divine
> En passant devant nous garde son voile au front....

Si la triste et chaste inconnue sut qu'elle fut aimée et par qui, quelle dut être son ivresse, et quel dut être aussi son effroi!... Mais bientôt les scrupules vinrent assaillir l'âme douloureuse de Pascal, et son amour s'immola lui-même,

> Se croyant un péché, lui qui n'était qu'un rêve !

La foi reprit tout dans ce cœur : aussi quelle dure apostrophe du poète au dieu jaloux!

> Dans ton avidité désastreuse, infinie,
> Tu ne lui laissas rien qu'une croix et la mort.
> .... Ton rayon devint foudre en tombant sur cette âme ;
> Il a tout dévoré, l'holocauste et l'autel.

Alors éclate le dernier mot du poète. Dût la noble cendre de Pascal frémir d'horreur, le poète veut exprimer les colères que son âme tient amassées. « Oui, tout est vrai, Pascal, dans les sombres peintures que tu fais de l'homme. Voilà bien nos tortures, nos désespoirs, nos doutes; mais lorsque, nous traînant des sommets aux abîmes, tu nous tiens suspendus entre deux infinis, tu crois que tu n'as plus qu'à dévoiler la foi pour nous voir tomber anéantis sur son sein! Tu t'es trompé, Pascal! Eh quoi! peut-on croire qu'il est un Dieu, qu'il dispose de la force infinie, et qu'il assiste aux jeux sanglants de l'arène humaine, imposant le massacre, infligeant l'agonie? Faudra-t-il donc saluer ce dieu cruel comme le gladiateur mourant saluait César? S'il existe, forçons-le par nos anathèmes à révéler sa puissance et à nous écraser. »

A ces accents désespérés, vouant le monde au néant et condamnant les générations futures à ne pas naître, on croirait entendre un disciple de Schopenhauer. C'est la même inspiration, le même accent, le même mépris furieux pour la réalité et pour la vie. Le monde est aussi mauvais que possible, et l'optimisme est « une absurdité criante inventée par les professeurs de philosophie pour se mettre d'accord avec la mythologie des Juifs, qui prétend que tout est bien. » Promenons l'optimiste le plus endurci dans les hôpitaux, les lazarets, les cabinets d'opérations chirurgicales, dans les cachots, sur les places d'exécution, sur les champs de bataille; il verra si la vie est autre chose qu'une chasse incessante, où, tantôt chasseurs et tantôt chassés, les êtres se disputent les lambeaux d'une horrible curée, une guerre de tous contre tous, une sorte d'histoire naturelle de la douleur qui se résume ainsi : vouloir sans motif, toujours souffrir, toujours lutter, puis mourir, et ainsi de suite dans les siècles dés siècles jusqu'à ce que la croûte de notre planète éclate. Qu'il vaudrait bien mieux que le monde, étant si mauvais, n'eût pas été ou qu'il cessât d'être! Lui aussi, Schopenhauer, s'écrierait avec volupté sur les ruines du monde :

> Plus d'hommes sous le ciel, nous sommes les derniers!

Mais cette philosophie du pessimisme peut-elle bien être celle de l'humanité? Ce sont des douleurs tristement privilégiées, des désespoirs aristocratiques qui ne descendront jamais des âpres sommets qu'ils habitent dans l'âme des générations, dans la conscience de l'histoire.

Dieu est détrôné. A sa place, les lois aveugles et fatales règnent; du moins il n'y a plus là quelqu'un à maudire, il y a simplement quelque chose à subir. Ces souveraines, si elles nous font du mal, c'est sans le vouloir et sans nous haïr. La raison va-t-elle être satisfaite? Le poète, qui croit être ici la voix de l'humanité pensante, va-t-il abdiquer sa colère? Sa colère, oui, non sa tristesse. Lisez cette page où, pour la première fois, le positivisme a été défini en beaux vers. Si c'est là triompher, quel triomphe morne et quelle peinture de l'expiation!

> Il s'ouvre par delà toute science humaine
> Un vide dont la foi fut prompte à s'emparer.
> De cet abîme obscur, elle a fait son domaine;
> En s'y précipitant, elle a cru l'éclairer.
> Eh bien! nous t'expulsons de tes divins royaumes,
> Dominatrice ardente, et l'instant est venu.
> Tu ne vas plus savoir où loger tes fantômes;
>   Nous fermons l'inconnu.
>
> Mais ton triomphateur expiera ta défaite.
> L'homme déjà se trouble, et, vainqueur éperdu,
> Il se sent ruiné par sa propre conquête;
> En te dépossédant nous avons tout perdu.
> Nous restons sans espoir, sans recours, sans asile,
> Tandis qu'obstinément le désir qu'on exile
> Revient errer autour du gouffre défendu.

Le poète ne retrouve un peu de calme que dans les rares instants où il oublie l'homme pour contempler la nature dans ses perpétuelles métamorphoses. Il s'élève alors à une sorte de quiétisme scientifique; mais il ne s'y complaît pas et ne s'y arrête pas longtemps. Dans cet ordre d'idées, nous avons remarqué la pièce intitulée *le Nuage*, inspirée encore de Shelley; l'influence du poète anglais est sensible dans tout le volume. Aussi bien, s'il eût vécu de notre temps, Shelley eût été l'interprète prédestiné du naturalisme. Ce *Nuage* est tout un symbole de la doctrine de l'évolution. Son histoire n'est-elle pas celle même des forces éternelles en circulation dans le Cosmos, qu'aucune forme ne limite, qu'aucun temps n'épuise, qu'aucun être ne contient, qu'aucun système, aucune formule ne définira jamais, qui échappent à la mort, et pour qui la naissance même n'est qu'une transformation? « Je change, mais je ne puis mourir », dit le nuage :

> Levez les yeux, c'est moi qui passe sur vos têtes,
> Diaphane et léger, libre dans le ciel pur;
> L'aile ouverte, attendant le souffle des tempêtes,
> Je plonge et nage en plein azur.

Le voilà; il flotte et voyage comme un mirage errant. L'aurore et le soir le colorent tour à tour. Il est calme et doux comme une vision heureuse. Regardez, maintenant c'est la tempête et l'horreur.

> On croirait voir au loin une flotte qui sombre,
> Quand d'un bond furieux fendant l'air ébranlé
> L'ouragan sur ma proue inaccessible et sombre
> S'assied comme un pilote ailé.

La ruine et la mort ont passé sur les cités humaines. Voici maintenant la pluie bienfaisante et la divine fécondité des champs :

> Sur le sol altéré, je m'épanche en ondées,
> La terre rit; je tiens sa vie entre mes mains.
> C'est moi qui gonfle au sein des plaines fécondées
> L'épi qui nourrit les humains.

> Où j'ai passé, soudain tout verdit, tout pullule :
> Le sillon que j'enivre enfante avec ardeur.
> Je suis onde et je cours, je suis sève et circule,
> Caché dans la source ou la fleur.

Un fleuve le recueille ; mais un désir irrésistible semble le pousser plus loin, toujours vers un but inconnu ; il vole à ce but « comme un grand trait liquide qu'un bras invisible a lancé. » C'est l'océan qui l'appelle, qui l'attire, qui l'absorbe amoureusement.

> Océan, ô mon père ! ouvre ton sein, j'arrive !
> . . . .
> Mais le soleil, baissant vers toi son œil splendide,
> M'a découvert bientôt dans tes gouffres amers.
> Son rayon tout-puissant baise mon front limpide :
> J'ai repris le chemin des airs.

Ainsi jamais d'arrêt, pas de repos ; la nature, patiente ouvrière, ne fait que dissoudre et recomposer.

> Tout se métamorphose entre ses mains actives ;
> Partout le mouvement, incessant et divers,
> Dans le cercle éternel des formes fugitives
> Agitant l'immense univers.

Ce petit poème, à vrai dire, est une exception dans le volume que nous avons sous les yeux. C'est le seul où la philosophie nouvelle s'exprime tranquillement, sans quelque retour mélancolique ou passionné sur le sort qui est fait à l'homme dans l'univers dévoilé par la science. Partout ailleurs le problème de la destinée revient sous toutes les formes agiter le poète, l'inquiéter dans la paix précaire et factice de ses convictions, jeter dans sa contemplation le trouble et l'effroi du grand abandon, la révolte de la personnalité humaine contre la loi qui la condamne à une apparition éphémère suivie de l'anéantissement. L'amour et la mort, c'est le texte perpétuel des sombres méditations du poète, et n'est-ce pas là en effet le double mot qui résume la destinée terrestre de l'homme : l'amour, c'est-à-dire la vie, ses joies les plus pures, ses ivresses, ses enchantements infinis avec ses aspirations sans borne et ses rêves d'éternité, — la mort, c'est-à-dire l'inévitable lendemain de ces ivresses, le démenti brutal à ces éternités promises, la rupture violente de ces pactes de l'amour où un bonheur isolé de l'autre semblait être le plus cruel supplice, — où la séparation dans le néant semblait être la plus sanglante ironie? *L'Amour et la Mort,* c'est le titre d'une des plus belles pièces du recueil, celle où la passion, en lutte avec les idées nouvelles, s'élève le plus haut dans cette lutte et prend, pour ainsi dire, son plus fier élan en s'appuyant sur l'obstacle infranchissable.

> Regardez-les passer, ces couples éphémères!
> Dans les bras l'un de l'autre enlacés un moment,
> Tous, avant de mêler à jamais leurs poussières,
>   Font le même serment:
>
> « Toujours! » un mot hardi que les cieux qui vieillissent
> Avec étonnement entendent prononcer,
> Et qu'osent répéter des lèvres qui pâlissent
>   Et qui vont se glacer!

Vous qui vivrez si peu, pourquoi cette promesse, ce vain défi au néant? N'entendez-vous pas cette voix inflexible qui crie à tout ce qui naît: « Aime et meurs ici-bas? » — Et vous aussi, aimez donc et mourez! — Ils protestent, les amants désespérés, ils protestent contre la dure loi. Mais en vain. Écoutez, l'implacable nature répond à ce cri de l'illusion humaine, à ce mensonge de l'amour et de l'orgueil proclamant l'éternité de l'homme:

> Quand un souffle d'amour traverse vos poitrines,
> Sur des flots de bonheur vous tenant suspendus,
> Aux pieds de la beauté lorsque des mains divines
>   Vous jettent éperdus,
>
> Quand, pressant sur ce cœur qui va bientôt s'éteindre
> Un autre objet souffrant, forme vaine ici-bas,
> Il vous semble, mortels, que vous allez étreindre
>   L'infini dans vos bras.

> Ces délires sacrés, ces désirs sans mesure,
> Déchaînés dans vos flancs comme d'ardents essaims,
> Ces transports, c'est déjà l'humanité future
> Qui s'agite en vos seins.
>
> Elle se dissoudra, cette argile légère
> Qu'ont émue un instant la joie et la douleur;
> Les vents vont disperser cette noble poussière
> Qui fut jadis un cœur.

Dans une autre pièce, *Paroles d'un amant,* le poète soutient hardiment qu'il y a pour l'amour même une sorte de joie lugubre à penser que l'être idolâtré ne revivra pas ailleurs, sous d'autres cieux, séparé par l'infini de celui qui traîne sur la terre un reste de jours misérables. Qu'on ne vienne pas lui parler d'éternité :

> C'est assez d'un tombeau, je ne veux pas d'un monde
> Se dressant entre nous.

L'amour est jaloux de l'éternité même. S'aimer est tout, vivre en s'aimant est tout, vivre plus ou moins longtemps, qu'importe? mais vivre séparés par l'éternité, voilà l'inconsolable malheur.

> Quand la mort serait là, quand l'attache invisible
> Soudain se délierait qui nous retient encor,
> Et quand je sentirais dans une angoisse horrible
> M'échapper mon trésor,
>
> Je ne faiblirais pas ; fort de ma douleur même,
> Tout entier à l'adieu qui va nous séparer,
> J'aurais assez d'amour en cet instant suprême
> Pour ne rien espérer.

Mais ce n'est là que l'exaltation passagère d'un amour qui sent la vie lui échapper et qui aime mieux jeter l'objet aimé dans le néant, où il ne sera à personne, que dans une éternité qui pourrait le lui ravir. C'est le suprême choix d'un désespéré.

Rien de morne et de lugubre comme la pensée du poète chaque fois que cette nature invoquée et maudite lui révèle sa face meurtrière et sereine. Dans un dialogue étincelant des plus sombres beautés, la Nature dévoile enfin à l'homme son but, celui qu'elle poursuit du fond de l'éternité. Ce but, ce n'est pas l'atome humain. L'ouvrière immortelle, qui dispose du temps, de l'espace et de la matière, songe déjà à franchir l'humanité, après qu'elle l'a créé. Je ne sais quel grand désir germe dans son sein ; on dirait qu'elle prépare ses entrailles pour un suprême enfantement. Toutes les créations successives n'ont été pour elle que des essais de sa force et des avortements qu'elle rejette avec dédain. Elle tend à quelque chose de plus grand, de plus fort, de plus libre. L'homme n'est que l'ébauche imparfaite du chef-d'œuvre qu'elle a rêvé. Elle repousse cette frêle ébauche, comme les autres, dans le néant, et reprend dans ses mains l'argile dont elle l'avait formée et qu'elle va repétrir. Que médite-t-elle, la grande artiste? Que prépare-t-elle? Médite-t-elle et prépare-t-elle un dieu? — Non, lui répond l'homme, maître à son tour de la nature par la science, et qui se refuse à reconnaître en elle une puissance imaginaire. « Non, lui dit-il ; j'ai mesuré tes forces ; tu ne pourras rien faire de plus grand que moi, et, si chétif que je sois, j'ai marqué les bornes de ton pouvoir! Tu n'enfanteras pas un dieu, tu ne peux engendrer que pour la mort ! »

> Car sur ta route en vain l'âge à l'âge succède :
> Les tombes, les berceaux ont beau s'accumuler,
> L'idéal qui te fuit, l'idéal qui t'obsède
>   A l'infini pour reculer.

Tous ces anathèmes viennent se concentrer dans le dernier poème, où éclate dans toute sa détresse le sentiment dont cette âme est pleine. C'est comme la dernière note d'un naufragé. C'en est un en effet. Le poète se compare au passager qui voit s'entr'ouvrir le pont du navire et qui, à perte de vue, n'aperçoit que la mer immense se soulevant pour l'engloutir. Il redresse son front au-dessus du flot qui le couvre, et pousse au large un dernier cri. Comme ce voyageur, le poète sent le gouffre sous ses pieds, sur sa tête la foudre. Autour de lui, les ondes et les cieux luttent d'acharnement, de bruit, d'obscurité. Ce navire perdu, c'est la nef humaine qui court à travers les abîmes sans boussole et démâtée.

> L'équipage affolé manœuvre en vain dans l'ombre ;
> L'Épouvante est à bord, le Désespoir, le Deuil ;
> Assise au gouvernail, la Fatalité sombre
>   Le dirige vers un écueil.
>
> Moi que sans mon aveu l'aveugle Destinée
> Embarqua sur l'étrange et frêle bâtiment,
> Je ne veux pas non plus, muette et résignée,
>   Subir mon engloutissement.
>
> . . . .
> Ah ! c'est un cri sacré que tout cri d'agonie.
> Il proteste, il accuse au moment d'expirer.
> Eh bien ! ce cri d'angoisse et d'horreur infinie,
>   Je l'ai jeté, je puis sombrer !

Assurément c'est de la poésie troublante et troublée. Rien de plus désespéré n'avait été entendu dans ce siècle. Ce cri méritait de retentir par-dessus l'indifférence et la frivolité d'une génération affairée et positive ; c'est l'écho dans une forte imagination des conceptions nouvelles que l'on veut nous imposer sur le monde, sur l'homme et sur la vie. Là est le caractère et l'impérieuse originalité de ces poèmes ; ils sont étranges et saisissants. L'âpre monotonie de l'accent les fixe irrésistiblement dans l'âme qui les entend. On ne peut plus s'en détacher ; on en épuise jusqu'au fond la sombre volupté. C'est une sorte d'ivresse lugubre qui vous gagne ; il sort de là je ne sais quel esprit de vertige, comme d'un abîme que l'on contemple.

Certes Lamartine et Alfred de Musset avaient trouvé de magnifiques accents pour traduire les tourments de l'âme devant les mystères de sa destinée ; mais au fond ils tenaient encore par les dernières racines de leur pensée ou de leur cœur à des doctrines religieuses qui renfermaient la solution de ces grands problèmes. On sent cela surtout chez Lamartine ; il nous donne l'émotion de ces problèmes, il ne nous en donne pas l'effroi. Quand il nous enlève jusqu'aux sommets les plus hauts où la méditation humaine puisse monter, on sent encore que l'on est soutenu par une aile large et forte, et que ce vol qui nous tient éperdus se dirige. C'est un mélancolique souvent, ce n'est jamais un révolté. Dans ses tristesses les plus sombres subsiste un optimisme secret qui les attendrit et comme un reflet de foi qui les colore et les tempère. Quelque chose d'analogue se remarque même dans Alfred de Musset. Lui aussi, après les jours de sa folle saison, quand, instruit par la souffrance, il apprit qu'il y a quelque chose de sérieux dans la vie, et s'écria dans un chant admirable : « L'infini me tourmente », lui aussi, l'auteur de *l'Espoir en Dieu* et de la *Lettre à Lamartine*, au fond du cœur, à certaines heures plus graves, il entendait une voix qui le rappelait vers les vieilles croyances oubliées. Il avait abandonné son âme, sous certains souffles desséchants, à l'ironie, au scepticisme des cœurs blasés ; il la reprenait alors aux folles idoles qui engendrent le doute, pour la rendre et la consacrer soit au regret, soit à l'espérance. Dans ses ivresses mêmes, il garda toujours quelque chose comme la nostalgie du dieu perdu. Et combien il avait de charme alors dans ces retours et ces prosternements inattendus ! C'était la grâce du sceptique redevenu tout d'un coup « capable de prières et de larmes. »

Chez Mme Ackermann, tout diffère. Nous ne comparons pas les talents assurément, nous ne comparons que les inspirations. Ici on sent que le divorce est radicalement accompli avec les antiques croyances et les cultes du passé. Ce n'est plus, comme chez Lamartine, la vague mélancolie des espérances trompées ou des amours déçus, le sentiment de la disproportion entre les vœux de l'homme et les fugitifs bonheurs dont il lui est donné de jouir. Ce n'est plus, comme chez Alfred de Musset, cette amertume née au milieu de la volupté, cette angoisse secrète qui sort de la jouissance même et qui lui survit, ou bien encore cet élan subit de cœur qui, meurtri par la vie, interroge la mort et remonte à Dieu pour savoir ce qu'il doit craindre de l'une ou espérer de l'autre. C'est la science qui se substitue à la foi ; M. Auguste Comte ou M. Darwin sont les révélateurs. Pour la première fois on sent le contrecoup direct des nouveaux systèmes dans l'imagination d'un poète. Il scrute les problèmes, non dans l'espérance de les résoudre, mais pour montrer qu'ils ne peuvent pas être résolus. Il y a de la passion aussi ; mais cette passion, c'est la haine, c'est la révolte contre des autels qu'on nous dépeint comme baignés du sang et des pleurs de tant de générations. Cette fois ce n'est plus un thème poétique qu'on poursuit, une rêverie que l'on exprime ; c'est une âme qui se livre.

Mais en même temps qu'on aura remarqué l'origine scientifique de ces inspirations, on aura été frappé de la morne tristesse qui règne d'un bout à l'autre dans ces vers et qui en fait l'unité à travers les sujets les plus variés. J'y reviens, parce que c'est là le caractère le plus saillant de cette poésie et que j'y vois en même temps un symptôme philosophique, curieux à étudier. Je me souvenais à ce propos d'un admirable passage de l'*Éloa* de M. de Vigny. Elle a tout donné, la vierge mystique, sa part de bonheur, son innocence, sa beauté, son ciel et son Dieu, tout pour apaiser par un peu d'amour l'orage de haine qui gronde dans le cœur du maudit. Elle espère, à force de sacrifices, ramener le calme dans cette âme de colère. Elle interroge son funeste compagnon, elle voudrait du moins, ayant tout donné, que ce don ne fût pas perdu :

> Seras-tu plus heureux, du moins es-tu content?
> — Plus triste que jamais. — Qui donc es-tu? — Satan.

Quelque chose de semblable se passe dans l'âme du poète, dans laquelle se représentent comme sur une scène les phases diverses du grand drame philosophique. Substituez à Éloa la pensée avec ses inquiétudes, ses aspirations, ses sacrifices; substituez l'homme à l'archange proscrit. Elle aussi, la pensée, comme Éloa, est sortie de l'âge de l'innocence; elle aussi a subi l'attrait de la science. Elle a sacrifié à l'homme tous ses espoirs d'hier ses poétiques et chères illusions, son idéal et son ciel; elle offre en échange à son compagnon de route et d'exil, la vérité, ce qu'elle croit la vérité, enfin conquise après tant de siècles d'illusions douloureuses. Elle a vu tant de fois l'homme se révolter contre la loi de l'épreuve, contre la souffrance, contre la mort, contre l'amour, parfois pire que la mort, contre Dieu surtout, qui lui inflige des supplices que sa bonté aurait dû lui épargner, que sa toute-puissance aurait pu écarter de lui! Elle lui apporte ce qu'elle pense être la consolation suprême, le grand mot : « Rassure-toi, Dieu n'est pas ». Elle suppose que l'homme, vengé par cette parole libératrice, va se réjouir enfin, et qu'affranchi des peurs serviles, il va respirer à l'aise dans l'univers désert, sous le ciel fermé. Comme Éloa elle lui dit : « Seras-tu plus heureux, du moins es-tu content? » — Et voilà que l'homme, comme le Satan du poète, répond : « Plus triste que jamais! »

C'est bien là l'impression qui règne dans ces chants d'une inspiration si sombre, où l'on célèbre l'avènement des doctrines nouvelles. On pourrait presque dire que c'est là l'inspiration unique de cette poésie. Pourquoi donc si peu de joie et si peu d'amour? Est-ce que le signe sensible de la vérité n'est pas la joie de l'avoir conquise et le bonheur de la posséder? La vérité est donc triste?

Cette colère, cette tristesse, cette poésie même, si on sait les comprendre, sont en contradiction manifeste avec les idées qu'on nous annonce. Si ces idées devaient triompher un jour, le conflit avec les anciennes doctrines cesserait, l'état de lutte prendrait fin, et avec lui, cette crise violente et pathétique des esprits, si favorable à l'inspiration. La poésie languirait sans accent et sans écho : elle n'est possible, avec les nouveaux dogmes, que dans la période de transition, tant qu'il y aura encore lutte de l'âme tout entière avec le passé qui l'obsède. Mais si ces idées étaient la vérité, toute la vérité, il n'y aurait pas plus de haine raisonnable et de colère contre Jéhovah qu'il n'y en a contre Jupiter. S'indigner contre une chimère est puéril. Depuis longtemps Euripide l'a dit, avec une spirituelle et profonde malice : « Il n'y a pas à se fâcher contre les choses, car cela ne leur fait rien du tout [1]. »

Il n'y aura plus qu'une philosophie, la physique; — qu'une religion, la physique; — qu'une poésie, encore et toujours la physique. La tristesse même, la sombre Muse de ces poèmes, ne se concevrait pas, elle ne serait plus possible. Pourquoi s'attrister, pourquoi gémir de ce qui est nécessaire? Spinoza et Gœthe ont admirablement compris cela; conséquents avec l'idée naturaliste, ils raillent sans pitié et méprisent les âmes faibles qui se lamentent et se désespèrent de ce que les choses soient ce qu'elles sont. Si l'on veut bien y réfléchir, ce genre

---

[1] Τοῖς πράγμασιν γὰρ οὐχὶ θυμοῦσθαι χρεών,
Μέλει γὰρ οὐδὲν αὐτοῖς. (Fragments de *Bellérophon*).

de tristesse ne peut être que l'effet de la comparaison qui s'établit entre la doctrine nouvelle et les dogmes anciens. On sait ce qu'on quitte, on s'effraye de ce qu'on va trouver à la place. Voilà d'où naît ce trouble affreux de l'esprit, le désespoir philosophique. Tant qu'il subsiste dans les âmes, c'est la preuve que, tout en se croyant affranchies, au fond, elles ne le sont pas. L'irritation et la tristesse sont comme l'impression persistante et la marque de ce qu'on appelle l'ancienne servitude. Ce sont les derniers anneaux de la chaîne que l'esclave a brisée; mais ceux-ci sont rivés dans sa chair, il ne peut les arracher qu'avec sa vie. On peut dire à ces intelligences meurtries et révoltées ce que le poète dit à Pascal : « La preuve que votre foi scientifique n'est pas la certitude, c'est votre désespoir. Gémiriez-vous autant, si vous ne doutiez plus? »

C'est que même les âmes les plus résolues, les esprits les plus superbes ne rompent pas d'un coup et comme à volonté, sur la première sommation d'une école, avec tout le passé de l'humanité, avec tout cet ensemble d'idées et de traditions, fixées pour ainsi dire, consolidées à travers tant de générations, consacrées par tant d'espérances et de souvenirs. Imagine-t-on, en effet, de plus saisissant contraste avec les vieilles croyances de l'homme, celles qui semblaient faire partie de lui-même et de sa raison, que cette invasion formidable des doctrines naturalistes et positives, qui de toutes parts pénètrent l'esprit humain et le dépouillent lentement, violemment, de ses plus intimes et de ses plus chères convictions? On avait bien vu quelque chose d'analogue dans la crise philosophique du dix-huitième siècle; mais, en dehors de quelques penseurs comme Diderot, qui portait déjà dans sa pensée les suggestions scientifiques du siècle suivant, ce n'était là qu'une tempête de surface, n'atteignant pas le fond de déisme et même de christianisme persistant, — crise d'incrédulité, légère ou passionnée selon les esprits, en partie provoquée par les imprudences de conduite ou les excès de pouvoir de l'église officielle, voltairianisme élégant, mode d'opposition passagère, sorte de fronde politique, quand ce n'était pas simplement une forme commode de la frivolité licencieuse se servant des doctrines nouvelles comme d'un voile pour couvrir des désordres qui n'avaient rien de philosophique. — C'est autre chose aujourd'hui. La lutte qui s'engage dans la conscience humaine est plus profonde et autrement grave. Il s'agit bien cette fois de notre destinée tout entière, mise comme enjeu suprême dans cette grande partie qui se joue autour de nous, en nous, et dans laquelle, si nous perdons, tout ce que nous croyons, tout ce que nous espérons est à jamais perdu.

Une autre destinée s'impose à nous, si les doctrines nouvelles ont raison contre notre raison. Il ne faut pas s'y tromper, et toute illusion à cet égard serait une faiblesse d'esprit ou un aveuglement volontaire. Il est plus viril et plus digne de voir les choses telles qu'elles sont, et de prendre son parti en conséquence. M. Max Müller, dans des leçons données à l'Institution royale de la Grande-Bretagne, raillait ingénieusement ces personnes qui se dédoublent intellectuellement, estimant sans doute que la recherche scientifique, quelles que soient les découvertes auxquelles elle aboutit, ne doit jamais toucher les convictions morales ou religieuses. Audacieuses dans leurs idées spéculatives, timorées dans leurs croyances pratiques, quel singulier et ridicule contraste ! « Elles semblent admettre que le monde a été créé deux fois, l'une d'après Moïse, l'autre d'après Darwin. J'avoue que je ne puis adopter cette distinction artificielle, et il me prend envie de poser à ces philosophes de sang-froid la question que le paysan allemand posait à son évêque, qui, comme prince, s'amusait tout le long de la semaine, et, comme évêque, passait le dimanche en prière ; « Qu'adviendra-t-il de l'évêque, si le diable arrive et enlève le prince? » — M. Max Müller a raison. La recherche scientifique n'est pas un simple délassement intellectuel, et les croyances du savant ne peuvent se séparer de celles de l'homme qui est dans chaque savant. « Quand on s'embarque à bord d'un navire, il y faut mettre les deux pieds, on ne peut en laisser un sur la terre ferme. En quelque lieu qu'il nous conduise, il faut l'y suivre ; en quelque lieu qu'il nous débarque, il faut tenter d'y vivre. La conception du monde et de notre place dans le monde, telle qu'elle a été présentée dans l'école de M. Darwin, ne touche pas seulement aux intérêts de la science, elle va droit au cœur, et doit devenir pour tout homme aux yeux de qui la vérité soit scientifique, soit religieuse, est sacrée, une question de vie et de mort dans la pleine acception du mot. » Tout est sérieux ici, tout doit l'être. Or ce qu'il faut bien comprendre, c'est que parmi les conséquences extrêmes, mais infaillibles, résolument acceptées déjà par quelques-uns des représentants des nouvelles écoles, la première et la moins contestable est le règne mathématique des forces fatales qui nous produisent, nous régissent et nous dévorent avec la même et implacable indifférence.

Ce qui résulte en effet des généralisations scientifiques les plus fortement liées, les plus logiques, qui ont été produites autour de nous dans ces derniers temps, c'est une idée toute nouvelle de la vie, dans laquelle une suite de phénomènes nous a introduits à une heure donnée, d'où la liaison d'autres phénomènes nous retirera demain, apparitions accidentelles à la surface du temps et de l'espace infinis. Le monde n'est plus ce tout harmonieux où chaque être, le plus humble et le plus sublime, avait sa nature déterminée, sa destination spéciale, dans un ensemble de fins prévues et coordonnées par la pensée créatrice. Si l'harmonie se produit ici ou là, ce n'est pas une intention, c'est un résultat. Il ne faut plus s'abandonner à ces vagues rêveries d'autrefois, à ces songes énervants d'une philosophie sentimentale, qui aimait à se demander pourquoi l'homme avait été mis en ce monde, quelle est sa fin, ce que Dieu a voulu obtenir de lui en lui imposant la dure tâche de vivre, en vue de quelle destinée il l'éprouve, quelles espérances enfin justifient le mal lui-même et rendent la souffrance sacrée. Cet ordre de questions est à jamais fermé. On doit exclure de la conception nouvelle ces trois idées : la finalité qui présidait à l'ensemble de l'univers et en régissait chaque détail, la pensée suprême qui l'expliquait, la bonté parfaite qui la faisait aimer. La nécessité règne à la place de la finalité, une nécessité mécanique selon les uns, dynamique selon les autres, mais en tout cas une nécessité sans conscience et sans amour.

Au point de vue des philosophies les plus récentes, il n'y a qu'une loi et une force, une loi qui règle les manifestations d'une force unique. Cette force identique à elle-même sous ses métamorphoses apparentes exclut toute idée de commencement et de fin, elle ne peut ni avoir commencé ni cesser d'être, elle est tout ce qui est ou du moins tout ce que nous mettons sous cette notion d'existence. Concevoir qu'elle ait pu commencer ou qu'elle puisse finir, ce serait concevoir le néant, le placer avant ou après, c'est-à-dire concevoir une contradiction. Les forces physiques, les forces vitales, les forces sociales, sont les manifestations diverses de cette force; elles en représentent, pour ainsi dire, les divers degrés d'intensité. Voilà la réalité expérimentale, tout le reste n'est que pure rêverie. La nature n'est que le cercle immense dans lequel s'agitent éternellement ces diverses manifestations de la force, se transformant et se transmettant les unes dans les autres. Une multitude de systèmes se forment et se décomposent selon des rythmes déterminés. C'est là tout le secret de la naissance et de la mort. Des mouvements qui s'intègrent ou se désintègrent, voilà l'histoire uniforme, sous des apparences variées, des grands corps astronomiques, des organismes vivants et des organismes sociaux. L'histoire d'un corps vivant nous raconte en raccourci et nous peint sensiblement celle d'un monde. L'évolution, l'équilibre, la dissolution, c'est par cette triple phase que passe toute existence individuelle ou collective. — L'astronomie, la géologie, la physiologie, l'histoire des sociétés humaines, ne représentent réellement aux yeux de l'observateur que des combinaisons de mêmes phénomènes élémentaires variés à l'infini. Qu'est-ce que la vie universelle? Une succession d'êtres et de formes exprimant ces combinaisons dans un ordre déterminé. Qu'est-ce que chaque vie individuelle? Un moment insignifiant dans ces variétés infinies de mouvements. Qu'est-ce que l'humanité? Une collection de ces moments.

La vie individuelle, l'histoire tout entière, ne sont plus que des épisodes imperceptibles perdus dans l'œuvre immense, éternelle de la nature, des accidents sans avenir et sans portée, des quantités infinitésimales que le penseur peut négliger dans la production universelle et infinie. L'incommensurable nous déborde et nous écrase de toutes parts. Que viendraient faire ici les ridicules protestations d'une chétive personnalité qui ne voudrait pas se résoudre à disparaître et qui jetterait dans le vide le cri de son impuissance révoltée? Ira-t-on de nouveau repaître l'imagination humaine des faux espoirs par lesquels les vieilles religions et les vieilles philosophies l'enivraient et l'exaltaient dans le vide? On nous offre un moyen plus digne de nous consoler; on nous montre la véritable immortalité, celle de nos œuvres, de nos travaux, de nos pensées, celle enfin de la race qui sort de nous. Encore faut-il bien nous persuader que ce n'est là qu'une immortalité toute relative et provisoire. Ce n'est qu'un prolongement abstrait de notre existence dans un temps indéfini, mais certainement limité, bien que la limite échappe à nos yeux et même à notre pensée. L'humanité mourra, comme chaque société humaine sera morte à son tour. La terre elle-même qui porte les hommes, comme un navire porte ses passagers, la terre périra, non dans les forces élémentaires qui la constituent, mais dans sa forme et son organisme actuels. Le soleil, qui est la source de vie pour cette partie du monde, s'éteindra. La mort s'étendra sur l'immensité sidérale; elle en fera je ne sais quelle gigantesque nécropole où flotteront confusément les cadavres des mondes et les soleils éteints. L'évolution cosmique elle-même aura une fin, puisqu'elle est un mouvement; mais cette fin n'en atteindra que les manifestations éphémères : la force elle-même ne peut pas s'anéantir.

Que nous importent, après tout, soit le repos relatif de cette force, soit les résurrections possibles de nouveaux univers impossibles à concevoir, complètement différents de tout ce qui est maintenant, et dans lesquels il n'y a pas de place pour ces multitudes de générations qui auront mesuré par tant de souffrances et tant de mérites inutiles les longs siècles de l'humanité? Ainsi s'ouvre, aux limites mêmes de notre connaissance, un abîme incommensurable que reconnaissent toutes les écoles nouvelles, naturalistes ou positivistes, dont elles prétendent avoir la claire vision, tout en arrêtant la pensée et la destinée de l'homme dans le cercle de la réalité phénoménale que mesurent nos facultés, dans le champ circonscrit des lois que nous pouvons vérifier. Immensité matérielle et intellectuelle à la fois, soit le fond de l'espace sans bornes peuplé de mondes sans nombre, soit l'enchaînement des causes sans terme, double infini pressenti par la pensée quand elle essaye de remonter à un premier principe, ou dévoilé par l'astronomie et deviné par delà le Cosmos actuel, cette immensité, c'est comme un océan, nous dit-on, qui vient battre notre rive et pour lequel nous n'avons ni barque ni voile.

Qu'importe encore une fois, puisque dans cette immensité, l'homme est un étranger? Devant ces hypothèses gigantesques que l'on jette comme une proie à notre imagination, dans ces espaces que les productions incessantes de la force ne rempliront jamais, même pendant l'éternité, notre personnalité s'épouvante parce qu'elle se sent là perdue, anéantie.

Pascal, qui a ressenti dans sa grande âme toutes les émotions, j'oserais dire tous les frissons de l'infini, aurait seul pu rendre le désespoir de l'âme humaine aux prises avec ces implacables pensées. Il éprouvait, à coup sûr, quelque chose d'analogue quand il disait : « Le silence éternel de ces abîmes infinis m'effraye, » ou bien encore : « En regardant tout l'univers muet et l'homme sans lumière, abandonné à lui-même et comme égaré dans ce recoin de l'univers, sans savoir ce qui l'y a mis, ce qu'il y est venu faire, ce qu'il deviendra en mourant, j'entre en effroi comme un homme qu'on aurait porté dans une île déserte et effroyable, et qui s'éveillerait sans connaître où il est et sans moyen d'en sortir. » Voici que de ces abîmes silencieux une voix s'est élevée. Pascal n'est plus seul, il est sauvé. Mais imaginez un Pascal sans Dieu, un Pascal sans la croix, en face de cette solitude sans bornes, muette et ténébreuse, où dans le jeu immense des éléments sa personnalité est à l'abandon. Il se sent gagné par le désespoir, par la folie devant ces abimes, il n'en peut soutenir l'horreur, il va s'y engloutir ; mais quel cri terrible, quel cri déchirant il aura jeté avant de disparaître dans le gouffre !

Ce cri sera le dernier. Oui, ce Pascal du positivisme pourra jeter encore son désespoir dans un cri suprême. Mais c'est qu'il espère vaguement que les profondeurs inconnues vont s'émouvoir et lui répondre. C'est qu'au fond, et malgré toutes les assurances de la science, il doute encore. Le jour où il ne doutera plus, il ne s'irritera plus ; il se résignera à l'inévitable, il s'arrangera de manière à vivre le mieux possible avec lui. L'apaisement se fera, l'abaissement plutôt, irrémédiable, définitif, si les nouveaux dogmes peuvent jamais établir leur empire. On prendra une autre forme d'esprit, d'autres habitudes mentales ; on s'acclimatera dans d'autres régions de sentiment et d'idée. La folie mystique, les rêveries spiritualistes seront bien déracinées cette fois ; il n'y aura plus qu'un rêve et qu'un idéal, l'amélioration de la vie humaine dans les bornes étroites où l'a mesurée le rythme de la force élémentaire, principe aveugle, règle inconsciente de tout être, de tout phénomène, de toute vie. L'industrie et la science seront les seules divinités, visibles et tangibles, de ce monde nouveau. Pour cela, il faudra refaire une autre humanité, on nous le promet. Nous attendons les prophètes à l'œuvre ; mais nous savons d'avance qu'on n'obtiendra rien tant qu'on aura laissé subsister ce mystérieux *au delà* conservé sous des noms différents dans les nouvelles écoles, même les plus hostiles à toute idée transcendante ou mystique, — soit l'*immensité* vaguement montrée par M. Littré à l'horizon des phénomènes, au bord de laquelle il s'efforce de retenir l'esprit humain, ce vide à la limite de toute science « où la foi avait placé ses vains royaumes », « ce gouffre défendu », autour duquel erre éternellement le désir exilé, — soit cette région de l'*inconnaissable*, décrite par M. Spencer comme s'il la connaissait, où il place le principe anonyme des choses, la source inépuisable de la force, principe et pouvoir à la fois réel et inaccessible que l'on nous indique et que l'on nous interdit à la fois, comme pour irriter la curiosité de l'esprit. N'est-ce pas, en effet, une situation extraordinaire, une contrainte impossible que l'on impose à la raison humaine, quand on vient lui dire : « Ici, aux limites de tes facultés de connaître se dresse une barrière infranchissable. Tout porte à croire que derrière cette barrière se cache le grand mystère; mais tu n'y pénètreras jamais. Le secret est là, le dernier secret des choses; un voile le recouvre dans ce sanctuaire d'Isis reculé aux bornes de la nature visible, par delà l'espace, le temps, la mesure; mais tu ne lèveras pas ce voile, et l'humanité passera avant que la science ait soulevé un seul pli du voile fatal. Le génie même n'y pourrait porter la main sans être foudroyé. »

Ces régions supérieures, montrées et refusées à la fois à l'esprit de l'homme, voilà ce qu'il ne pourra supporter longtemps. C'est une violence insupportable qu'on lui fait; c'est un état de crise aiguë qu'on lui impose, qui peut bien encore être momentanément propice à l'inspiration des poètes, mais qui ne peut être le régime normal de l'esprit humain. Il faut, ou bien que l'*abîme défendu* soit à tout jamais fermé, et qu'on déclare que toute réalité inaccessible aux sens et au calcul est une pure chimère, — ou que l'immensité pressentie redevienne cet infini où l'homme replacera la source de ses immortels espoirs, la sanction de sa destinée, son idéal et son dieu. Poser le dilemme, n'est-ce pas le résoudre? C'est jeter l'homme en dehors de l'humanité que de lui interdire l'idéal et le divin. On n'y parviendra pas, parce qu'on ne pourra jamais le déposséder de lui-même et que la partie la plus intime, la plus vivante en lui est celle par laquelle son intelligence se sent en rapport avec la Pensée, son cœur avec la Bonté parfaite et l'Amour infini. Ce sens intérieur du divin, qui vit et qui palpite au fond le plus secret de nous-mêmes, on peut bien l'étourdir, le troubler, le paralyser dans un individu ou dans un groupe d'individus. Qu'est-ce que cela? Que sont ces crises momentanées et cette surprise passagère de quelques âmes au prix de l'humanité totale? Que sont ces défaillances et ces éclipses de l'idée divine au prix de l'histoire du monde? Une tempête a passé sur nous; elle a voilé à nos yeux la face du ciel; une sorte de nuit lugubre s'est faite. Mais nous affirmons que cette obscurité ne durera pas, que ce qui va revivre, ce qui durera, c'est la clarté. Déjà nos yeux devancent le retour de la lumière, nous sentons le soleil sous le nuage. Et ne savons-nous pas d'ailleurs que même quand il se voile momentanément pour nous ou qu'il se dérobe à notre horizon, il ne cesse pas pour cela de briller sur d'autres contrées et d'éclairer une autre face de la terre?

FIN

TABLE DES MATIÈRES

Avant-propos de la nouvelle édition.	v
Préface de la première édition.	vii
Chap. I. — Les théories de l'empirisme français sur l'origine du droit naturel. — L'école matérialiste. — L'école positiviste.	1
Chap. II. — Les théories de l'empirisme français sur l'origine du droit naturel. — La morale indépendante. — Proudhon moraliste.	15
Chap. III. — La morale indépendante (suite). — Examen de ses thèses fondamentales.	54
Chap. IV. — La morale indépendante (suite). — Ses lacunes et son insuffisance.	70
Chap. V. — Les théories de l'empirisme français sur l'origine du droit naturel. — La justice remplacée par une Société d'assurance.	96
Chap. VI. — Les théories de l'empirisme anglais sur l'origine du droit naturel. — Le transformisme. — L'école utilitaire.	120
Chap. VII. — L'origine et l'avenir des sociétés selon ces différentes théories et spécialement d'après la théorie de l'évolution.	139
Chap. VIII. — Les vraies origines du droit naturel. — La personne humaine et le respect de la personne.	172
Chap. IX. — La responsabilité morale et le droit de punir dans le déterminisme.	193
Chap. X. — La peine de mort. — Comment la question doit être posée.	239
Chap. XI. — La question du progrès. — Histoire de cette idée jusqu'au dix-neuvième siècle.	251

Chap. XII. — La question du progrès (suite). — Les métamorphoses de cette idée au dix-neuvième siècle. — L'idée de l'évolution. 279
Chap. XIII. — La question du progrès (suite). — L'Utopie et la réalité. — Les lois et les limites du progrès dans la science, l'industrie et les institutions. . 300
Chap. XIV. — La question du progrès (suite). — L'Utopie et la réalité. — Les lois et les limites du progrès dans la morale et dans l'art. 322
Chap. XV. — La destinée humaine d'après les nouvelles écoles scientifiques. — La poésie naturaliste. . . . 351

15458. — PARIS. — IMPRIMERIE A. LAHURE
9, rue de Fleurus.

www.ingramcontent.com/pod-product-compliance
Lightning Source LLC
Chambersburg PA
CBHW060557170426
43201CB00009B/805